Eva Balz | Christopher Kirchberg

FLIESSENDE GRENZEN

Abwasserpolitik zwischen Demokratie und Diktatur

Emschergenossenschaft und Lippeverband 1930–1960

KLARTEXT

Eva Balz | Christopher Kirchberg

FLIESSENDE GRENZEN

Abwasserpolitik zwischen Demokratie und Diktatur

Emschergenossenschaft und Lippeverband 1930–1960

Umschlagabbildung: Arbeiten am Emscheroberlauf bei Holzwickede 1938.

Die Orthographie der zitierten Quellen wurde behutsam an die heutige Schreibweise angepasst.

Wir danken dem Photographischen Archiv der Emschergenossenschaft und des Lippeverbandes für die freundliche Abdruckgenehmigung der in diesem Buch und auf dem Cover verwendeten Abbildungen.

Bibliographische Information der Deutschen Nationalbibliothek
Die Deutsche Nationalbibliothek verzeichnet diese Publikation in der Deutschen Nationalbibliographie; detaillierte bibliographische Daten sind im Internet über http://dnb.dnb.de abrufbar.

1. Auflage Juni 2020

Satz und Gestaltung: Satzzentrale GbR, Marburg
Druck und Bindung: MultiPrint Ltd., 10A Slavyanska str., 2230 Kostinbrod, Bulgaria
Lektorat: bookTRade, Tanja Ruzicska

ISBN 978-3-8375-2183-2

KLARTEXT

Jakob Funke Medien Beteiligungs GmbH & Co. KG
Jakob-Funke-Platz 1, 45127 Essen
info@klartext-verlag.de, www.klartext-verlag.de

INHALT

EINLEITUNG

Der alltägliche Nationalsozialismus: Leben und Arbeiten im „Dritten Reich" . . 9

Hilfskonstruktionen und Geschichtsmaterial: Methoden und Quellen 11

Wegmarken im Lesefluss: Zum Aufbau dieses Buchs 14

1. DIE EMSCHERGENOSSENSCHAFT: GRÜNDUNG UND ERSTE JAHRE 17

Die Emscher: Vom Flussidyll zur *Cloaca Maxima* des Ruhrgebiets 18

Eine Rechtsform liegt im Trend: Die Gründung als Genossenschaft 24

Zwischen Infrastrukturprojekten und Krisenmanagement:
Auf dem Weg zur EGLV 30

2. DIE „ENTDECKUNG" NEUER VERFAHREN UND DIE WAHRUNG DER SELBSTSTÄNDIGKEIT: DIE VERBÄNDE ZWISCHEN WEIMARER REPUBLIK UND „DRITTEM REICH" 39

Von Phenolen und Faulgasen: Die Suche nach neuen Aufgabengebieten. . . 42

Arbeitskräfteverwaltung und Personalwechsel:
Eine neue Genossenschaftskultur 50

Der gescheiterte Zentralisierungsversuch: Neue Außenbeziehungen 56

3. ARBEITSBESCHAFFUNG UND ANPASSUNG: DIE ABWASSERVERBÄNDE ZWISCHEN FRIEDEN UND KRIEG 63

Vierjahresplan, Verrieselung und Vorflut: Baumaßnahmen
der Verbände in den 1930er und 1940er Jahren 65

Auf der Suche nach einer neuen Rolle: Außenbeziehungen im Krieg 72

Zwischen Ehre und (Kriegs-)Ende: Veränderungen
in der internen Genossenschaftskultur. 79

4. PROVISORIEN UND EIN NEUES POLITISCHES SYSTEM: DIE VERBÄNDE ZWISCHEN KRIEGSENDE UND NACHKRIEGSZEIT ... 85

Mangel und Vorzugsbehandlung: Die Verbände in den letzten Kriegsmonaten und in der frühen Nachkriegszeit ... 87

Ungleiche Zwangsgemeinschaft: Die Beziehung zwischen den Verbänden und der britischen Militärregierung ... 90

Ungebrochene Karrieren? Das Führungspersonal der Wasserverbände und die „Entnazifizierung“ ... 100

5. DIE MACHT DER KONTINUITÄT: DIE SELBSTVERORTUNG DER EGLV IN DEN JAHRZEHNTEN NACH 1945 ... 113

Der Alltag der Verbände: Die Fortführung der Bauprojekte ... 115

Langjährige Geschäftspartner, Hilfsarbeiter und die ewig gleichen Konflikte: Die Außenbeziehungen der Verbände ... 120

Kontinuität als Argument: Das Geschichtsbild in der EGLV ... 126

FAZIT: NAZIS, NAZI-JÄGER UND DER NATIONALSOZIALISMUS ... 135

Persönliches Schicksal ... 137

Interaktion zwischen EGLV und NS-System ... 138

Zwangsmaßnahmen ... 139

Motivation ... 140

Selbstdarstellung ... 141

Erinnerung ... 142

ANHANG

Dank . . . 145
Biogramme . . . 146
Hermann Bach . . . 146
Helmut Carp . . . 147
Karl Imhoff . . . 148
Alexander Ramshorn . . . 148
Josef Eulgem . . . 149
Harry Vosberg . . . 150
Quellen . . . 151
Abkürzungen . . . 151
Archive der EGLV . . . 152
Externe Archive . . . 152
Literatur . . . 154
Anmerkungen . . . 161

EINLEITUNG

DER ALLTÄGLICHE NATIONALSOZIALISMUS: LEBEN UND ARBEITEN IM „DRITTEN REICH“

Ein Klärwerker auf einer Anlage, umgeben von Wasserbecken mit unappetitlichem Inhalt. Ein Techniker, konzentriert ein Pumpwerk überprüfend. Ein über technische Zeichnungen gebeugter Ingenieur, beschäftigt mit Senkschalen und Fließgeschwindigkeiten – seit über einhundert Jahren sind dies so typische wie alltägliche Szenen der Arbeit in der Emschergenossenschaft und dem Lippeverband (EGLV). Unter einer gemeinsamen Verwaltung zusammengefasst, etablierten sich diese beiden Verbände im 20. Jahrhundert als Abwasserdienstleister für das Ruhrgebiet und wurden zur maßgeblichen Infrastrukturinstitution in der Region.

Sieht man von technischen Veränderungen ab, geht die Wasserwirtschaft mit geradezu zeitlosen Aufgaben einher: Sie setzt voraus, dass Überschwemmungen und hygienische Missstände verlässlich vermieden werden. Der Aufgabenbereich erscheint nicht nur unveränderlich, sondern auch sehr technisch. Nimmt man die wenig glamouröse Natur ihres Betätigungsfeldes hinzu, scheinen die drei hier exemplarisch ausgewählten Mitarbeiter auf den ersten Blick keine aussagekräftigen Protagonisten für eine Geschichte des Nationalsozialismus zu sein.

Warum ist das so?

Die Bildwelt, die das „Dritte Reich“ zumeist hervorruft, ist vor allem von zwei Extremen geprägt: den tradierten bildlichen Inszenierungen einer enthusiastischen „Volksgemeinschaft“ und den Aufnahmen extremer Gewalt. Die populäre Ikonographie des Nationalsozialismus bewegt sich überwiegend zwischen diesen beiden Polen: Hier die „Volksgenossen“ auf dem Nürnberger Zeppelinfeld, die den „Führer“ bejubeln, dort das Eingangstor zum Vernichtungslager in Auschwitz. Unser Klärwerker, der Pumpwerkstechniker und der Wasserbauingenieur in den oben beschriebenen Momentaufnahmen sind in diese polarisierte Bildwelt nur schwer einzufügen.

Tatsächlich spielte sich das tägliche Leben im „Dritten Reich“ jedoch recht weit entfernt von diesen Extremen ab. Dennoch – oder gerade deshalb – war die Mehrheit der Deutschen ein Teil dessen, was den Nationalsozialismus* ausmachte, der nicht nur ein staatliches Herrschaftsregime, sondern ein gesamtgesellschaftliches Phänomen war.[1] Er beruhte auf alltäglichen, oft unscheinbaren Dynamiken, die das nationalsozialistische System nicht nur überhaupt ermöglichten, sondern auch kontinuierlich stützten. Der Nationalsozialismus war keine abstrakte Struktur, die sich von außen auf die deutsche Gesellschaft legte. Vielmehr war die Gesellschaft – und somit fast alle Deutschen – auf vielfache und komplexe Weise mit ihm verwoben.[2]

Vor diesem Hintergrund ist die EGLV als Organisation, die von der „großen" Politik des Reiches und den Orten extremer Gewalt scheinbar weit entfernt war, äußerst interessant: Als wichtiger Arbeitgeber, bedeutender Infrastrukturdienstleister und kommunaler Politikakteur stellte sie einen Ort dar, an dem ganz gewöhnliche Deutsche täglich und kontinuierlich die Realität des „Dritten Reiches" erlebten und mitgestalteten.

Seit ihrer Gründung unterhielten Emschergenossenschaft und Lippeverband aufgrund ihrer Stellung zwischen Wirtschaft und Staat immer auch enge Verbindungen zu den jeweiligen Machthabern – und damit nach 1933 zu den zentralen Stellen des NS-Regimes. Dies spiegelt sich in einer umfassenden, regelmäßigen und direkten Kommunikation mit Behörden und Ministerien wider. Auch wirtschaftspolitische Entscheidungen und Rahmenbedingungen veranschaulichen dieses Verhältnis: Die Verbände passten sich ihnen an und nutzten zudem die neuen Handlungsräume, die sie ihnen eröffneten. Ihr Umgang mit den politischen Umbrüchen sowohl 1933 als auch 1945 kann uns zeigen, wie der Nationalsozialismus im Kleinen funktionierte, wie scheinbar banale Handlungen am Arbeitsplatz oder betriebswirtschaftliche Entscheidungen der Leitungsebene die Politik des NS-Regimes mitformten und trugen. Was also bedeute der Nationalsozialismus für einen Klärwerksmeister und seine Arbeit – und andersherum? Was veränderte sich für den Pumpwerkstechniker nach 1933 – und welche Rolle spielte sein Arbeitsplatz im NS-System? Und vor allem: Welche Handlungsspielräume hatte ein Wasserbauingenieur zur Zeit des „Dritten Reiches"?

Mit diesen Fragen rücken wir nicht in den Vordergrund, ob oder in welchem Ausmaß die EGLV nationalsozialistisch war. Wir wollen vielmehr her-

* Die Forschung zum Nationalsozialismus hat sich mit diesen Fragen vor allem im Hinblick auf die sogenannte „Volksgemeinschaft" auseinandergesetzt. Dabei lag der Fokus lange Zeit auf der propagandistischen Dimension des Nationalsozialismus, der sie als eine homogene Gemeinschaft imaginierte. Neuere Forschungen zur „Volksgemeinschaft" fragen darüber hinaus vermehrt nach Handlungsspielräumen, Vorstellungen und dem Verhalten einzelner Bürgerinnen und Bürger, Akteure und Organisationen im NS.

ausfinden, was der Nationalsozialismus in einer „ganz normalen Organisation" bedeutete – und wie er funktionierte: Wie wurde er tagtäglich immer wieder neu geschaffen? Inwieweit spielten in der Organisation die Verfolgung und Diskriminierung von Personen eine Rolle? Wie handelten die Verbände und deren leitende Führungskräfte? In welchem Maße machten sie von neu entstandenen Handlungsräumen Gebrauch, und in welchem Zusammenhang standen diese mit weitreichenden politischen Konsequenzen auf der „großen" politischen Bühne? Im Mittelpunkt dieses Buches steht also die „Normalität"* des Nationalsozialismus.[3] Dieses Buch wartet also nicht mit Berichten über extreme Gewalt und charismatische Psychopathen im Vorstandszimmer auf. Dafür weist es auf etwas anderes, nicht minder Spannendes hin: Unser Verständnis davon, wie sich auch in demokratischen Gesellschaften eine Akzeptanz von Ausgrenzung und Gewalt gegen Minderheiten etabliert, kann gerade dann wachsen, wenn wir den Blick von den Extremen fortlenken und ihn auf das richten, was uns nur allzu nah erscheint. Aus diesem Grund ist eine Untersuchung der EGLV im Jahr 2020 vielleicht aktueller denn je.

HILFSKONSTRUKTIONEN UND GESCHICHTSMATERIAL: METHODEN UND QUELLEN

Ebenso wie die EGLV, die am Anfang aller ihrer Bauvorhaben auf überlieferte Pläne und technische Zeichnungen angewiesen ist, standen unsere Nachforschungen zunächst vor der Aufgabe, nach Orientierungsmarken für dieses Buch zu suchen. In methodischer Hinsicht haben sich dabei drei Forschungsfelder als besonders hilfreich erwiesen: So konnte die regionalgeschichtliche Forschung zum Nationalsozialismus eindrucksvoll belegen, wie lokale Akteu-

* Die Geschichtswissenschaft hat sich nicht immer für das „Normale" interessiert. Seit den 1970er Jahren etablierte es sich international jedoch in der sogenannten Alltagsgeschichte, auch nach den Sichtweisen, Verhaltensmustern und Lebenswelten „normaler" Menschen zu fragen. Mit einem etwas anderen Akzent hat sich in der Forschung zum Holocaust eine ähnliche Entwicklung zugetragen. Spätestens Christopher Brownings „Ganz normale Männer", eine Untersuchung über ein Reserve-Polizei-Bataillon, dessen Mitglieder im besetzten Polen an Deportationen und Hinrichtungen beteiligt waren, hat verdeutlicht, dass nicht nur die politische Elite betrachtet werden darf, um den nationalsozialistischen Massenmord zu verstehen. Neuere Studien, wie etwa die von Janosch Steuwer, unterstreichen, dass das „Dritte Reich" massiv auf der Mitwirkung großer Teile der „normalen" Bevölkerung beruhte. In diesem Sinne ist „Normalität" also nicht das Gegenteil des Nationalsozialismus, sondern seine wichtige Voraussetzung.

re auch in der sogenannten Peripherie des Reiches die staatliche Herrschaft im „Dritten Reich" stützten und vorantrieben.[4]

Aber auch der recht neue Forschungszweig der Infrastrukturgeschichte hilft, das Aufgabenfeld der EGLV und ihr Handeln besser einzuordnen. Noch vor einigen Jahrzehnten ging die historische Forschung implizit davon aus, dass Infrastrukturdienstleister aufgrund ihrer Tätigkeit von der Politik getrennt handelten. Neuere Studien zeigen jedoch eindrücklich die Verbindung zwischen Organisationen mit technischen Aufgabenbereichen und politischer Herrschaft.[5] Einige davon untersuchen wechselseitige Anpassungsprozesse während des „Dritten Reiches" und verbinden so den regionalhistorischen Blick mit einer infrastrukturhistorisch interessierten Perspektive.[6] Diese Studien machen deutlich, dass intensive Wechselbeziehungen zwischen der technischen Seite von Verwaltung und politischen Wandlungsprozessen bestanden.

Die Organisationsgeschichte stellt den dritten Forschungsbereich dar, von dem wir methodische Anleihen machen konnten. Jüngere Studien in der Geschichtswissenschaft lehnen sich insbesondere an die Überlegungen des Soziologen Stefan Kühl an.[7] Der Rückgriff auf die Organisationssoziologie ermöglicht es historischen Studien, die grundlegenden Eigenschaften und Mechanismen von Organisationen in ihre Überlegungen einzubinden. Dazu gehört insbesondere ihr Selbsterhaltungsinteresse, das auch das Handeln der Wasserverbände entscheidend prägte und prägt.

Wenn Historikerinnen und Historiker ein Buch über die EGLV schreiben wollen, brauchen sie jedoch nicht nur geeignete methodische Konzepte und Kategorien. Wir suchten natürlich auch Informationen über die konkrete Arbeit der Verbände in der Vergangenheit. Im Verlauf dieser Suche werten wir üblicherweise nicht nur Literatur aus. Denn für die Geschichtswissenschaft gilt wie für die Wasserwirtschaft: Am Anfang aller Arbeit stehen Quellen. Während es im zweiten Fall um Wasserquellen geht, benötigen Historiker, um überhaupt belastbare Aussagen treffen zu können, Dokumente. Welche Quellen existieren, hängt stets davon ab, welche Akteure und Institutionen sie unter welchen Bedingungen erzeugt haben. Und ebenso wie etwa das Vorkommen und die Konzentration verschiedenster Stoffe Aufschluss über den Weg des Wassers bis an die Oberfläche erlauben, liefern Zusammensetzung und Charakter des Quellenkorpus bereits erste Informationen über die untersuchten Organisationen.

In unserem Fall zeigte sich, dass es schwieriger als gedacht war, Quellen zur Vergangenheit der EGLV zu finden – insbesondere, wenn es um die nationalsozialistische Zeit ging.[8] Vergleichbare Forschungsprojekte können häufig auf Behörden- und Unternehmensarchive zurückgreifen, oft lagern überdies bei Regional- oder Landesarchiven umfangreiche Bestände. Natürlich pflegt die EGLV gewissenhaft eine Registraturabteilung, die Akten über die Bauprojekte beider Verbände verwahrt. Diese Unterlagen sind jedoch nach den Erfordernissen der laufenden Tätigkeit geordnet: Ingenieure und Planungsbüros können dort problemlos Unterlagen zu bestimmten (Bau-)Projekten finden. Historiker hingegen tappen dort zunächst im Dunkeln. Denn historische Archive sind spezifisch organisiert: Sie überführen das Ursprungsmaterial in eine neue Ordnung, die es für historische Fragestellungen zugänglich macht. In der Regel können Dokumente dann anhand von eigens erstellten Schlagwörtern oder nach Jahreszahlen beziehungsweise konkreten Daten gesucht werden. In der Registratur der EGLV fehlen solche Zugriffsmöglichkeiten. Für unser Projekt war diese Situation zwar misslich, gleichzeitig stieß sie uns jedoch bereits zu einem frühen Zeitpunkt auf eine zentrale Eigenschaft der beiden Verbände: Sie verstanden sich in ihrem Wesenskern stets als einen Zusammenschluss spezialisierter technischer Experten.

Im Zuge der Recherchen entdeckten wir, dass sich die EGLV aufgrund ihrer Mittlerposition permanent im Austausch mit anderen Akteuren befand. So korrespondierte der Vorstand intensiv mit Landes- und Reichsbehörden. Auch mit kleineren Kommunen und Gemeinden kommunizierte die EGLV rege. Dazu kamen zahlreiche lokale Bauunternehmen, die für die spezialisierten Aufgaben benötigt wurden. Vor allem in den Kommunal- und Landesarchiven, aber auch in den Wirtschaftsarchiven in Köln und Dortmund eröffneten sich bei der Suche nach diesen Akteuren neue Blickwinkel auf die EGLV. Zusammen mit Dokumenten im Bundesarchiv in Berlin und Akten der britischen Militärregierung in den National Archives in London erzeugte diese sogenannte Gegenüberlieferung einen deutlichen Eindruck vom Verhalten und vom Charakter der Emschergenossenschaft und des Lippeverbands nach 1945.

Aber auch dieses umfangreiche Quellenmosaik lieferte noch kein vollständiges Bild der Tätigkeit der EGLV zur Zeit des Nationalsozialismus. Wir stellten fest, dass für bestimmte Vorgänge schlicht keinerlei Belege zu finden waren. So fehlten Personalakten aus der Zeit des „Dritten Reiches“ ebenso wie persönliche Unterlagen der Vorstandsmitglieder. Während lange Zeit kolportiert wurde, viele Akten aus dieser Zeit seien einem Bombentreffer auf die Hauptverwaltung in Essen 1944 zum Opfer gefallen, fanden wir Hinweise darauf, dass nach Kriegsende bewusst Akten vernichtet worden waren. Die Unterlagen der Verbände sind schließlich wie geschildert nicht chronologisch, sondern nach technischen Gesichtspunkten geordnet. Innerhalb dieser Zusammenstellungen fehlten auffällig oft Unterlagen aus der Zeit zwischen 1933 und 1945. Zudem waren bereits 1943 zentrale Teile der Verwaltung nach Ostwestfalen ausgegliedert worden,[9] sodass davon auszugehen ist, dass die Zerstörung der jeweiligen Zentralen nur geringen Einfluss auf den Zustand der Dokumentation hatte.

So bedauerlich diese Leerstellen in der Überlieferung für unsere Rekonstruktionen waren, so zeigen sie im Umkehrschluss, dass offenbar auch bewusste Säuberungen einen Teil der Geschichte der EGLV darstellen. Der Umgang mit als kompromittierend angesehenen Dokumenten legt ein geschichtliches Bewusstsein nach 1945 nahe, das weder bestimmte Verbindungen zum NS-System – also etwa zu Parteiorganisationen, Ministerien und Behörden – noch die Beschäftigung Kriegsgefangener als problematisch wahrnahm. Hingegen fassten die Zeitgenossen die Überschreitung anderer Grenzen wie etwa die Ausbeutung jüdischer Arbeiter durchaus als mögliches Hindernis für den weiteren Erfolg der Verbände auf.

WEGMARKEN IM LESEFLUSS: ZUM AUFBAU DIESES BUCHS

Im Mittelpunkt dieses Buches stehen Dynamiken, aber auch die Motivlagen der EGLV und ihrer Mitarbeiterinnen und Mitarbeiter. Um sie in den Blick zu nehmen, fragen wir uns, wie sich die EGLV zwischen 1930 und 1960 zunächst in die Epoche des Nationalsozialismus hinein und dann nach 1945 wieder heraus bewegte und wie sie sich dabei veränderte. Wir orientieren uns also bewusst nicht nur an politischen Einschnitten wie etwa der Machtübernahme der NSDAP 1933 und dem Kriegsende 1945. Unser Interesse liegt vielmehr auf den Herausforderungen politischer Umbrüche und den Strategien der Verbände, diese zu bewältigen.

Wir zeichnen die Geschichte der EGLV in diesen bewegten Jahren in sechs thematisch geordneten Kapiteln nach. Bevor die Zeit ab 1930 in den Fokus tritt, beleuchten wir in einem hinführenden Kapitel zunächst die Gründungsgeschichte der EGLV. Im Organisationscharakter beider Verbände waren seit ihrer Entstehung Strukturen und Mechanismen angelegt, die auch ihr Handeln Jahrzehnte später prägten. In den daran anschließenden Kapiteln, die sich mit dem konkreten Untersuchungszeitraum von 1930 bis 1960 beschäftigen und in der Regel abseits politischer Zäsuren eigenen zeitlichen Unterteilungen folgen, geraten jeweils drei verschiedene Ebenen in den Blick.

Zunächst untersuchen wir die konkrete Bautätigkeit im jeweiligen Zeitabschnitt: Hier stehen Projekte im Mittelpunkt, die beispielhaft für diese Phase waren und die die EGLV in besonderem Maße prägten oder herausforderten.

Dabei geht es vor allem auch darum, wie sich die Aufgaben im Wechselspiel mit den politischen Rahmenbedingungen veränderten.

Zweitens befassen wir uns mit den Außenbeziehungen der Emschergenossenschaft und des Lippeverbandes und fragen uns, inwiefern sich die Konstellation der Akteure, mit denen die EGLV auf privatwirtschaftlicher wie staatlicher Ebene zusammenarbeitete, veränderte. Hier interessiert uns natürlich auch, wie sich der Umgang mit den Reichsbehörden und anderen staatlichen Instanzen und Parteistellen entwickelte.

In den letzten Kapiteln konzentrieren wir uns auf das Innere der EGLV, das wir als Genossenschaftskultur zu fassen versuchen: Wie veränderte sich die personelle Zusammensetzung über die unterschiedlichen politischen Systeme hinweg, und inwiefern veränderten sich in dieser Zeit die Arbeitsbeziehungen und die Betriebskultur?

Diese drei Ebenen – Projekte, Außenbeziehungen und Genossenschaftskultur – ermöglichen es uns, ein möglichst tiefenscharfes Bild der komplexen Strukturen zu entwerfen, welche die Arbeit der EGLV prägten und nach wie vor prägen.

Einige Protagonisten der EGLV sind in der Geschichte der Verbände so prägend hervorgetreten, dass wir ihnen am Ende dieses Buches ein kurzes Biogramm widmen, in dem ihr Lebensweg nachlesbar ist.

Abb. 1 Vor der Gründung der Emschergenossenschaft trat die kurvenreiche Emscher wie hier in Dortmund häufig über ihre Ufer.

1. DIE EMSCHERGENOSSENSCHAFT: GRÜNDUNG UND ERSTE JAHRE

DIE EMSCHER: VOM FLUSSIDYLL ZUR *CLOACA MAXIMA* DES RUHRGEBIETS

Womöglich bedarf es einer eher lebhaften Phantasie, sich vorzustellen, dass die Metropolregion Ruhrgebiet, in der heute über fünf Millionen Menschen leben, vor rund zweihundert Jahren eine idyllische, agrarisch und weitestgehend dörflich geprägte Gegend war. Schon damals war dieser Landstrich, der heute unter den urbanen Regionen Europas zu den am dichtesten besiedelten zählt, von zwei stark mäandernden und schließlich in den Rhein mündenden Flüssen geprägt: Im Süden schlängelte sich die Ruhr durch eine sanft hügelige, dicht bewaldete Landschaft, im Norden und parallel zur Ruhr zog die Emscher durch sumpfiges Wald- und Wiesengebiet, wo Bauern und Müller siedelten. Die fruchtbare Ufergegend beheimatete eine Rasse wildlebender Pferde, die sogenannten Emscherbrücher, die dem Bild der Region einen besonderen Charakter verliehen.

Politisch-administrativ waren das von Ruhr und Emscher gesäumte Land und dessen bewegte Vergangenheit eng mit der Geschichte der Herzogtümer Jülich, Kleve und Berg verbunden und wurden deshalb lange Zeit nicht als zusammenhängender Raum wahrgenommen.[10] Infolge der politischen Neuordnung Europas durch den Wiener Kongress wurde die Region dem Königreich Preußen zugesprochen und zudem zweigeteilt: Der westliche Bereich des späteren Ruhrgebiets ging an die neue Provinz Rheinland, der östliche hingegen an Westfalen. Die beiden Provinzen wurden wiederum in die Regierungsbezirke Düsseldorf, Münster und Arnsberg untergliedert, die die Geschicke der Region bis heute bestimmen. Die Verwaltung folgte somit nicht ihrem regionalen Zusammenhang, sondern politisch-administrativ festgelegten Grenzziehungen, die die Region spalteten.

Die landwirtschaftlich geprägte Gegend zwischen Ruhr, Emscher und der weiter nördlich gelegenen Lippe galt als Kornkammer für kleine Land- und Kreisstädte wie Dortmund, Essen oder Duisburg. Nur die städtische Wirtschaft gründete sich auch auf handwerkliches Gewerbe und förderte zudem südlich der Ruhr den Handel von Rohstoffen,[11] dem die zentrale Lage der Region als Verkehrsknoten zugutekam: Hier verlief der westfälische Hellweg, der Rhein und Weser miteinander verband.

Schätze der Natur bleiben selten nur Schätze der Natur. Es verwundert also nicht, dass die Menschen bereits seit dem 13. Jahrhundert auf Eisenerze und Kohle in der Gegend an der Ruhr aufmerksam wurden und sie in kleinen Mengen unter primitiven Bedingungen abbauten: Die in nördlicher Richtung abfallenden Kohleflöze traten hier offen zutage und konnten von den Ruhranwohnern mit einfachem Werkzeug für den Eigenbedarf oder einen kleinen Nebenerwerb gewonnen werden.

Als sich im späten 17. Jahrhundert der Merkantilismus als dominante wirtschaftspolitische Ausrichtung Preußens durchsetzte, zog dieses Kohlevorkommen gesteigerte Aufmerksamkeit auf sich. So ergriff der preußische Staat damals aus fiskalischen Gründen gezielt Maßnahmen, die den Bergleuten den Abbau des „schwarzen Goldes" erleichterten.[12] In der Folge entstanden viele kleine „Familienpütts", in denen wenige Arbeiter den fossilen Brennstoff unkoordiniert abbauten. Erst ein knappes Jahrhundert später traf der preußische Staat erste wichtige infrastrukturelle Maßnahmen: Nachdem endlos lang Pläne zu einer Schiffbarmachung der Region die Runde gemacht und hierfür Emscher, Lippe und Ruhr abwechselnd zur Diskussion gestanden hatten, erhielt schließlich die Ruhr den Zuschlag. Ab 1772 wurde sie für den Schiffsverkehr ausgebaut, um die Kohle schneller und günstiger als auf dem beschwerlichen Landweg verteilen zu können[13] – eine Entscheidung, die ihr bis weit ins 19. Jahrhundert den Status einer der meistbefahrenen deutschen Wasserstraßen sicherte. Gleichzeitig waren unter dem damaligen Oberbergrat Heinrich Friedrich Karl Reichsfreiherr vom und zum Stein seit den 1780er Jahren politische Maßnahmen auf den Weg gebracht worden, die einen Wandel vom einfachen Raubbau zum planmäßigen Kohleabbau anstießen.[14]

Im 19. Jahrhundert erlebten die Menschen in der Region einen starken wirtschaftlichen Aufschwung, entlang der Ruhr wuchsen und vergrößerten sich Siedlungen und Städte. Bis zur Mitte des Säkulums expandierten vor allem Städte wie Witten und Mülheim beträchtlich.

Entscheidend für die nun einsetzende Transformation der Gegend zu einem der größten Ballungsräume Europas waren jedoch technische Innovationen – insbesondere zwei davon. Die Erfindung der Dampfmaschine ermöglichte es nicht nur, in die Bergbaugruben einsickerndes Grundwasser abzupumpen und somit Schächte abseits des Tagebaus an der Ruhr abzuteufen, sondern sie sorgte – in Gestalt der Eisenbahn – auch maßgeblich dafür, die abgebaute Kohle mithilfe der seit den 1840er Jahren entstandenen ersten Bahnlinien weitläufig zu distribuieren. Die Eisenbahn beschleunigte das Gedeihen des Ruhrgebiets nachhaltig, da sie nicht nur eine moderne Infrastruktur für neue Absatzmärkte darstellte, sondern durch den Bau von neuen Strecken die Nachfrage nach Kohle und Stahl auch selbst erhöhte.[15]

Etwa zur selben Zeit gelang es Pionieren wie Franz Haniel, durch den Einsatz neuer, maschineller Bohrtechniken die sogenannte Mergelschicht zu durchbrechen, ein bislang schwer zu durchdringendes Sedimentgestein.[16] Von nun an konnte man auch die zur Emscher hin abfallenden, mächtigeren und tiefer gelegenen Flöze erschließen. Der großflächige Abbau der Kohle sorgte für die Ansiedlung von Eisenhütten, für die sie einen wichtigen Energielieferanten darstellte. Als es gelang, die unter Tage gewonnene Fettkohle zu dem deutlich energiereicheren und für die Eisenproduktion wichtigen Koks zu verarbeiten, wurde diese noch bedeutungsvoller.[17]

Die sich abzeichnende Hochindustrialisierung der Region zwischen Ruhr und Emscher war aufgrund dieses ökonomisch explosionsartigen Aufschwungs und der damit einhergehenden dramatischen Veränderungen vorbildlos – und stellte ihre Bewohner vor etliche Herausforderungen und Probleme. Mit dem Übergang vom agrarisch geprägten Raum zur auf Kohle und Stahl basierenden Montanregion, die vor allem unzählige Zechen, Kokereien und Hütten hervorbrachte, entstand innerhalb weniger Jahrzehnte eine machtvolle, schwerindustrielle Wirtschaftskraft, die die Region seit den 1850er Jahren dominierte. Mit ihren Fördertürmen und rauchenden Schloten, die nun anstelle von Kirchen oder Rathäusern die Zentren neuer Wohnsiedlungen bildeten, prägte sie das optische Bild. Zudem förderte sie infrastrukturelle Maßnahmen wie den Bau von Verkehrswegen, die die Montanindustrie entweder selbst in Angriff nahm oder durch öffentliche Bauträger stark an ihren Bedürfnissen ausrichten ließ.

Mit der industriellen Expansion setzte ein bis dahin beispielloses Bevölkerungswachstum ein, das die Dörfer und Kleinstädte an Emscher und Ruhr innerhalb weniger Jahrzehnte in dichtbesiedelte Großstädte verwandelte: Zu Tausenden wanderten nun Menschen in das entstehende Zentrum, das nach Arbeitskräften hungerte. Warben die Montanunternehmen zunächst vornehmlich junge Männer aus den rural geprägten Regionen in der unmittelbaren Umgebung an, hieß man spätestens in den 1870er Jahren auch ungelernte Arbeiter aus den preußischen Ostprovinzen willkommen.[18] Eine von hoher Wanderungsbereitschaft gekennzeichnete regionale Montangesellschaft, deren Erwerb auf Kohle und Stahl basierte, entstand. Der von ihr befeuerte unkontrollierte Städteboom organisierte sich vor allem entlang der geographischen Lage der Kohle: Schächte wurden dort abgeteuft, wo sich die Kohle am einfachsten abbauen und abtransportieren ließ, und die Arbeiter siedelten sich in der Nähe ihrer Arbeitsstätte um die Zechen und Hochöfen an – ohne stadtplanerische Konzepte oder langfristige Planungen.[19] Quasi über Nacht schossen ganze Industriedörfer wie die heutigen Essener Stadtteile Borbeck, Kray oder Steele aus dem Boden.

Die Städte wuchsen jedoch nicht nur durch Zuwanderung: Um das eigene Stadtareal planmäßig auszubauen, rissen sich die Stadtväter förmlich um angrenzende Dörfer, mit deren Eingemeindung sie gegenüber der dominanten Großindustrie unter anderem die eigene Handlungsmacht unter Beweis zu stellen gedachten.[20] Die Folgen dieser Politik lassen sich noch heute ablesen:

Obwohl zu Beginn des 20. Jahrhunderts zwar ein urbaner Großstadtraum auf dem Papier entstand, konnte er sich in der Praxis nicht durchsetzen – bis heute prägen bekanntlich zumeist viele kleine Ortskerne das Stadtbild der Ruhrgebietsstädte. Das Konkurrenzdenken der Großstädte verhinderte die Entfaltung einer langjährig gewachsenen Zentralität, die vergleichbar große urbane Räume auszeichnet. Darüber hinaus marginalisierte* es langfristig die Ausbildung eines gemeinsamen regionalen Bewusstseins.[21]

Die größte Herausforderung des unkontrollierten Städtewachstums wurzelte jedoch nicht in der fehlenden Zentralität oder dem ausbleibenden regionalen Bewusstsein. Am Ende des 19. Jahrhunderts ging es vor allem darum, wie Wohnraum bereitgestellt und die Arbeiterschaft sozial abgesichert werden konnte, ohne die der wirtschaftliche Aufschwung schließlich nicht zu denken war. Die Verwaltungen der entstehenden (Groß-)Städte des Ruhrgebiets waren mit dieser Situation vollkommen überfordert, sodass es – wie im berühmten Fall der Familie Krupp – auch auf Druck der sich formierenden Arbeiterbewegung private Initiativen waren, die sich dieser sozialen Fragen durch den Bau von Wohnraum annahmen und die Situation der Arbeiter – freilich in beschränktem Maße – zu verbessern suchten.[22] Auch wenn weniger Barmherzigkeit denn ökonomische Interessen hinter diesen Maßnahmen standen, offenbaren sie doch die Macht von Industriellen gegenüber den (oftmals schwachen) städtischen Verwaltungen. Während solche privaten Vorstöße in Teilen zur Verbesserung der Situation der Arbeiter im Ruhrgebiet beitrugen, trat im Zuge der Verstädterung ein weiteres Problem auf, das sich durch Einzelinitiativen nicht einhegen ließ: Das Sorgenkind, das die Lebensgrundlage der Menschen jetzt bedrohte, war die städtische beziehungsweise öffentlichen Hygiene.

Mit der Problematik war das Ruhrgebiet kein Einzelfall. Im Zuge der Verstädterung hatte spätestens um die Jahrhundertmitte eine aus Großbritannien kommende Debatte das Deutsche Reich erfasst, die die öffentliche Gesundheit und Hygiene diskutierte und sich vor allem in der sogenannten Städtereinigungsfrage Bahn brach. Diese schlug sich mit der Aufgabe herum, städtische Schmutzstoffe zu beseitigen – also häusliche Gebrauchswasser, Fäkalien, industrielle Abwässer, Straßenschmutz und Regenwasser.[23] Mit der zunehmenden Bevölkerungsentwicklung wurde die Angelegenheit immer drängender. Damals sammelte man in den meisten urbanen Siedlungen Fäkalien aus privaten Häusern zusammen mit dem Müll in sogenannten Abtrittsgruben, die

* Wir übernehmen hier nicht implizit Vorstellungen eines „gesunden" oder „pathologischen" Städtewachstums, sondern weisen lediglich auf die Ursache für die Schwierigkeiten der Ausbildung überkommunaler Institutionen hin.

von Abfuhrunternehmen entleert und als Düngemittel einer landwirtschaftlichen Nutzung zugeführt wurden. Die flüssigeren Formen der Abwässer schaffte man zusätzlich zumeist in offenen Rinnsteinen durch die Straßen in Richtung des nächsten Vorfluters, also in Bäche oder Flüsse. Mit der Zunahme der Abwässer und der zu leerenden Gruben, deren Abtransport meist recht unzuverlässig organisiert war, wuchs nicht nur die Geruchsbelästigung, auch Gesundheitsrisiken nahmen in der Nähe nur unzureichend abgedichteter Abtrittsgruben zu. Doch erst nachdem die Verstädterung bereits seit mehr als fünf Jahrzehnten im vollen Gange war, wurde man sich des Zusammenhangs von verunreinigtem Boden beziehungsweise Trinkwasser und dem Aufkommen bestimmter Krankheiten und Seuchen bewusst, sodass hinsichtlich der Abwasserentsorgung nun dringender Handlungsbedarf sichtbar wurde.[24]

In Berlin etwa widmete sich der Mediziner und liberale Politiker Rudolf Virchow in den 1860er Jahren dem Zusammenhang zwischen Hygiene und Epidemien. Zusammen mit seinem Kollegen Salomon Neumann formulierte er die für seine Zeit revolutionäre These, dass „viele Krankheiten nicht auf natürliche, sondern gesellschaftliche Verhältnisse zurückzuführen seien“.[25] Hieraus leitete er den Anspruch ab, dass die öffentliche Hygiene zur Vermeidung von Seuchen Bestandteil der allgemeinen staatlichen Fürsorge sein müsse – und gleichzeitig einen Beitrag zur Lösung der sozialen Frage leisten könnte.[26] In der Folge sahen sich die Städte mit sehr konkreten Fragen konfrontiert: Wollte man die Abwässer als Rohstoffquelle und Nährstofflieferanten für Landwirtschaft nutzen, indem man diese auf den Feldern verrieselte? Oder sollten sie verdünnt werden, um sie aus den Städten zu transportieren und in den zugeleiteten Flüssen unschädlich zu machen? Da mit der Erfindung des Kunstdüngers gleichzeitig eine Alternative zur Verrieselung aufkam, entschied man sich für den Bau aufwendiger, zumeist unterirdischer Schwemmkanalisationssysteme, um eine Verseuchung des Trinkwassers und des Bodens zu vermeiden. Diese Bemühungen trugen Früchte: In Berlin etwa verbesserte sich der Zustand der Spree, nachdem sie zuvor durch zugeleitete Abwässer gesundheitsgefährdend verunreinigt worden war, durch die Kanalanlage erheblich.[27]

Auch im Ruhrgebiet versuchten die Städte im letzten Drittel des 19. Jahrhunderts die Handhabung ihrer Schmutzstoffe zu modernisieren: Für den Abtransport von Gebrauchswasser errichtete zum Beispiel die Stadt Bochum seit den 1870er Jahren ein unterirdisches Kanalnetz, das gegen Ende des Jahrhunderts mit Kläranlagen verbunden wurde und die städtischen Abwässer auf Flächen außerhalb des Stadtgebietes transportierte.[28] Doch damit war das Problem nicht beseitigt, sondern bloß verschoben, da die schmutzigen und teilweise giftigen Abwässer einfach in den nächsten Fluss geleitet wurden.

Als ein solcher boten sich im Ruhrgebiet die Ruhr und aufgrund ihrer topographischen Beschaffenheit insbesondere die Emscher an. Da die natürliche Wasserscheide zwischen Ruhr und Emscher recht weit südlich verläuft, nahm die Ruhr nur geringe Mengen abfließenden Regenwassers auf – der Großteil der an ihren Ufern gelegenen Gebiete fällt zur Emscher hin ab.

Die Emscher hingegen wies nur unzureichende Fließ- und Abflussbedingungen auf. Auf ihrem Weg von der Quelle in Holzwickede bis zu ihrer Mündung in den Rhein war ihr Gefälle gering, und sie mäanderte in vielen Kurven und Schlaufen durch das ohnehin schon sumpfige Emschertal, das immer wieder von Überflutungen heimgesucht wurde.[29] Hinzu kam, dass zu Beginn der Industrialisierung im Ruhrgebiet etliche kleinere künstliche Stauungen zum Betrieb von Mühlen gebaut worden waren, die die Fließeigenschaften der Emscher zusätzlich verschlechterten. Bald schon verschlimmerte sich die Situation dramatisch: Mit der Erschließung des Ruhrgebiets als ein industrialisierter, urbaner Lebensraum wurden viele Flächen versiegelt, sodass die Böden das Regenwasser nicht mehr aufnahmen. Gleichzeitig verschlechterten sich die sogenannten Vorflutbedingungen im Emschergebiet: Die Nordwanderung des wasserintensiven Bergbaus, der zu weiträumigen Bergsenkungen führte, machte den Abfluss der Emscher stellenweise unmöglich. Zusätzlich zogen immer mehr Menschen gerade in das nördliche Ruhrgebiet, sodass neben den industriellen Abwässern auch vermehrt häusliches Gebrauchswasser über die neu angelegten Schwemmkanalisationssysteme der Ruhrgebietsstädte Richtung Emscher transportiert wurde. Geruchsbelästigungen und Überflutungen ganzer Stadtteile prägten das städtische Leben, auch die gesundheitlichen Risiken stiegen. Als sich das Jahrhundert dem Ende neigte, brachen vermehrt und regelmäßig Epidemien wie Typhus und Ruhr aus.

Aus der Städtereinigungsfrage war damit eine Flussverunreinigungsfrage geworden. Jetzt wäre schnelles und konzertiertes Handeln erforderlich gewesen, doch wie schon zuvor scheiterten in der zweiten Hälfte des 19. Jahrhunderts Versuche, die Fließbedingungen der Emscher zu verbessern. Grund dafür war neben fehlenden Langzeitplanungen der Gemeinden und Kreise der Widerstand staatlicher Behörden, die um einen Interessenausgleich von Industrie und Landwirtschaft rangen. Großindustriellen und deren gewählten Interessensvertretern ging es vereinfacht gesagt um eine möglichst günstige Abführung der Abwässer via Emscher in den Rhein, wobei sie aufwendige Reinigungsverfahren vermeiden wollten. Großgrundbesitzer und Bauern hingegen pochten auf eine Säuberung des Wassers von Industrieabfällen, da die Emscher und ihre Ufergebiete ihre wirtschaftliche Grundlage darstellten.[30]

Die bereits geschilderte Zugehörigkeit des Ruhrgebiets zu zwei Provinzen und drei Regierungsbezirken verschärfte diesen schwelenden Grundkonflikt. Sämtliche lokalen Initiativen zur Eindämmung der Versumpfung und Überflutung der Emscher seit dem 18. Jahrhundert trafen auf heftige Widerstände und wurden nur unzureichend umgesetzt. Als zu den bekannten Schwierigkeiten durch die Verschmutzung des Flusses noch weitere hinzukamen, wagte der Münsteraner Regierungsbaurat Karl Michaelis Ende der 1880er Jahre einen neuerlichen Vorstoß. Doch auch seine Vorschläge wurden zwischen den verschiedenen Interessen zerrieben, sodass letztlich nur schwer durchsetzbare Einzelmaßnahmen und Absichtserklärungen zu Buche standen.

Erst als die gefährlichen Epidemien und permanenten Überflutungen überhandnahmen, überwanden Montanindustrie und Verwaltung ihre Interessensgegensätze und fanden eine pragmatische Lösung für das Emschergebiet. Seit Mitte des 19. Jahrhunderts war die Ruhr zunehmend als Frischwasserfluss genutzt worden, um das Absinken des Grundwassers durch den Ruhrbergbau zu kompensieren. Vielerorts zog man zudem inzwischen für die umfangreicher werdende Trinkwasserversorgung das Uferfiltrat der Ruhr heran. Dies setzte die Verantwortlichen zusätzlich unter Druck, die sich jetzt darüber im Klaren waren, dass sie mit der fortgesetzten Ableitung von Brauchwasser gesundheitliche Probleme und Epidemien für die Ruhrgebietsbevölkerung verursachen würden.[31] Damit fiel die Entscheidung für eine klassische Arbeitsteilung zwischen den Flüssen: Während die Ruhr zum Frischwasserfluss deklariert und deren Wasserführung seit 1899 vom Ruhrtalsperrenverein (RTV) künstlich reguliert wurde, wurde die Emscher zum Abwasserfluss. Ihre Verwaltung sollten die anliegenden Gemeinden und Betriebe übernehmen, wofür ebenfalls 1899 die rechtliche Grundlage geschaffen wurde.

EINE RECHTSFORM LIEGT IM TREND: DIE GRÜNDUNG ALS GENOSSENSCHAFT

Nachdem sich die Emscher-Anrainer zur Jahrhundertwende zusammengeschlossen hatten, bündelten sie die Interessen der unterschiedlichen Akteure in einer Rechtsform, die es ihnen zumindest theoretisch ermöglichte, ihre Position zu artikulieren und gemeinsame Entscheidungen zu treffen.

Die Resolution, die aus der Gründungsversammlung 1899 im Bochumer Ständehaus hervorging, sprach zwar zunächst von einem Verband,[32] in den nachfolgenden Diskussionen einigte man sich jedoch darauf, dass eine Genossenschaft die einzig angemessene Rechtsform darstelle.[33] Sie war aufgrund von zwei Aspekten für die Beteiligten attraktiv: Zunächst verstanden sich Genossenschaften als Förderinstitutionen für ihre Mitglieder. Diese Förderung musste nicht unbedingt mit finanziellen Leistungen verbunden sein, wesentlich war, dass die Zugehörigkeit zur Genossenschaft mit Vorteilen einherging. „Förderung“ konnte auch schlicht bedeuten, dass das gesellschaftliche Ansehen der Mitglieder durch ihre Zugehörigkeit anstieg und sie sich auf Solidarität innerhalb der Genossenschaft verlassen konnten[34] – für die Anrainer der Emscher vor dem Hintergrund der Konkurrenz zwischen Städten und Industrie Werte, die nicht zu unterschätzen waren. Besonders an dieser Rechtsform war und ist zudem die Selbstverwaltung durch ihre Mitglieder. Sie impliziert eine Gleichberechtigung aller Beteiligten, die den zukünftigen Genossen die Möglichkeit neuer, gemeinsam entwickelter Lösungswege zu versprechen vermag.[35]

Dass die Genossenschaftsform im Fall des neuen Abwasserkonglomerats schließlich alle rechtlichen Alternativen ausstach, lag aber nicht nur an den Vorteilen, die künftige Mitglieder von ihr erwarten konnten. Vielmehr sah gerade die Wasserwirtschaft in ihr ein seit Jahrzehnten bewährtes Instrument. Legt man den Genossenschaftsbegriff etwas weiter aus, lässt sich sogar eine jahrhundertealte Tradition erkennen, in der Menschen in ähnlichen Zusammenschlüssen ihren Umgang mit Wasser regelten. Beispielsweise waren bereits im Frühmittelalter Vereinigungen für die Fischerei und den Betrieb von Mühlen entstanden.[36] Später gründete man nach holländischem Vorbild Zusammenschlüsse für die Be- und Entwässerung in der Landwirtschaft.[37] Die lange Geschichte kollektiver Selbstverwaltung im Bereich der Wasserwirtschaft hing immer mit deren spezifischen Eigenschaften zusammen: Flüsse und Bäche fließen nun einmal an mehreren Dörfern und Städten vorbei und nehmen keine Rücksicht auf künstlich geschaffene Landes- oder Gemeindegrenzen. Somit profitierten stets mehrere Anrainer zugleich von Eingriffen in den Lauf oder die Verwaltung von Gewässern, gleichzeitig wussten sie aber auch um die Folgen, die mangelnde Sorgfalt für sie haben konnte. Dank des natürlichen Charakters von Wasserläufen war also die intrinsische Motivation aller anliegenden Akteure groß, sich zusammenzuschließen.

Auch die Geschichte der *modernen* Genossenschaftsbewegung, weit über die Grenzen der Wasserwirtschaft hinaus, begann im 19. Jahrhundert und hing unmittelbar mit der Industrialisierung zusammen. Dass seit der Mitte des 18. Jahrhunderts Erfindungen wie die Dampfmaschine und der mechanische Webstuhl die massenweise Produktion von Gütern ermöglicht hatten, ging nicht nur mit neuen wirtschaftlichen Möglichkeiten einher. Gleichzeitig vollzogen sich umfassende gesellschaftliche Umwälzungen, darunter auch – wir haben schon einen kurzen Blick darauf geworfen – die Urbanisierung und die

Entstehung der Arbeiterklasse, deren Angehörige unter schlechtesten Bedingungen lebten: Die Arbeitstage waren lang, die Wohnverhältnisse oft sehr beengt und unhygienisch. Kinder wurden für schwere und gefährliche Arbeiten eingesetzt, Schulbildung erhielten sie nicht oder nur geringfügig. Unter zeitgenössischen Kritikern regte sich zunehmend Widerstand, prominent vertreten etwa durch den britischen Philosophen, Ökonomen und Reformer John Stuart Mill.[38]

Wie die Industrialisierung kamen auch die ersten Impulse in der Genossenschaftsbewegung aus Großbritannien. Genau hundert Jahre bevor die Emscher-Anrainer sich zusammenschlossen, veränderte 1799 der britische Fabrikdirektor Robert Owen in seiner Baumwollspinnerei in dem kleinen schottischen Ort New Lanark die Gesellschaft in grundlegender Weise: Neben schulischer und medizinischer Grundversorgung führte er den Anspruch seiner Arbeiter auf vergünstigte Mieten und Kaufpreise für Lebensmittel und andere Güter des täglichen Bedarfs ein. Mit diesen Maßnahmen konnte er nicht nur die Lebensbedingungen seiner Arbeiter verbessern, sondern auch die Produktivität in seinem Werk steigern.[39] Andere Fabrikbesitzer folgten seinem Beispiel, und Owen baute das System seiner Produktionseinrichtungen weiter aus. Sogar in den Vereinigten Staaten von Amerika wurden nach dem Modell von New Lanark Vereinigungen errichtet, die erste in New Harmony im Bundesstaat Indiana.[40]

Neben Robert Owen spielten für die deutsche Genossenschaftsgeschichte auch heimische Sozialreformer eine Rolle. Der heute bekannteste unter ihnen war Friedrich Wilhelm Raiffeisen, nach dem noch im 21. Jahrhundert zahlreiche Verbände, Warengenossenschaften und die Raiffeisenbanken benannt sind. Als Bürgermeister von Flammersfeld im Westerwald gründete er 1848 die erste Darlehenskasse für die Landwirtschaft. Auch hier ging die Mitgliedschaft in einem Verbund mit der Möglichkeit einher, gemeinsam Vorteile – in diesem Fall Kredite mit günstigen Zinsen – zu erhalten.[41]

Die ersten genossenschaftsähnlichen Zusammenschlüsse erfolgten als Reaktion auf die Folgen der Industrialisierung. Sie standen im engen Zusammenhang mit dem Aufkommen des Sozialismus und, allgemein gesprochen, einer Kritik an Staat und Wirtschaft. Die Genossenschaftsbewegung wurzelt aber nicht nur in dem Wunsch, eine Antwort auf die negativen Begleiterscheinungen der Industrialisierung zu finden. Die Vorstellung, als Genossenschaftsmitglied in Eigenverantwortung Entscheidungen zu treffen, die gemeinsam verfolgte Ziele ermöglichen, lässt sich auch zu dem Bild der „bürgerlichen Gesellschaft“ zurückverfolgen, das der Philosoph Georg Wilhelm Friedrich Hegel in den Anfangsjahren des Jahrhunderts prägte. Indem Vertreter dieser „bürgerlichen Gesellschaft“, worunter Hegel Zusammenschlüsse und Kooperationen von Personen mit gemeinsamen Anliegen oder Interessen zusammenfasste, zunehmend die Verantwortung für ihre Geschicke übernahmen, standen auch die Aufgaben des Staates zur Diskussion.[42] Die Genossenschaftsbewegung war somit ein früher Bruchteil dessen, was sich uns heute selbstverständlich als „Zivilgesellschaft" darstellt, also ein Bereich unseres Lebens, der zwar staatlichen Gesetzen folgen muss, jedoch unabhängig von staatlicher Koordination existiert.

Bereits fünf Jahre vor der Gründung von Friedrich Wilhelm Raiffeisens erster Darlehensbank gab das Preußische Privatflussgesetz von 1843 den Anstoß für die Gründung erster Genossenschaften im Bereich der Wasserwirtschaft.[43] Letztere waren also gewissermaßen Vorreiter in der Genossenschaftsbewegung. Rasch machte sich auch hier bemerkbar, wie unabdingbar die Strukturen, in denen Wasser naturgemäß vorkommt, ein gemeinschaftliches Vorgehen durch die Kommunen vor Ort nahelegen, wie gut also Wasserwirtschaft und die Rechtsform der Genossenschaft zueinander passten. Denn Vorteile lagen nicht nur für die Beteiligten auf der Hand, auch aus Sicht des Staates erschien die Selbstverwaltung durch kommunale Akteure erfolgversprechend: Auf diese Weise konnte er Aufgaben an Instanzen und Personen abgeben, denen eine große Motivation innewohnte, sie möglichst effizient zu lösen – zumal bei den Akteuren vor Ort eine gute Kenntnis der lokalen Probleme und Bedingungen vorausgesetzt werden konnte. 1843 war der Gesetzgeber sogar so überzeugt von den Vorteilen genossenschaftlicher Arbeit, dass er mit allen Mitteln bereit war, sie durchzusetzen. Fanden die Menschen keine freiwillige Lösung, konnten auf Grundlage des Gesetzes sogar Zwangszusammenschlüsse eingeführt werden. Ein gutes Vierteljahrhundert später sah das 1879 im Deutschen Reich erlassene Wassergenossenschaftsgesetz demgegenüber größere Freiheiten vor: Freiwillige Zusammenschlüsse galten jetzt als der Regelfall.[44]

Nicht nur im Bereich der Wasserwirtschaft gründeten sich immer mehr Genossenschaften. Auch für die Verwaltung anderer natürlicher Ressourcen waren ab den 1860er Jahren Zusammenschlüsse nach diesem Muster erfolgt. So entstanden etwa Genossenschaften für Jagd, Wiesen, Deiche und Wälder.[45] Auch hier spiegelte sich einerseits der Charakter der Sujets, um die herum sie sich formierten: So „gehörten" Grundstücke zwar in der Regel bestimmten Kommunen, die Ressource Wald oder Wiese hielt sich jedoch nur bedingt an Grenzziehungen und rief, ähnlich wie Wasserläufe, gleich mehrere Gemeinden auf den Plan. Noch augenfälliger zeigte sich dies im Bereich der Jagd: Tiere richteten sich nicht nach kommunalen Grenzen, um an Futter zu kommen oder ihr Revier abzustecken. Andererseits offenbarte sich an diesen Zusammenschlüssen aber auch der immer deutlichere Trend zu neuen Verwaltungsformen, was wiederum die Frage aufwarf, wie die Beziehung zwischen Staat und Bürger auszugestalten sei. Das Aufkommen weiterer „Natur"-Genossenschaften unterstrich, wie der damalige Zeitgeist diese Frage beantwortete: Statt in vertikalen Herrschaftsstrukturen sollten Entscheidungen in horizontal organisierten Gremien getroffen werden, die sich aus Vertretern derjenigen zusammensetzten, die auch von ihnen betroffen waren.

Dass Theorie und Praxis zuweilen streitsüchtige Geschwister sind, zeigte sich exemplarisch in der Gründungsphase der Emschergenossenschaft. Denn auch wenn die Rechtsform der Genossenschaft idealerweise davon ausging, einvernehmlich gemeinsame Ziele zu suchen, zeigte sich die Realität weniger harmonisch: Obwohl nach jahrzehntelangen Auseinandersetzungen nun endlich Einigkeit darüber bestand, dass die akuten Probleme entlang der Emscher einer dringenden Lösung bedurften, herrschten zwischen den zukünftigen Genossen nach wie vor Rivalitäten. Sie gingen unter anderem darauf zurück, dass in einer Genossenschaft nominell gleichberechtigte Partner aufeinandertrafen, tatsächlich jedoch nicht alle Akteure gleichermaßen von den Problemen betroffen waren, denen entgegengewirkt werden sollte. Bereits zum Gründungstreffen am 14. Dezember 1899 waren deshalb einige der eingeladenen Teilnehmer erst gar nicht erschienen – die Vertreter der Stadt Dortmund etwa blieben dem Treffen fern.[46] Auch in der Diskussion im Ständehaus zeigte sich schnell, dass die künftigen Genossen von Einigkeit weit entfernt waren. Besonders die Fragen der Kostenverteilung und der angemessenen technischen Maßnahmen führte zu erbitterten Wortgefechten.[47]

Das sturmgeplagte Bochumer Gründungstreffen bot einen Vorgeschmack auf die weiteren Diskussionen um die neue Genossenschaft und ihren Charakter. Bis zur tatsächlichen Gründung der Emschergenossenschaft vergingen aufgrund der zahlreichen Konflikte noch fünf weitere Jahre, in denen allerhand zu tun war: Die Merkmale der künftigen Genossenschaft mussten in Übereinstimmung mit den besonderen Anforderungen des Emscherraums und der Anrainer ausgearbeitet werden. Wer beispielsweise sollte in der Genossenschaft beteiligt werden? Nur die Kommunen? Oder war es aufgrund ihrer Prominenz und Potenz in der Region notwendig, auch dem Bergbau und der Industrie Plätze einzuräumen? Zumindest hatte man Vertreter all dieser Bereiche zur Gründungsversammlung geladen, und jetzt kämpften sie um ihre unterschiedlichen Interessen und Handlungsmöglichkeiten. Auch die Kostenverteilung blieb ein Streitthema.[48]

Aussitzen kam diesmal jedoch nicht infrage. Um die Konflikte zu bewältigen, berief man in der Gründungsversammlung eine Kommission, die Lösungsvorschläge ausarbeiten sollte.[49] Diese hatte mit technischen und politischen Problemen gleichermaßen zu kämpfen: Eine wesentliche Aufgabe des Gremiums bestand darin, Berechnungen zu den komplexen und weitreichenden Eingriffen in die Landschaft, die für den Lauf und die Befestigung der Emscher vorgenommen werden sollten, anzustellen – was einen weiteren Grund dafür lieferte, dass sich die tatsächliche Gründung der Emschergenossenschaft immer weiter verzögerte.

Für die notwendigen Vorarbeiten berief die Kommission schließlich 1901 mit Wilhelm Middeldorf einen technisch versierten Mann, dem wir erneut begegnen werden. Während die dringendsten technischen Fragen langsam geklärt werden konnten, blieben die politischen Probleme hartnäckig bestehen. Die Kommission tat sich schwer damit, den jeweiligen Status der Kommunen, Bergwerke und Industrieunternehmen adäquat in ein Regelwerk zu überführen. Das bestehende Wassergenossenschaftsgesetz bot für die spezifische Situation im Emschergebiet, die maßgeblich von Bergbau und Industrie geprägt war, schlicht keine geeignete Grundlage: Die darin enthaltenen Bestimmungen zur Kostenverteilung waren zu unkonkret, als dass die Kommission mit ihnen eine angemessene Regelung hätte treffen können.

Bis zum Frühjahr 1903 entwickelte das Gremium schließlich einen eigenen Entwurf für ein Sondergesetz, das „Gesetz betreffend Bildung einer Genossenschaft zur Regelung der Vorflut und zur Abwässerreinigung im Emschergebiet". Bereits im Vorfeld hatte es um die Ausgestaltung der neuen Genossenschaft intern erbitterte Diskussionen gegeben. Das Gesetz sah nun eine ungewöhnliche Lösung vor. Demnach sollte die Emschergenossenschaft zum einen aus Genossen im klassischen Sinne zusammengesetzt sein. Bei diesen handelte es sich um die angeschlossenen Städte und Landkreise. Zum anderen wurden Gemeinden, Bergwerken, Unternehmen und verschiedener Anlagen, die ihre Abwässer in die Emscher leiteten, als „Beteiligte" ebenfalls aufgenommen, sie finanzierten die Emschergenossenschaft.[50] Schließlich war vorgesehen, dass die Räte der Städte oder Kommunen Abgeordnete für die Genossenschaftsversammlung wählten, wobei die Beteiligten im Verhältnis ihrer Beitragszahlung vertreten sein mussten.[51]

Die Geschäfte der Körperschaft sollten von einem Vorstand geleitet werden, der sich aus zwölf Mitgliedern zusammensetzte und Abgesandte der Kommunen und der Beteiligten umfasste.[52] Zusätzlich zum Vorstand wurde als eine Art Gegengewicht eine Berufungskommission in Kraft gesetzt, die berechtigt war, Veranlagungen – also die Festsetzung der zu erstattenden Gebühren – neu zu verhandeln oder gar aufzuheben.[53]

Wie das Wassergenossenschaftsgesetz von 1879 sah auch das neue Sondergesetz vor, dass die Mitgliedschaft in der künftigen Genossenschaft auf

Freiwilligkeit basieren sollte.* Trotz aller Streitigkeiten um das ungewöhnlich konstruierte Gesetz nahmen alle politischen Gremien den Entwurf mit nur unwesentlichen Änderungen an. Dies war ein bedeutender politischer Erfolg, denn nicht weniger als fünf Instanzen mussten für die Vorlage gewonnen werden: Sie war zunächst bei den beiden Provinziallandtagen in Westfalen und der Rheinprovinz eingebracht und dann an die beiden Kammern des Preußischen Landtages – das Herrenhaus und das Abgeordnetenhaus – weitergeleitet worden. Schließlich bestätigte Kaiser Wilhelm II. den Gesetzesentwurf. Am 14. Juli 1904 wurde das Gesetz verabschiedet und später, wie alle preußischen Gesetze, in der Preußischen Gesetzsammlung veröffentlicht.[54]

Die erste Genossenschaftssitzung fand 1905 statt. In diesem Jahr beschäftigte die Emschergenossenschaft bereits neunzig Angestellte – auch wenn es noch kein eigenes Verwaltungsgebäude gab. Stattdessen gab man sich praxisnah: Provisorische Büros wuchsen dort aus dem Boden, wo gerade Baumaßnahmen stattfanden. Um die Emschergenossenschaft auch als Körperschaft zu beheimaten, begann der Vorstand mit der Suche nach einem geeigneten Hauptsitz. Nachdem die Stadt Essen ein günstiges Angebot für ein Baugrundstück unterbreitet hatte, konnte die Emschergenossenschaft schließlich ein repräsentatives Gebäude errichten, das ihr als bedeutender Akteur in der Region Sichtbarkeit verschaffte. Noch heute ist es in der Kronprinzenstraße 24 zu finden.[55]

ZWISCHEN INFRASTRUKTURPROJEKTEN UND KRISENMANAGEMENT: AUF DEM WEG ZUR EGLV

Die Gründung der Emschergenossenschaft kann als Ausweg aus einer sogenannten „Infrastrukturfalle"[56] verstanden werden, in die Industriegesellschaften in ihrer Wachstumsphase geraten – in diesem Fall bestand sie darin, dass man ohne eine zuverlässige Abfuhr von Abwasser keinen Schritt mehr weiterkam. Mit dem Umbau der Emscher sollte nun endlich Hilfe nahen. Zu diesem Zweck verfolgte die Emschergenossenschaft zwei Hauptziele: die Regulierung der Vorflut – also einen geregelten Abfluss – und die Reinigung der eingeleiteten Gewässer.

* Es scheint jedoch offen darüber diskutiert worden zu sein, diese Struktur in der Zukunft in einen Zwangsverband zu überführen. In der Rückschau auf 25 Jahre Emschergenossenschaft erwähnt der damalige Baudirektor Heinrich Helbing diese Möglichkeit ebenfalls. Vgl. 25 Jahre Emschergenossenschaft, S. 7.

Das jahrzehntelange Aussitzen der konkreten Probleme im Emschergebiet und die scheinbar unaufhörliche Ausweitung der Montanindustrie hatten dazu geführt, dass das Wasser der Emscher hochgradig verschmutzt war. Für die Viehtränke, zur Bewässerung von Feldern oder gar als Trinkwasser war es längst nicht mehr nutzbar. Um die Jahrhundertwende diente es allenfalls noch zur Kühlung von Industrieanlagen.[57] Trotz dieser drängenden Probleme folgte auch die Emschergenossenschaft mit Beginn der Umbauarbeiten zunächst dem Primat der Ökonomie. Der Vorstand beschloss, sich zuerst um die Regulierung der Vorflut zu kümmern und erst dann Kläranlagen zu bauen, die die Anwohner von der olfaktorischen Qual befreien sollten, die die Kloake ihnen bereitete. Eine fortdauernde hohe Verschmutzung der Emscher nahm sie mit dieser Entscheidung in Kauf und gab zugleich jegliche Ambitionen zu einer kurzfristigen Schiffbarmachung, die seit dem 18. Jahrhundert diskutiert worden war, endgültig auf.[58] Auf der Emscher wurde also weder im großen Stil Kohle abtransportiert, noch beförderte sie gewinnbringend Rohstoffe wie Eisenerze oder die Produkte der Montanindustrie.* Im Gegenteil: Da die Planer auch nach einer Kanalisierung zur Vorflutregulierung weiterhin hohe Schmutz- und Schlammanteile im Flusswasser erwarteten, war das Schicksal der Emscher als reiner Abwasserkanal endgültig besiegelt. In der Folge wurden die Projekte „Abwasserkanal Emscher“ und „schiffbare Emscher“, die mit der Einweihung des Rhein-Herne-Kanals 1914 Gestalt annahmem, getrennt voneinander verfolgt.**

Die Grundsatzentscheidung, die Emscher zum reinen Abwasserkanal zu degradieren, war Teil des seit 1901 vorangetriebenen Entwurfes zur Emscherregulierung des uns bereits bekannten Wasserbauingenieurs Wilhelm Middeldorf. Middeldorf hatte sich mit der Bauleitung eines Abschnitts des Dortmund-Ems-Kanals einen Namen gemacht und war als Wasserbauinspektor für das Deutsche Reich tätig.[59] Mit der 1904 erfolgten Gründung der Emschergenossenschaft konnten seine Pläne für die Emscher offiziell bestätigt und sukzessive in die Tat umgesetzt werden. Sie entfalteten eine ordnungspolitische

* War es zunächst das Projekt der Schiffbarmachung der Ruhr, das einer Aufwertung der Emscher im Weg stand, sollte im 19. Jahrhundert die Eisenbahn aus Furcht vor neuer Konkurrenz diese Pläne durchkreuzen. Vgl. Emschergenossenschaft: 100 Jahre Wasserwirtschaft, S. 17.

** Dennoch teilten die beiden Wasserläufe mehr miteinander als das Emschertal. Denn obwohl der Rhein-Herne-Kanal weitestgehend parallel zur Emscher verläuft, kreuzten sich beide Gewässer bzw. die Zuläufe der Emscher an vielen Stellen. Unzählige Wege, Straßen und Eisenbahntrassen wurden von beiden Wasserläufen gemeinsam unterlaufen, sodass die beiden etwa zeitgleich in Angriff genommenen Projekte eng miteinander koordiniert werden mussten.

Macht, die die Region bis heute prägt. Zwei Jahre später, 1906, erfolgte der Spatenstich für den Emscherumbau.

Die nun einsetzenden Baumaßnahmen zur Vorflutregulierung lassen sich grob in zwei Phasen unterteilen. Zunächst wurde die Emscher selbst umgebaut. Erst danach regulierte man in einem zweiten Schritt die vielen Zuflüsse und Bäche, die die Emscher auf ihrem Weg von der Quelle bei Holzwickede bis zu ihrer Mündung in den Rhein begleiten.

Wasser, flüchtig und elementar zugleich, verführt gelegentlich zu schlichten Wahrheiten: Das A und O einer funktionierenden Vorflut etwa ist ihr Gefälle. Es muss einen bestimmten Grad erreichen, damit sie stetig abfließt. Ist dies nicht gegeben, bleibt zweierlei: Man kann sich künstlicher technischer Maßnahmen bedienen und beispielsweise Pumpwerke dort bauen, wo kein natürliches Gefälle herrscht. Oder aber man vertieft den Flusslauf baulich – nötigenfalls bis zur Mündung. Aus pragmatischen und finanziellen Erwägungen sah der Middeldorf'sche Plan vor allem Letzteres vor, was auch die Kanalisierung der Senkungssümpfe – hervorgerufen durch natürliche Gegebenheiten und vor allem durch den Bergbau – einschloss. Dazu sollte der Lauf der Emscher mittels Durchbrüchen in Kurven verkürzt und in seiner gesamten Länge an den notwendigen Stellen vertieft werden. Zusätzlich entschied man sich, die Emscher und später auch ihre Nebenbäche in ein künstliches offenes Kanalbett zu verlegen, das den natürlichen Flusslauf ersetzen würde. Von diesem Schritt versprach man sich, dass er weitere Schlammablagerungen aus den Abwässern verhinderte und einen geeigneten Schutz des Grundwassers vor Verunreinigungen bot. Zudem ließ er sich schneller als eine geschlossene Kanalisation umsetzen. Und auch ein montanes Argument fiel ins Gewicht: Bergschäden würden auf diesem Weg einfacher und schneller repariert werden können.[60]

Bergschäden bildeten mithin die größte technische Herausforderung des Bauvorhabens: Bergsenkungen, die durch den Abbau der Kohle unter der Emscher stetig hervorgerufen wurden, konnten jederzeit zu unerwünschten Absenkungen des Kanals führen und die Vorflut erneut stören. In einem komplexen Verfahren versuchte man deshalb in Zusammenarbeit mit den Bergbauunternehmen, künftige Bergsenkungen im Voraus zu berechnen und den Ausbau der Emscher so zu gestalten, dass die Vorflut für einige Jahrzehnte erhalten bleiben konnte. Gerade dieses Versprechen nicht nur kurzfristiger Abhilfe, sondern einer langfristigen Verbesserung der wasserwirtschaftlichen Infrastruktur half, die beteiligten Kommunen und Betriebe von dem Großprojekt zu überzeugen.

Bei Absenkungen standen nicht allein erneute Senkungssümpfe zu befürchten, in denen das stehende Schmutzwasser ein gesundheitliches Risiko darstellte. Auch drohte der Rhein bei einem Verlust der Vorflut in die Emscher zu laufen und weite Teile des Mündungsgebiets zu überfluten – ein unangenehmes Szenario, das gegen Ende des 19. Jahrhunderts wiederholt vorgekommen war. Für eine nachhaltige Verbesserung hätte das Wasser der vertieften Emscher an der Mündung über Deiche in den Rhein gepumpt werden müssen, was aufgrund des dauerhaften Pumpbetriebs auf längere Zeit sehr kostspielig gewesen wäre. Middeldorf rückte hingegen Abwägungen zur Rentabilität in den Vordergrund, welche auf langfristigen Planungshorizonten und Nutzungsdimensionen des infrastrukturellen Bauprojekts basierten. Sein Plan sah vor, den Lauf der Emscher weiter nördlich in tieferes Gebiet zu verlegen und sie bei Walsum rheinabwärts münden zu lassen.

Die konkreten Baumaßnahmen verteilten sich entlang der Emscher in drei größere Bauabschnitte, die wiederum in einzelne sogenannte Baulose untergliedert wurden, für die unterschiedliche Firmen verantwortlich zeichneten. Die Emschergenossenschaft selbst trat vor allem als Bauherrin und Planerin auf, die die konkreten Arbeitsaufträge in öffentlichen Ausschreibungen an Unternehmen vergab. Durch ihre Vergabepraxis, die sowohl erfahrene Firmen des Wasserbausektors als auch viele kleine regionale Unternehmen und Handwerksbetriebe mit Bauaufträgen einbezog, sollte lokale Akzeptanz für die umfassenden Bauprojekte erreicht werden. In der Summe waren ungefähr zweihundert unterschiedliche Firmen am Bau beteiligt.[61]

Middeldorfs Arbeitsentwurf funktionierte, auch wenn gerade die Unterführung von Straßen und Eisenbahntrassen den Planern wie den ausführenden Arbeitern einiges abverlangte. Man hatte mit verschiedenen Infrastrukturschichten zu kämpfen, die unter einen Hut gebracht werden mussten. Die Lösung konnte sich sehen lassen: Insgesamt wurden 55 neue Brückenbauwerke über die Emscher gespannt. Die Emschergenossenschaft trug somit auch zu einer umfassenden Modernisierung der regionalen Verkehrsinfrastruktur bei.[62]

Nicht immer verliefen die Arbeiten reibungslos. So stieß man beispielsweise bei den Kanalisierungsarbeiten in Gelsenkirchen-Horst, wo der Flusslauf ebenfalls für eine bessere Fließgeschwindigkeit geändert wurde, auf nur schwer zu bearbeitende Gesteinsschichten, die die Arbeiten verzögerten. Und im Winter 1908/09 mussten die Arbeiten aufgrund eines der vorerst letzten großen Hochwasser, das über 2 000 Hektar Land im Emschergebiet überflutete, unterbrochen werden.[63] Dennoch wich man letztlich in lediglich einem Punkt von Middeldorfs Plänen ab: Bevor das neue Emscherbett gebaut werden konnte, mussten Grundstücke gekauft werden, was nicht selten jahrelange Entschädigungsverfahren zwischen Emschergenossenschaft und Grundbesitzern mit sich brachte. Deshalb war der Emschergenossenschaft das Recht zugesprochen worden, Enteignungen von Land autonom durchzuführen – gegen die Entrichtung entsprechender Entschädigungszahlungen.[64] Die tatsächlichen Kosten für die Emscherregulierung überstiegen daher die veranschlagten Beträge um etwa 2 Millionen und erreichten eine Gesamtsumme von knapp über 30 Millionen Reichsmark (RM).[65] Gelang es der Emschergenossenschaft also, natürliche Hindernisse mit technischen und baulichen Lösungen zu überwinden, bereiteten kulturelle beziehungsweise gesellschaftliche Ansprüche Schwierigkeiten bei der Umsetzung des Kanalisierungsprojekts.

Dennoch konnten die Arbeiten planmäßig abgeschlossen werden. Im Winter 1910 wurde das Teilstück der Emscherverlegung von Oberhausen nach Duisburg-Walsum offiziell eingeweiht. Die Ereignisse im Vorfeld der Feier versinnbildlichen exemplarisch die Herausforderungen des Bauprojekts: Am 10. Dezember sollte der Strom feierlich von der Alten Emscher in das neue Flussbett umgeleitet werden. Allerdings war es der Emschergenossenschaft bis zu diesem Tag nicht gelungen, sich mit allen Mühlenbesitzern am alten Flusslauf auf Entschädigungszahlungen zu einigen. Dies hatte zur Konsequenz, dass zunächst nur ein Teil des Wassers in den neuen Emscherlauf abgeleitet werden konnte, um die Mühlen nicht gänzlich von ihrer Lebensgrundlage abzuschneiden. Um diese zu erhalten, war zudem ein Einlassbauwerk errichtet worden, das den Niveauunterschied zwischen alter und neuer Emscher ausgleichen sollte. In der Nacht vor der Eröffnung geschah, was auf keinen Fall geschehen durfte: Der Bau stürzte ein, und die neue Emscher wurde nun doch vollständig geflutet. Da niemand zu Schaden kam und der Kanal den Wassermassen standhielt, musste die noch junge Geschichte der Emschergenossenschaft jedoch nichts weiter verkraften, als um eine Anekdote reicher geworden zu sein.[66]

Eines der wesentlichen Merkmale der Organisation, das bereits beim Ausbau der Emscher hervortrat und bis heute ihre Arbeit prägt, hängt mit dem Faktor Zeit zusammen: Wie bei den meisten Infrastrukturprojekten war der Umbau vor allem an langfristigen Planungshorizonten orientiert. Von den konkreten Planungen bis zur Inbetriebnahme der ersten Abschnitte der Emscher vergingen fast zehn Jahre. Mit der Entscheidung für bestimmte Streckenführungen oder Bauweisen legten die Verantwortlichen gerade in der Frühzeit Pfadabhängigkeiten an, die nicht nur das Bild des Flusses, sondern auch die Arbeit der Emschergenossenschaft über Jahrzehnte hinweg bestimmten.

Langfristigkeit ist jedoch eine Perspektive, die mit den natürlichen Bedingungen im Ruhrgebiet besonders schwer in Einklang zu bringen war. Eine Vorausplanung zeigte sich hier deutlich komplexer als in anderen Regionen: Mit näherungsweisen Berechnungen der zu erwartenden Bergsenkungen versuchten Spezialisten, den neuen Flusslauf der Emscher in einer Weise vorauszuplanen, die Hoffnung erlaubte, dass die Vorflut auch nach Abschluss der Bauarbeiten noch gesichert war. Wie sich schnell zeigte, waren die ausgeklügelten Planungshorizonte jedoch rasch überholt – die anvisierten fünfzig stabilen Jahre erwiesen sich als allzu optimistisch.[67] Somit traten zu den langwierigen Regulierungsarbeiten früh umfassende Wiederherstellungsarbeiten, die die Vorflut in den bereits kanalisierten Teilen der Emscher nach unvorhergesehenen Bergsenkungen „wiederherstellen" sollten. Aus dem Projekt Emscherregulierung war eine dauerhaft unabgeschlossene Aufgabe geworden. Was der Emschergenossenschaft so scheinbar zum Nachteil geriet, brachte ihr aber auch Vorteile: Sie gewann an Bedeutung, da nur sie über das entsprechende wassertechnische Know-how verfügte.

Nicht alle Projekte der Emschergenossenschaft waren von Langzeitigkeit geprägt. Ihr zweites wichtiges Ziel, die Abwasserklärung, das sie wie erwähnt in der Anfangszeit nachrangig behandelte, wies eher kurzfristigere Planungshorizonte auf. Während die anliegenden Gemeinden und die Behörden von Anfang an auf eine anspruchsvolle mechanische und biologische Klärung der Abwasser gepocht hatten, verhielt sich die Emschergenossenschaft zögerlich, da eine biologische Klärung zu aufwendig und vor allem zu teuer schien. Tatsächlich konnte sie nach jahrelangen Auseinandersetzungen mit den Behörden 1910 erreichen, dass eine mechanische Klärung der Emscherabwasser offiziell als ausreichend eingestuft wurde. Grund für diesen administrativen Sinneswandel war die Erkenntnis, dass die Geruchsbelästigungen des Abwassers sich in Grenzen hielten, wenn es frisch gehalten werden konnte. Dies gelang der Emschergenossenschaft zum einen durch die Regulierung, die eine konstante Fließgeschwindigkeit der Emscher ermöglichte, zum anderen durch eine effektive Behandlung der Abwasser. So wurden die mechanische Vorklärung der Betriebe überwacht und eine eigene Nachklärung durch Absetzanlagen betrieben. Darüber hinaus baute die Emschergenossenschaft zur Reinigung häuslicher Abwasser selbst Kläranlagen. Hier waren es vor allem die schlammigen Bestandteile, deren Fäulung üble Gerüche mit sich brachte. Um Fäulnis zu vermeiden, entwickelte der Leiter des Abwasseramtes der Emschergenossenschaft, Karl Imhoff, bereits 1907 eine Klärmethode, bei der der Schlamm selbsttätig in einen trockenen Faulraum unterhalb des Wasserbeckens rutschte. Dort trocknete er und konnte anschließend abtransportiert werden, während das gesäuberte Wasser weiter Richtung Rhein floss. Diese geschickt vermarkteten „Emscherbrunnen" fanden über das Emschergebiet hinaus ihren Einsatz und markierten den Anfang vieler wichtiger hydrologischer Innovationen, die die Emschergenossenschaft schnell zu einem wichtigen Akteur der deutschen Wasserwirtschaft werden ließen.[68] Daran änderte sich auch dann nichts, als diese Klärmethode in den frühen 1920er Jahren in die Kritik geriet,[69] welche damit haderte, dass zunehmend Phenole – eine chemische Verbindung, die in Wasser sauer reagiert – aus den Kokereien in die Emscher und damit den Rhein gelangten, wo sie den Fischern zu schaffen machte. Auf diese verhältnismäßig kurzfristige Veränderung der Abwasserbestandteile und die dadurch hervorgerufenen Klagen der Rheinfischer reagierte die Emschergenossenschaft zunächst widerwillig, dann aber pragmatisch: Sie verbaute zwei Rohre, die das Abwasser der Emscher von ihrer Mündung aus in die Mitte des Rheins transportierten, um eine bessere Durchmischung von Rhein- und Emscherabwasser zu erreichen und die Uferfische zu schonen. Als diese kurzfristige Lösung nicht die erwünschten Ergebnisse brachte, setzte eine lange Phase der „Entphenolungsforschung" der Abwasser bei der Emschergenossenschaft ein, auf die wir noch zurückkommen werden.[70]

Gut zehn Jahre nach ihrer Gründung konnte die Emschergenossenschaft somit auf erste Erfolge zurückblicken: Die Emscher war in Teilen verlegt und bereits fertig kanalisiert worden, die Abwasserqualität hatte sich durch den Bau zahlreicher Kläranlagen deutlich verbessert. Damit konnten Überschwemmungen weitestgehend vermieden werden, und auch die Geruchsbelästigungen hatten merklich abgenommen. Auf der Agenda stand nun vor allem der Ausbau der zufließenden Bachläufe zu einem gesamten Abwassersystem.

Doch jetzt durchkreuzte der Erste Weltkrieg die Ziele der Emschergenossenschaft. Innerhalb kürzester Zeit wurde der Großteil ihrer Mitarbeiter in den Militärdienst einberufen, bis 1915 waren knapp drei Viertel der Belegschaft an der Front im Einsatz. Fast alle Baustellen lagen zwangsweise brach, kurzzeitig drohte sogar die komplette Einstellung des Betriebes.[71] Auch wenn die Projekte langfristig angelegt waren, stand nun sehr kurzfristiges Krisenmanagement auf dem Programm. Nun zeigte sich der politische Charakter der Emschergenossenschaft: Durch eine Intervention des Arnsberger Regierungspräsidenten bei den Ministerialbehörden gelang es, Mitarbeiter von der Front zurückzuholen. Gleichzeitig wurden an die Stellen der eingezogenen Bauarbeiter Frauen oder russische Kriegsgefangene gesetzt.[72] Nun konnten die Arbeiten fortgeführt werden, auch wenn die Emschergenossenschaft gerade für diese Gruppen ein deutlich geringeres Arbeitspensum beklagte,[73] weshalb sich die Baufortschritte an den Zuflüssen verlangsamten. Zudem gelang es der Emschergenossenschaft 1917, von den Militärbehörden bestimmte Arbeiten als „kriegswichtige Bauvorhaben" anerkennen zu lassen, galt doch das Ruhrgebiet als „Waffenkammer" des Deutschen Reichs. Zumindest einige Baustellen wurden also bis Kriegsende weiter vorangebracht.[74]

Schnelle Anpassungsfähigkeit und Pragmatismus bewies die Emschergenossenschaft auch in der Zwischenkriegszeit: Während der schwierigen Umstellung von der Kriegswirtschaft zur Produktion in Friedenszeiten mussten viele Industriebetriebe Arbeiter entlassen. Die Regierung rief jedoch sogenannte Notstandsprogramme aus, von denen die Emschergenossenschaft kurzerhand Gebrauch machte, wodurch sie vom Reich bezuschusst die Bauarbeiten an den Zuflüssen fortsetzen konnte.[75] Als 1923 französische Truppen die Ruhr besetzten und auf eine Zahlung der 1919 in Versailles vereinbarten Kriegsreparationen drangen, traten einige Zechenarbeiter gegen den „Erbfeind" in passiven Widerstand. Auch mit ihnen führte die Emschergenossenschaft einen geschickten Schachzug durch: Es gelang ihr, sie für die Bauarbeiten an den Zuflüssen der Emscher zu gewinnen.[76]

Neben ihrem wegweisenden Statut war es auch dieser unpolitisch-politische Pragmatismus, der die Emschergenossenschaft (über-)lebensfähig machte und sie zum Vorbild des Lippeverbandes werden ließ. Dieser wurde nach ebenfalls längeren Diskussionen 1923 gegründet und basierte zu gewissen Teilen auf der bereits 1913 ins Leben gerufenen Sesekegenossenschaft. Von Anfang an ging der neu gegründete Lippeverband eine enge Kooperation mit der Emschergenossenschaft ein. Der größte Unterschied zwischen den beiden Körperschaften lag darin, dass die Gründung des Lippeverbandes eher präventiven Charakter hatte. Durch seine Arbeit sollte die industriebedingte Verschmutzung des Lippegebiets von vorneherein vermieden werden.[77] Sicherlich blieb das Lippegebiet stets landwirtschaftlicher geprägt als der Emscherraum und trug damit eigene Forderungen an die Abwasserklärung und den Flusslauf heran. Dennoch sind die Geschichte der Emschergenossenschaft und die des Lippeverbandes seit 1923 aufs Engste miteinander verbunden, was sich organisatorisch nicht zuletzt an der Personalunion der Geschäftsführung beider Verbände ablesen lässt. Während in den folgenden Jahren und Jahrzehnten Emscher und Lippe durch die gemeinsame Arbeit weitestgehend eingehegt werden konnten, blieb das politische Fahrwasser für die Verbände selbst aber unsicher.

Abb. 2 Keine gewöhnliche Tankstelle: Hier verkaufte die Emschergenossenschaft Gas für städtische Fahrzeuge, aufgenommen am 29. Juni 1939.

2. DIE „ENTDECKUNG" NEUER VERFAHREN UND DIE WAHRUNG DER SELBSTSTÄNDIGKEIT: DIE VERBÄNDE ZWISCHEN WEIMARER REPUBLIK UND „DRITTEM REICH"

Im August 1935 eröffnete in der Grillostraße im Essener Norden eine moderne Gastankstelle, die von der Stadt und der Emschergenossenschaft gemeinsam betrieben wurde. Auf Abbildungen ist ein kleines weißes Gebäude mit klarer Linienführung zu erkennen.[78] Wie viele andere Bauten, die die Verbände in den frühen 1930er Jahren errichteten, scheint es noch vom Architekturstil der Neuen Sachlichkeit beeinflusst.* Vor der Tankstelle ist ein akkurat gemähter Rasen zu erkennen, hinter ihr ragen Industriebauten hervor. Die Grillostraße befand sich außerhalb der Wohnviertel, war aber gut an die Innenstadt angeschlossen.

Die wesentliche Zielgruppe für die Tankstelle waren Nutzfahrzeuge der Stadt, beispielsweise Fahrzeuge der Müllabfuhr und der Kanalreinigung, Kehrwagen und Straßenwaschmaschinen. Im Jahresbericht der Emschergenossenschaft von 1936 war aber bereits die Rede davon, „dass auch private Kraftfahrzeugbesitzer von dieser neuen Einrichtung lebhaften Gebrauch machen werden".[79] Für die Stadt Essen stellte die Tankstelle eine Investition in die Zukunft dar. Zwar hatte ihre Errichtung mit 58 000 RM einen nicht unbeträchtlichen Preis gehabt, die Stadtverwaltung rechnete jedoch damit, dass diese Kosten durch die niedrigen Ausgaben für Kraftstoff bald ausgeglichen werden sollten. Langfristig würde die Tankstelle, so die Planung, die Betriebskosten für die Nutzfahrzeuge maßgeblich senken. Um einen möglichst großen Spareffekt zu erzielen, war eine umfassende Umrüstung vonnöten: Nachdem sie den gesamten städtischen Fuhrpark mit speziellen Gasflaschen ausgerüstet haben würden, wollten die Betreiber im Jahr rund 300 000 Kubikmeter Gas umsetzen.[80]

Das für den Betrieb notwendige Gas stammte aus den Kläranlagen der Emschergenossenschaft. Dort wurde der im Klärungsprozess entstandene Schlamm in großen Behältern mit Bakterien zusammengebracht. Die Zersetzung des Schlamms durch diese Organismen führte dazu, dass Faulgase entstanden. Vorreiter in der Herstellung und Nutzung dieser Gase war die Kläranlage Essen-Nord, wo bereits seit 1921 Gas zu Beleuchtungs- und Heizzwecken erzeugt und verkauft worden war.[81] Der Weg von der Kläranlage in die Grillostraße war kurz, sodass die Faulgase in speziellen Transportflaschen bequem mit Lieferwagen zur Tankstelle transportiert werden konnten.[82]

* Eine Prägung durch die Neue Sachlichkeit lässt sich etwa am Innenausbau des Pumpwerkes „Alte Emscher" (Emschergenossenschaft, fertiggestellt 1931), am Maschinenhaus der Kläranlage Soest (Lippeverband, fertiggestellt 1932) und am Pumpwerk Gelsenkirchen-Bismarck (Emschergenossenschaft, fertiggestellt 1934) erkennen.

Die Idee, Gas als Kraftstoff einzusetzen, war seit einigen Jahren in Deutschland, Frankreich und England mit zunehmendem Interesse diskutiert worden. Der Gasbetrieb von Fahrzeugen brachte gegenüber der Nutzung von herkömmlichem Benzin mehrere Vorteile mit sich: Motoren blieben etwa von Teerrückständen unbeeinträchtigt, und die Fahrzeuge ließen sich auch bei extrem niedrigen Außentemperaturen ohne Probleme starten. Die Handhabung der Tankstellen war einfach, und die Gerätschaften konnten leicht sauber gehalten werden.[83] Dazu kam ein weiterer Vorteil: Durch das in der Nachbarschaft erzeugte Gas waren Kommunen unabhängig von Öllieferungen aus dem Ausland. Mehrere Städte hatten in den 1930er Jahren aus diesen Gründen entschieden, Gastankstellen zu errichten.[84]

Den konkreten Anstoß für den Bau der Tankstelle hatte ein Erlass des Verkehrsministers für das Deutsche Reich und Preußen, Paul von Eltz-Rübenach, gegeben.[85] Gleichzeitig bildete das Projekt aber auch eine allgemeine Mentalität innerhalb der Verbände ab, die bemerkenswert gut mit neuen politischen Zielvorstellungen vereinbar war. Mit der innovativen Nutzung eines Nebenproduktes des eigentlichen Kerngeschäfts erfüllte die EGLV nämlich vorbildlich einen der wesentlichen Ansprüche des nationalsozialistischen Wirtschaftssystems. Dieses war auf eine weitgehende Autarkie ausgerichtet, wollte also vom internationalen Handel und von politischen Entscheidungen anderer Länder möglichst unabhängig sein. Diese Ausrichtung stand einerseits im engen Zusammenhang mit der „Lebensraum"-Politik und mit den Planungen zur Expansion des Deutschen Reiches.[86] Andererseits entsprach sie auch einem international verbreiteten Zeitgeist.[87]

Um im „Dritten Reich" autark zu sein, suchten die Menschen unter anderem nach Ersatzprodukten für Stoffe, die bislang nur durch Importgeschäfte beschafft werden konnten. Exemplarisch hierfür stand die intensive Forschungsarbeit zu synthetisch herstellbarem Eiweiß, die eine unabhängige Nahrungsversorgung anstrebte.[88] Zusätzlich geriet die Nutzung von bisherigen Abfallprodukten im Rahmen einer umfassenden Rohstoffverwertung in den Fokus.[89] Die Essener Gastankstelle vereinte beide Ansätze: Mit dem von ihr angebotenen Treibstoff verkörperte sie die Möglichkeit, mittelfristig unabhängig von Öllieferungen aus dem Ausland zu werden, ohne bei weiten Teilen der Gesellschaft Verzicht auf Mobilität zu erzwingen. Mit der Versorgung durch die Kläranlage konnte sie sich zudem als Ort präsentieren, an dem eine umfassende Wiederverwertung bisherigen Abfalls vorgenommen wurde.

Emschergenossenschaft und Lippeverband traten in den 1930er Jahren nicht ohne Grund betont als Vorreiter einer neuen Politik auf, in der Reststoffe auf modernste Weise wiederverwendet wurden. Sie reagierten unter anderem darauf, dass ihre gesellschaftliche Stellung hinterfragt wurde. Denn die EGLV hatte nicht nur an den Folgen der Weltwirtschaftskrise zu tragen. Der veränderte politische Zeitgeist seit der Machtübernahme der Nationalsozialisten erforderte ab 1933 darüber hinaus neue Antworten auf die Frage nach der Existenzberechtigung einer Körperschaft der „bürgerlichen Gesellschaft“. Brauchte das Deutsche Reich denn überhaupt noch eine Vermittlungsinstanz zwischen staatlichen, beziehungsweise kommunalen Stellen und Baudienstleistern auf dem freien Markt? Die Tankstelle in der Grillostraße ist ein sprechendes, aber nicht das einzige Beispiel für die Wege, die beide Verbände nun einschlugen, um Antworten auf diese Frage zu finden und sich ihre Eigenständigkeit auch unter veränderten politischen Umständen zu sichern.

VON PHENOLEN UND FAULGASEN: DIE SUCHE NACH NEUEN AUFGABENGEBIETEN

Um zu verstehen, wie sich das Leben der Verbände seit dem Beginn des Nationalsozialismus veränderte, hilft zunächst ein Blick auf die Jahre vor 1933. Wie sah die wirtschaftliche Situation der EGLV in den späten Jahren der Weimarer Republik aus? Wie war, wenn man so will, ihr „Normalzustand“, bevor mit dem Sieg der NSDAP bei den Reichstagswahlen am 30. Januar 1933 das „Dritte Reich“ begann?

Seit der Gründung des Lippeverbandes und dem drei Jahre später erfolgenden Zusammenschluss mit der Emschergenossenschaft konnte von Normalität im Geschäftsgang kaum die Rede sein. Bereits drei weitere Jahre nach der Entstehung der EGLV führte im Oktober 1929 der Crash der New Yorker Börse zur Weltwirtschaftskrise. Diese ging für die Kommunen im Ruhrgebiet mit erheblichen Einschränkungen der Zahlungsfähigkeit einher, wovon auch der Ausbau der bestehenden Infrastruktur betroffen war. Die sicher geglaubte Finanzierung von geplanten Baumaßnahmen wankte plötzlich, und ab 1930 verzögerten sich auch in der Abwasserwirtschaft bereits begonnene Bauarbeiten.[90] Das Protokoll der Vorstandssitzungen der Emschergenossenschaft und des Lippeverbandes aus dem Juli 1930 vermerkte, dass Ausbau und Instandhaltungsarbeiten „auf das äußerste Maß“ reduziert werden mussten.[91] Im Vergleich zur Industrie war die EGLV zunächst allerdings eher geringfügig von den Einschränkungen betroffen. Baumaßnahmen etwa, die die Emschergenossenschaft schon begonnen hatte, konnte sie durchaus beenden.[92] Auch der Lippeverband war nicht gezwungen, seine Projekte abzubrechen. Im Gegenteil: Noch 1930 nahm der Vorstand der Emschergenossenschaft die finanzielle Situation des Verbandes erfreut zur Kenntnis.[93] Zwei Jahre später, 1932, stellte er seine erste Kläranlage in Soest fertig und nahm sie in Betrieb.[94]

Ihre ökonomische Stabilität in den ersten Jahren der Wirtschaftskrise verdankte die EGLV vor allem wesentlichen Merkmalen der Abwasserwirtschaft: Zum einen kamen der Organisation nun die für ihr Tagesgeschäft so typischen Planungshorizonte zugute: Was von langer Hand geplant war, befand sich zum Zeitpunkt der Krise in einem Zwischenstadium. Arbeiten abzubrechen schien oft kostspieliger, als begonnene Maßnahmen zu Ende zu führen. Zum anderen trugen die Natur der Projekte und die Dringlichkeit, die ihnen aus wirtschaftlichen und gesundheitspolitischen Erwägungen zugestanden wurde, dazu bei, dass die EGLV bei der Zuteilung knapper Ressourcen bevorzugt behandelt wurde. Ausgebaute Pumpwerke und eine geregelte Vorflut wirkten sich schließlich ganz konkret auf die betroffenen Gemeinden aus. Niemand wollte riskieren, dass die hygienischen Verhältnisse sich verschlechterten, Krankheiten sich ausbreiteten oder Privateigentum durch Überschwemmungen vernichtet wurde. Die Moral in der Bevölkerung war eine kostbare Währung.

Wie komfortabel sich die Situation der EGLV darstellte, obwohl sie direkt nach dem Börsencrash umfangreiche Kündigungen hatte aussprechen müssen, zeigt anschaulich die staatliche Zuweisung von Hilfskräften für Bauarbeiten.[95] Da die Arbeitsbeschaffungsprogramme der Reichsregierung ihr großzügig Beschäftigungslose als Arbeiter vermittelte, musste sie für ihre Projekte keinen größeren zeitlichen Aufschub hinnehmen. Zwischenzeitlich erledigten diese Arbeitskräfte rund achtzig Prozent aller Maßnahmen im Emschergebiet.[96] Auch beim Lippeverband übernahmen Arbeitslose einen Großteil der Bauarbeiten: In der Zeit zwischen April und September 1930 zählten 144 Menschen zu diesem Personenkreis.[97] Zusätzlich profitierte der Verband von Helfern aus dem freiwilligen Arbeitsdienst.[98] Sie übernahmen etwa noch 1932 Drainagemaßnahmen am Massener- und Syggelbach und räumten das Sesekebett nahe Kamen frei. Für den Lippeverband fiel in solchen Fällen nur ein Bruchteil der regulären Kosten an.[99]

Zudem waren sowohl Emschergenossenschaft als auch Lippeverband in der Lage, Teile der früheren Stammbelegschaft kurzfristig über Zeitverträge weiter zu beschäftigen und so ihr finanzielles Risiko weitestgehend zu minimieren.[100] 1932 und 1933 wurde jedoch auch die Emschergenossenschaft mit voller Wucht von den Auswirkungen der Wirtschaftskrise getroffen. Jetzt fehlten Gelder, und die Baumaßnahmen mussten fast überall eingestellt werden.[101] Auch der Lippeverband konnte nach der Eröffnung der Soester Kläranlage zunächst keine weiteren Großprojekte realisieren.[102]

Zu Beginn des Nationalsozialismus befanden sich beide Verbände also in prekären Lagen – zwar hatten sie den wirtschaftlichen Zusammenbruch einige Jahre hinauszögern können, doch jetzt erschwerten es ihnen die zuvor vorteilhaften langen Planungshorizonte, kurzfristig auf die aktuellen Herausforderungen zu reagieren.

Nachdem ein Großteil der Projekte zum Erliegen gekommen war und mit der Machtübernahme der NSDAP etablierte politische Strukturen ihre Macht eingebüßt hatten, war auch der Status der EGLV fraglich geworden. Bisher hatte sie zwischen Politik und technischer Ausführung beziehungsweise zwischen Kommunen und Reich vermittelt, aber jetzt erfassten staatliche Zentralisierungsbestrebungen die Wasserverbände. Konkrete Pläne sahen vor, sie mittelfristig durch übergeordnete Ordnungsinstanzen zu ersetzen. Für die EGLV bedeutete dies nicht nur eine Bedrohung ihrer Unabhängigkeit – ihre Existenz stand auf dem Spiel.

In dieser Situation traten deutlich zwei Merkmale der EGLV hervor: ihr ausgeprägtes Autonomiestreben und ihre außerordentliche Beharrungskraft. Um auf die Anforderungen des neuen politischen Systems und die schlechten wirtschaftlichen Bedingungen reagieren zu können, rang die EGLV darum, rasch ihre Verbandspolitik anzupassen. Neue und gute Argumente dafür, dass sie als autonome Instanz unverzichtbar war, mussten auf den Tisch. Sie zu finden war nicht unmöglich: Das nationalsozialistische Wirtschaftssystem übte zwar neue Zwänge auf die Wasserwirtschaft aus, bot ihr jedoch gleichzeitig auch Möglichkeiten der Neuverortung und der Legitimation.

Darin bestand kein Widerspruch zum umfassenden Herrschaftsanspruch der neuen Machthaber. Bei allem proklamierten Streben nach Gleichschaltung war das nationalsozialistische Regime durchaus bereit, etablierten und spezialisierten Organisationen und Dienstleistern Freiräume zu lassen - sofern diese im Sinne des Systems handelten, überzeugende Begründungen für die weitere Notwendigkeit ihrer Autonomie fanden oder ihre Gleichschaltung nicht systemrelevant war. Eine dieser Optionen bestand darin, die Diskurse und die Weltanschauungen, die das nationalsozialistische System in den Mittelpunkt stellten, aufzugreifen und die eigene Arbeit mit ihnen zu verflechten. Wie schon angedeutet, zeigt der Umgang der EGLV mit dem neuerdings prominenten Thema Autarkie, wie bewusst und geschickt die Verbände diese Handlungsräume zu nutzen wussten und sich so auch im Wirtschaftssystem des „Dritten Reiches“ einen festen Platz sicherten. Sehen wir uns das nachfolgend doch etwas genauer an.

Die EGLV mochte sich mit der modernen Tankstelle im Essener Norden zwar als Vorreiter eines modernen Energiekonzepts gerieren. Ihr Interesse an der

Weiterverwertung von Abfallprodukten aus ihrem Kerngeschäft bestand allerdings noch nicht lange; in den Quellen vor 1933 treten die Verbände nicht gerade als Avantgarde in dieser Beziehung in Erscheinung. Im Gegenteil: Bisher hatten sie es eher verweigert, sich mit neuen Möglichkeiten der Wiederverwertung zu befassen. 1921 etwa beschwerte sich die Firma E. Posseyer in einem Schreiben an das Reichslandwirtschaftsministerium über die Emschergenossenschaft. Die Firma, ein Spezialist für „Abwasser- und Wasserreinigung", erklärte, sich lange für die Nutzung von Kläranlagenabwasser in der Landwirtschaft eingesetzt zu haben. Die Abwässer hätten, so der Brief, aufgrund ihrer chemischen Zusammensetzung eine hervorragende Düngewirkung. Posseyer habe jahrelang versucht, sie zu diesem Zweck zu verwenden. Die Bestrebungen seien aber am „sehr großen Widerstand bei der Emschergenossenschaft" gescheitert. Grund dafür sei, so legt der Brief nahe, das persönliche Profitstreben des Dezernenten der Wasserabteilung, Karl Imhoff. Dieser propagiere „sein eigenes System, das er an ein Baugeschäft in Düsseldorf verkauft hat und von dem er eine Lizenzsumme erhält". Gemeint waren die bereits erwähnten Emscherbrunnen. In ihnen würden die potentiellen Düngemittel größtenteils ungenutzt vernichtet. Es sei „unmöglich", so klagte die Firma, „den noch so einleuchtenden Standpunkt der Frischwassergewinnung durchzusetzen". Auch die betriebsinternen „größten Autoritäten, die sich rein wissenschaftlich und objektiv mit der Frage beschäftigten, haben einen vergeblichen Kampf geführt".[103]

Ungeachtet dessen, ob die Firma E. Posseyer hier selbst Partikularziele ins Feld führte, verdeutlicht das Schreiben, dass die Emschergenossenschaft zu Beginn der 1920er Jahre keinen gesteigerten Wert darin sah, Abfallprodukte weiterzuverwenden. Recycling interessierte sie schlicht nicht. Dieses Desinteresse war nicht in einer politischen Haltung verankert, es gründete vielmehr in einer pragmatischen Auffassung der eigenen Tätigkeit. Die Organisation definierte ihre Aufgabe klipp und klar in der Lösung von Herausforderungen, die mit Abwasser zusammenhingen. Wurde dieses in ausreichendem Maße geklärt und war die Gefahr von Überschwemmungen und Gesundheitsrisiken gebannt, beendete die Emschergenossenschaft ihr Engagement. Dies ging nicht unwesentlich darauf zurück, dass sie sich einen Status gesichert hatte: Sie war *die* Organisation, die zurate gezogen wurde, wenn technisches Spezialwissen für Abwasserangelegenheiten gefragt war. Das reichte lange Zeit aus, um ihre Existenz als autonomer Verwaltungskörper zu legitimieren.

Angesichts des Umdenkens in den 1930er Jahren – ausgerichtet an der Aufmerksamkeit, die der Autarkie im „Dritten Reich" zukam – verdeutlicht die Tankstelle also auch, wie schnell die Emschergenossenschaft in der Lage war, sich den neuen Trend zunutze zu machen. Mit ihr war schließlich in kurzer

Zeit ein aussagekräftiges Symbol für die technischen Kompetenzen der Organisation geschaffen worden. Medien- und publikumswirksam unterstrich sie ihre Expertise in einem Bereich, der nun politisch außerordentlich hoch angesehen war. Gleichzeitig machte die Emschergenossenschaft als eine Stütze der Kommune – und somit potentiell der „Volksgemeinschaft“ – auf sich aufmerksam, schließlich trugen die umgewandelten Faulgase zum Betrieb der städtischen Nutzfahrzeuge bei.

Der Mentalitätswandel in der Betrachtung der Faulgase war kein Einzelfall. Auch im Umgang mit der sogenannten Entphenolung zeigte die Emschergenossenschaft, wie wandelbar ihre Ausrichtung und wie schnell sie selbst in der Lage war, neue Trends in ihr Tagesgeschäft aufzunehmen. Auch hier hatte lange Zeit kein ausgeprägtes Interesse bestanden, anfallende Nebenprodukte wirtschaftlich zu nutzen.

Für einen in der Wasserwirtschaft arbeitenden Chemiker waren Phenole damals eine ziemlich harte Nuss. Wie die Kresole waren sie in großen Mengen in den Abwässern der zahlreich vorhandenen Kokereien enthaltenen. Bei beiden Stoffen handelt es sich um chemische Verbindungen, die im Kohle-, beziehungsweise Holzteer entstehen. In Wasser gelöst weisen sie einen schwach sauren PH-Wert auf, was wie geschildert für die Trinkwasserversorgung und die Fischerei im Rhein- und Ruhrgebiet unschöne Folgen hatte. 1911 hatte das chemische Laboratorium der Emschergenossenschaft damit begonnen, der Sache auf den Grund zu gehen, und erstmals eine Methode entwickelt, mit der sie in kleinen Mengen des Abwassers den Phenolgehalt bestimmen konnte.[104] Hinter diesen Forschungsarbeiten stand als treibende Kraft der Chemiker Hermann Bach, der seit 1907 bei der Emschergenossenschaft angestellt war. Zwölf Jahre später, 1919, war er Vorsteher der technischen Abteilung geworden.

In den 1920er Jahren erforschten viele Betriebe dezidiert Techniken zur Entphenolung des Wassers und entwickelten entsprechende Anlagen. Die chemische Abteilung bei der Emschergenossenschaft unter Bachs Leitung war federführend daran beteiligt. 1926 veröffentlichte Bach in der Fachzeitschrift *Angewandte Chemie* einige grundsätzliche Überlegungen zur Entphenolung von Abwässern.[105] In den folgenden fünf Jahren publizierte er jährlich mindestens einen weiteren Artikel zur Phenolthematik in einem der einschlägigen Journale[106] und festigte auf diesem Gebiet eindrucksvoll sein Renommee als Experte. Während die Fachwelt rege Notiz von den Forschungen Bachs und seiner Kollegen nahm, fiel die Resonanz in der Emschergenossenschaft ausgesprochen verhalten aus. 1929 wurden zwar die ersten Anlagen, die aus der Arbeit Bachs und seiner Abteilung hervorgegangen waren, in Betrieb genommen.[107] Der Jahresbericht aus dem Jahr 1930 stellte jedoch fest, dass der weitere Ausbau von

Entphenolungsanlagen unterbleiben solle, da Absatzmöglichkeiten für Phenol fehlten.[108] Auch 1931 wurden keine weiteren Anlagen gebaut, der Betrieb der bestehenden zwölf Anlagen wurde zudem auf acht heruntergefahren. Als Grund führte die Leitungsebene die „Einschränkung der Kokereibetriebe" an.[109] Bis einschließlich 1932 wurden lediglich diese acht Anlagen betrieben. Jetzt wies der Vorstand auf die schlechte Preisentwicklung auf dem Phenolmarkt hin.[110] Er hatte schlicht kein Interesse am Ausbau der neuen Technologien. Noch 1933 erreichten die Emschergenossenschaft aus den angeschlossenen Gemeinden Klagen über einen schlechten Geschmack des Trinkwassers.[111] Aber selbst diese reichten nicht aus, um das Thema „Entphenolung" in den Fokus der Aufmerksamkeit zu rücken.

Im Lippeverband war das Interesse ähnlich verhalten. Der Vorstand hatte zwar bereits 1928 die Einrichtung von Entphenolungsanlagen beschlossen. Gelder für den Bau von – insgesamt fünf – Anlagen gab er jedoch erst im Januar 1930 frei.[112] Das Zugeständnis währte nicht lange: Schon sechs Monate später stellte der Vorstand angesichts der zunehmend prekären wirtschaftlichen Verhältnisse das Projekt wieder zurück.[113]

Beide Verbände trafen also Entscheidungen über den Ausbau und die Nutzung von Entphenolungsanlagen vorwiegend aufgrund wirtschaftlicher Überlegungen: Ökologische Argumente und Aspekte, die heute als „Verbraucherschutz" firmieren würden, fielen nicht ins Gewicht. Phenole für weitere Zwecke zu nutzen beziehungsweise sich verstärkt in der anwendungsbezogenen Forschung zu engagieren scheint zunächst keine Rolle gespielt zu haben – jedenfalls schweigen die Jahresberichte dazu. Erneut ging es in dieser Debatte im Wesentlichen um das Kerngeschäft der Verbände: den Umgang mit Abwasser. Ähnlich wie bei den Faulgasen sah die Emschergenossenschaft ihre Aufgabe nicht darin, über die Aspekte Klärung und Vorflut hinauszudenken.

Ab 1933 baute die Emschergenossenschaft jedoch wieder Entphenolungsanlagen. Im Jahresbericht verkündete sie, dass sie aufgrund der „Bereitstellung von Mitteln aus dem Arbeitsbeschaffungsprogramm der Reichsregierung" vier nicht mehr genutzte Werke abreißen und an ihrer Stelle drei modernere Anlagen errichten werde.[114] Im Rahmen des „Reinhardt-Programms" hatte sich die Genossenschaft zudem erfolgreich um Zuschüsse und Darlehen beworben.[115] Hierbei handelte es sich um das erste Arbeitsbeschaffungsprogramm, das im „Dritten Reich" seine Anwendung fand. Die zu diesem Zweck erlassenen Gesetze waren nach dem damaligen Staatssekretär im Finanzministerium, Fritz Reinhardt, benannt. Mit ihnen bezuschusste das Regime die Durchführung öffentlicher Arbeiten, sofern es diese als förderlich für die „Volkswirtschaft" erachtete: Je mehr Menschen durch ein Projekt beschäftigt werden konnten, desto besser.[116] Den Verbänden kam dieser Zuschnitt entgegen, ihre Bauprojekte erfüllten schließlich beide dieser Bedingungen.

Bereits 1934 verkündete der Vorstand, dass „die Gewinnung der Phenole (...) erheblich gesteigert werden“ konnte. Im Jahresbericht hob er darauf ab, dass dies nicht auf eine größere Verschmutzung durch die Kokereien, sondern auf eine Leistungssteigerung der Anlagen zurückzuführen sei.[117] Das war neu. Jetzt rückten erstmals die Abfallprodukte der Entphenolung in den Mittelpunkt – und nicht ihre Funktion für die Reinigung des Abwassers. Eine ideologische Neuorientierung hatte aber auch hier nicht stattgefunden. Ausschlaggebend waren abermals pragmatische Überlegungen: Die neu eingeführten Programme der Reichsregierung sollten weitestmöglich im Sinne der Organisation genutzt werden. Eines dieser Programme war der sogenannte Vierjahresplan, dessen Verordnung 1936 erlassen wurde. Mithilfe dieses Plans wollte das Regime das Deutsche Reich rüstungswirtschaftlich in Kriegsbereitschaft versetzten. Eine der Hauptbedingungen, mit denen die Machthaber dieses Ziel erreichen wollten, war die Autarkie.[118] Mit dem Einsetzen dieses Programms widmete die Emschergenossenschaft der Phenolgewinnung zusätzliche Aufmerksamkeit. Laut Jahresbericht habe sie in diesem Kontext „eine Bedeutung für die Rohstoffwirtschaft in Deutschland bekommen, die noch vor wenigen Jahren gar nicht vorauszusehen war“[119] – die Genossenschaft griff die Entdeckung auf, dass es mittels Phenolen möglich war, qualitativ hochwertige Kunststoffe herzustellen.

Das hier zutage tretende Muster ist unschwer zu erkennen: Was sie jahrelang stiefmütterlich behandelt hatte, interpretierte die Emschergenossenschaft nun – ganz wie bei den Faulgasen – als Erfolgsgeschichte. Es sei, so der Jahresbericht, „mit Genugtuung festzustellen, dass die Emschergenossenschaft trotz vieler Rückschläge in technischer und wirtschaftlicher Beziehung und unter Aufwendung erheblicher Mittel unbeirrt der Gewinnung der Phenole aus dem Gaswasser nachgegangen ist und daher nunmehr in der Lage ist, bereits 15 Prozent der deutschen Produktion an Phenol und Kresol, die aus der Steinkohleverarbeitung stammen, der Volkswirtschaft zur Verfügung zu stellen“.[120] Als Beleg für ihr nicht nachlassendes Engagement führte sie weiterhin an, dass die gewonnenen Phenolmengen von Jahr zu Jahr hatten gesteigert werden können.[121]

Spätestens 1936 wird also die Kehrtwende in der Phenolpolitik der Emschergenossenschaft überdeutlich. Nachdem der Vorstand zu Beginn des „Dritten Reiches“ erkannt hatte, dass die politischen und wirtschaftlichen Gegebenheiten für die zuvor marginalisierte Entphenolung überaus günstig waren, passte er nicht nur das Geschäftsmodell an. Vielmehr deutete er auch die bisherigen Maßnahmen um. Wie die moderne Gastankstelle in Essen ermöglichten es die Entphenolungsanlagen der Organisation, sich als hochspezialisierte und kompetente Instanz darzustellen, die den technischen Fortschritt im Reich vorantrieb und den Autarkiegedanken stützte.

Die neuen Opportunitäten blieben für die Organisation maßgelblich. Schon 1936 plante sie den Bau von vier neuen Anlagen für die Eigennutzung.[122] Darüber hinaus hatte sie sich mittlerweile den Ruf als qualifizierter Ansprechpartner für derartige Projekte erworben: 1937 errichtete sie drei weitere Anlagen für den Ruhrverband.[123] In der Presse spiegelte sich wider, dass die Organisation sich nunmehr auch über den Fortschritt der Entphenolung und damit über die Erfüllung des Vierjahresplans identifizierte. Die *Kölnische Zeitung* etwa berichtete im Mai 1937, dass der Bau von fünf Anlagen „(e)ine wichtige Maßnahme im Rahmen des Vierjahresplans" darstellte.[124] 1938 übernahm die Emschergenossenschaft auch für den Lippeverband den Bau von vier Anlagen.[125] Ihr Status als *die* Organisation für die Entphenolung festigte sich somit endgültig. Diesen Eindruck bestätigt auch ihre Korrespondenz mit dem Reichslandwirtschaftsministerium, in der sie Expertisen zu technischen Fragen abgab.[126]

Hermann Bach, der Pionier der Entphenolungs-Forschung, war zu diesem Zeitpunkt bereits aus der Emschergenossenschaft ausgeschieden. Von den Umständen dieser bitter anmutenden Ironie wird im Folgenden noch ausführlicher die Rede sein. In Abwesenheit von Bach, der seine Früchte nicht mehr ernten konnte, waren die Mitarbeiter der Emschergenossenschaft in der Fachliteratur weit weniger regelmäßig vertreten. Nur ein weiterer Angestellter der Emschergenossenschaft veröffentlichte 1939 im Bergbaujournal *Glückauf* einen Aufsatz zu „Phenolgewinnung aus dem Gaswasser der Kokereien im Rheinisch-Westfälischen Industriegebiet".[127]

Bis 1940 wurden im Emschergebiet stetig neue Entphenolungsanlagen eröffnet. Die Leitungsebene war hochmotiviert, was sich durch die ausgesprochen günstige Marktlage erklären lässt: Auch mit 15 beziehungsweise 19 (unter Einschluss der im Lippegebiet errichteten) Anlagen konnte die Organisation die gewonnenen Stoffe 1940 noch restlos verkaufen.[128]

In der geschilderten Nutzung neuer wirtschaftlicher Absatzzweige für Nebenprodukte kam ein recht spezifisches und pragmatisches Verhältnis der Akteure zur nationalsozialistischen Ideologie zum Tragen. Indem sie ihre bisherige Arbeit gemäß des Autarkie-Gebots umdeutete, fügte sich die Emschergenossenschaft fast nahtlos in die nun dominanten politischen, wirtschaftlichen und kulturellen Narrative ein. Ob die Beteiligten eine wirtschaftliche und politische Autarkie sowie die mit ihr verbundene Ideologie tatsächlich für notwendig hielten oder ob sie sich subjektiv als „Nationalsozialisten" verstanden, war nicht entscheidend. Im Vordergrund stand ein Prozess, der die EGLV mit ihren Eigenheiten und Kompetenzen auch im neuen System verankerte. Im Verlauf dieses Prozesses gelang es ihr, als wesentliche Ansprechpartnerin für spezifische und technisch komplexe Aufgaben, die jetzt politisch als zentral bewertet wurden, aufzutreten.

Dass die Verbände in ihrer Anpassungsfähigkeit ausgesprochen dynamisch waren, mag zuletzt ein weiteres Beispiel aus der Forschungstätigkeit der Emschergenossenschaft zeigen. Mitte der 1930er Jahre entdeckte sie ein weiteres Feld, auf dem sie sich als Vorreiterin einer „autarken" Wirtschaft präsentieren konnte: Im Jahresbericht von 1937 verkündete sie stolz, dass Abwässer aus den Kläranlagen wieder zur Kühlung von Industrieanlagen genutzt werden konnten.[129]

ARBEITSKRÄFTEVERWALTUNG UND PERSONALWECHSEL: EINE NEUE GENOSSENSCHAFTSKULTUR

Die Beteuerungen der EGLV, möglichst umfassend zur Autarkie des Deutschen Reiches beitragen zu wollen, und ihr neu erwachtes Engagement in Technologien, die diesem Ziel dienen sollten, stellten nicht die einzigen Strategien dar, mit denen die Verbände den neuen politischen Rahmen beantworteten. Der Organisationsbereich, der in quantitativer Hinsicht womöglich die größten gesellschaftlichen Auswirkungen zu verzeichnen hatte, war die Personalverwaltung. Auch hier wusste sich die EGLV den Ansprüchen des „Dritten Reiches" anzupassen und gleichzeitig ihre eigene Position zu verbessern.

Nachdem die Nationalsozialisten die Macht übernommen hatten, war die Massenarbeitslosigkeit, die in Folge der Wirtschaftskrise entstanden war, eines ihrer dringlichsten Themen. Bereits 1933 setzten sie erste Maßnahmen aus dem bereits erwähnten Reinhardt-Programm durch. Diese sahen vor, Erwerbslose an Unternehmen zu vermitteln, welche im Gegenzug von Subventionen und anderen Erleichterungen profitierten. An Behörden auf Reichs-, Staats- und Kommunalebene gab das Regime überdies umfangreiche Handlungsanweisungen aus. So rief es sie etwa dazu auf, sogenannte „alte Kämpfer", also frühe Angehörige der NSDAP und der angeschlossenen Wehrverbände, bevorzugt in Arbeit zu vermitteln.[130]

Die Emschergenossenschaft profitierte früh von den neuen Arbeitsbeschaffungsprogrammen. Schon 1933 hieß es im Jahresbericht, dass mithilfe der so vermittelten Arbeiter nicht nur unabdingbare Maßnahmen zur Unterhaltung der bestehenden Anlagen durchgeführt, sondern auch ganz neue Bauprojekte begonnen werden konnten.[131] Bis 1935 wurde der Großteil der Bauarbeiten im Emschergebiet durch arbeitslose Personen erledigt.[132]

Auch der Lippeverband erlebte durch die neuen Programme einen Aufschwung. Aus dem Reinhardt-Programm wurden 1933 etwa 72 000 Reichsmark für den Ausbau des Dattelner Mühlenbaches zur Verfügung gestellt.[133] 1934 waren Arbeiter des freiwilligen Arbeitsdienstes für die Baufirma Speeck in Werne im Einsatz, wo eine Kläranlage entstand.[134] Auch im Lippegebiet traf man bis Mitte der 1930er Jahre hauptsächlich arbeitslose Personen auf den Baustellen des Verbands an. Der Leitungsebene war bereits früh bewusst, dass sie die verstärkten Bemühungen der Reichsregierung, die Arbeitslosigkeit zu vermindern, nutzbringend für die Organisation einsetzen konnte. 1934 etwa kämpfte der Verband um einen günstigen Kredit, den er für die geplanten Baumaßnahmen für die Kläranlage Hamm brauchte. In einem Schreiben an den Regierungspräsidenten in Arnsberg äußerte der Vorstand suggestiv die Hoffnung, dass die Aussichten auf ein vorteilhaftes Darlehen sich verbessern könnten, sobald neue Programme zur Arbeitsbeschaffung durch das Reich aufgelegt würden.[135]

Ab 1935 kam zudem dem Reichsarbeitsdienst (RAD) eine gesteigerte Bedeutung zu. Im RAD leisteten zunächst junge Männer vor dem Eintritt in den Wehrdienst einen sechsmonatigen Pflichtdienst in der Landwirtschaft oder auf Großbauprojekten ab.[136] Der Lippeverband konnte im September 1936 verkünden, dass mit Ausnahme weniger Fachkräfte ausschließlich erwerbslose Arbeiter oder Männer aus dem RAD auf seinen Baustellen beschäftigt waren.[137]

Die EGLV profitierte von den nationalsozialistischen Arbeitsprogrammen auf zweierlei Weisen. Einerseits konnte sie nun ihre Baumaßnahmen weitestgehend wie geplant durchführen. Andererseits verstand sie es, sich gegenüber den politischen Akteuren im Bereich der Beschäftigungspolitik als treibende und verlässliche Kraft des neuen Staates zu präsentieren. So nutzte der zuständige Referent einen Besuch hoher Regierungsbeamter auf der Kläranlage Soest und dem Radbodsee in Hamm, um die Bedeutung des Lippeverbandes „für den Arbeitsmarkt und für die Erwerbslosen usw." zu unterstreichen.[138] Um von den entsprechenden Stellen weiterhin als Stütze der Gesellschaft wahrgenommen zu werden, stellte der Lippeverband auch die Anforderungen an die von ihm beauftragten Bauunternehmen um. Im Januar 1937 erklärte die Verbandsleitung öffentlichkeitswirksam, nur solche Firmen unter Vertrag genommen zu haben, die sich zur Beschäftigung Erwerbsloser verpflichtet hatten.[139]

Die nationalsozialistischen Arbeitsbeschaffungsprogramme umfassten zwar einen großen Personenkreis, betrafen jedoch ausschließlich Erdarbeiten und andere körperlich anstrengende, aber als einfach betrachtete Tätigkeiten.

Die Machtübernahme 1933 hatte aber auch Auswirkungen auf die Ebene der angestellten Sachbearbeiter und Ingenieure. Neue gesetzliche Regelungen gefährdeten sicher geglaubte Leitungspositionen und ermöglichten anderen einen unerwarteten Aufstieg.

Im April 1933 wurde das Gesetz zur Wiederherstellung des Berufsbeamtentums erlassen. Auf seiner Grundlage konnten nun politische Gegner des Nationalsozialismus und Personen „nicht-arischer Abstammung" von ihrer Anstellung im öffentlichen Dienst entlassen werden, was auch bald in anderen Berufszweigen möglich war.[140] Bei der Emschergenossenschaft wurden unter Berufung auf das neue Gesetz bis zum Juni 1933 insgesamt fünf Personen, drei Angestellte und zwei Arbeiter, entlassen.[141] Auch den Betriebsratsvorsitzenden Josef Eulgem traf dieses Los.[142] Eulgem war seit 1919 Mitglied der SPD und Gewerkschaftsangehöriger gewesen, was jetzt seine Kündigung zur Folge hatte.[143] Wie die anderen vier Entlassenen legte er Einspruch ein,[144] dieser wurde jedoch abgelehnt.[145] Wiedereinstellungen der anderen Personen scheint es ebenfalls nicht gegeben zu haben, zumindest verraten die Vorstandsprotokolle nichts darüber. Die Unterlagen des Lippeverbandes erwähnen zwar, dass er die Belegschaft überprüfte, Kündigungen von Mitarbeitern nach dem Gesetz zur Wiederherstellung des Berufsbeamtentums listen sie jedoch nicht auf – was nicht bedeutet, dass sie nicht doch stattfanden.

In beiden Verbänden gab es bereits 1933 erhebliche Veränderungen in der Zusammensetzung der Vorstände. Dies hatte teils weniger mit direkten Initiativen der EGLV zu tun. Vielmehr wurden in den Kommunen, die ihr angehörten, die Bürgermeisterämter durch neue Personen besetzt. Da dem Vorstand im Regelfall die Bürgermeister als Vertreter der Gemeinden angehörten, war es aus verfahrenstechnischer Perspektive folgerichtig, dass die bisherigen Mitglieder ausschieden. Wie auch bei anderen Prozessen, die der Nationalsozialismus anstieß oder unterstützte, verantworteten die Verbände das Schicksal ausgegrenzter und verfolgter Personen also nicht direkt. Sie verzichteten aber auch darauf, Kritik am Personalwechsel zu üben oder sich hinter die früheren Angehörigen zu stellen. Stattdessen reagierten sie – auch das wird sich im weiteren Verlauf als typisch herausstellen – mit außerordentlichem Pragmatismus auf den Personalaustausch im Vorstand.

Der Jahresbericht für 1933 etwa erwähnte die ausscheidenden und neu hinzukommenden Mitglieder nur, ging aber auf die Hintergründe des Wechsels nicht ein. Besonders frappierend mutet diese Nüchternheit im Beispiel des ehemaligen Bochumer Oberbürgermeisters Otto Ruer an. Der Jahresbericht erwähnt lediglich den Tod des früheren Vorstandsmitglieds, geht aber auf dessen genauere Umstände nicht ein.[146] Diese waren allerdings eng mit dem politischen Machtwechsel in der Bochumer Stadtregierung verknüpft: Ruer beging im Juli 1933 Suizid, nachdem er von der NSDAP fälschlich der Untreue beschuldigt und des Amtes enthoben worden war.[147]

Die Emschergenossenschaft nahm die veränderten politischen Verhältnisse in den Kommunen – und ihre Auswirkungen auf die Zusammensetzung ihres eigenen Vorstands – in erster Linie widerspruchslos hin. Allerdings gestaltete sie ihren Vorstand auch durchaus aktiv um. Neben dem entlassenen Josef Eulgem tauschte sie auch den zweiten Arbeitnehmervertreter im Vorstand sowie beide Stellvertreter aus.[148]

Auch nachdem 1933 die erste Entlassungswelle über die Angestellten und Vorstände der EGLV hinweggerollt war, konnten sich die Mitarbeiter nicht darauf verlassen, dass ihre Stellen sicher blieben. Die Mitgliedschaft in missliebigen politischen Vereinigungen oder lediglich kritische Äußerungen konnten schnell zu Schwierigkeiten am Arbeitsplatz führen. Im Sommer 1934 forderte die Regierung in Arnsberg die Leitung der EGLV explizit dazu auf, Berichte über die politische Stimmung unter den Mitarbeitern einzureichen. Diese Forderung war zwar diffus und breit auf „die Bevölkerung“ ausgerichtet, sie setzte jedoch den Ton für eine Denunziationskultur auch innerhalb der Belegschaft.[149]

Auch Hermann Bach, der Phenol-Spezialist der Emschergenossenschaft, war von den Konsequenzen der neuen Zeit betroffen. Bereits 1935 trat er in den Ruhestand – im Alter von 60 Jahren. Nicht anders als heute war dies für die 1930er Jahre ein niedriges Renteneintrittsalter, in der Regel gingen Angestellte erst mit 65 Jahren in den Lebensabend. Noch 1931 hatte der Vorstand Bach zugesichert, dass er angestellt bliebe, bis er seine Altersgrenze erreicht hätte.[150] Dass der Chefchemiker trotzdem fünf Jahre früher in Pension ging, lag nicht daran, dass er in seiner Forschungsarbeit weniger produktiv geworden wäre. Bis 1935 hatte er schließlich weiterhin zahlreiche Artikel in den wichtigen hydrologischen Fachzeitschriften veröffentlicht.[151] Für das frühe Ende seiner Laufbahn bei der Emschergenossenschaft war stattdessen ausschlaggebend, dass Bach nach den Kategorien der Nürnberger Gesetze jüdisch war[152] und jüdische Beamte auf Grundlage der 1. Verordnung zum Reichsbürgergesetz vom November 1935 zwangsweise in den Ruhestand versetzt wurden. Da Bach jedoch als Soldat im Ersten Weltkrieg gekämpft hatte, wurde ihm bis zum Erreichen des 65. Lebensjahrs ein sogenanntes „Ruhegehalt“ zugesprochen.[153]

Mit seiner Zwangsverrentung nahm Bachs umfangreiche publizistische Aktivität ein Ende, sein letzter Aufsatz erschien 1936. Auch in seinem Fall zeigt sich das typische Verhalten der Verbände: Die Emschergenossenschaft ging zwar nicht aktiv gegen einen jüdischen Mitarbeiter vor, stattdessen setzte sie einen regelhaften Verwaltungsakt um. Versuche, sich vor den langjährigen Abteilungsleiter zu stellen, unterließ sie.

Für die Organisation zeigt das Beispiel von Hermann Bach zudem nachdrücklich, dass das Ausscheiden von Mitarbeitern auch bei ihr massiven Schaden hinterließ: Sie verlor wertvolles Fachwissen und büßte zudem das Renommee und das wissenschaftliche Netzwerk ein, welche ihr Chefchemiker über Jahre aufgebaut hatte und die an seine Person geknüpft waren.

Für Bach bedeutete sein frühzeitiger Renteneintritt eine empfindliche Zäsur, seine Geschichte erzählt beispielhaft von den vielen Brüchen in individuellen Biographien, die das Leben der Menschen im nationalsozialistischen System kennzeichneten. Nachdem die Familie zum Auszug aus der Dienstwohnung gezwungen wurde, siedelte Bach mit seiner Ehefrau und den drei Töchtern nach Berlin über. Dort trennte das Ehepaar sich formal, um die gemeinsamen Kinder vor der Verfolgung zu schützen.[154] Im Januar 1944 verstarb Bach.[155] Sein letzter Aufenthaltsort war das sogenannte Sammellager in der Großen Hamburger Straße in Berlin Mitte.[156] Das Sammellager war 1942 als Ausgangspunkt für Deportationen nach Theresienstadt in einem ehemaligen jüdischen Altersheim eingerichtet worden. Später gingen von ihm auch Transporte in das Vernichtungslager Auschwitz ab. 1944 wurde das ehemalige Altersheim jedoch hauptsächlich als Polizeigefängnis genutzt, in dem es auch zu Folter kam.[157] Auch Bach war, den Erinnerungen seiner Tochter Anneliese zufolge, für einen Transport nach Theresienstadt vorgesehen gewesen. Ihr Bericht legt jedoch nahe, dass der Vater im Sammellager ermordet wurde: Sie gibt an, dass aufgrund widersprüchlicher Angaben in den Sterbedokumenten „ein natürlicher Tod ausgeschlossen“ war.[158]

Auch wenn es nicht immer zur Kündigung oder, wie in Bachs Fall, zum diskreten Ausscheiden aus der Organisation kam, hatten die neuen politischen Rahmenbedingungen in der Emschergenossenschaft und im Lippeverband Einfluss auf alle Mitarbeiter. Bereits kurz nach der Machtübernahme der Nationalsozialisten wussten die Menschen, dass die politische Haltung des Personals nun innerhalb und außerhalb der Verbände zur Kenntnis genommen würde. Wer es an sichtbarer Unterstützung des Systems mangeln ließ, musste mit Konsequenzen in der beruflichen Laufbahn rechnen. Der Justitiar der Verbände, Stöve, erfuhr dies am eigenen Leib. Corpus delicti war im März 1933 eine Hakenkreuzfahne gewesen. An dem betreffenden Tag war die Flagge von allen Behörden im Umfeld gehisst worden. Die Emschergenossenschaft war nicht dazu aufgefordert worden, an diesem öffentlichen Bekenntnis zum „Dritten Reich“ teilzunehmen, einige Mitarbeiter hatten die Hakenkreuzflagge am

Emscherhaus in der Essener Helbigstraße jedoch selbstständig aufgezogen. Als Stöve davon Kenntnis erlangte, befahl er, die Flagge sofort wieder einzuziehen. Erst als tags darauf zwei Trupps der SA und des Stahlhelms am Emscherhaus erschienen und befahlen, die Flagge zu hissen, gab Stöve nach. Dieser Vorgang wurde zwei Jahre später für den Justitiar gefährlich: Josef Eulgem, der frühere Vorsitzende des Betriebsrates, dem 1933 gekündigt worden war, warf ihm Korruption und Vorteilsnahme vor. Um die Schilderung von Stöves schlechtem Charakter und fehlendem Gemeinschaftsgeist zu unterstreichen, brachte Eulgem ausgerechnet Stöves Protest gegen die Hakenkreuzflagge vor.[159] Obwohl der Justitiar seine Stellung letztlich weiter bekleiden durfte, zeigt Eulgems Beschwerde, wie sehr sich Aspekte politischer Haltung in die Beurteilung beruflicher Tauglichkeit mischten. Dem früheren Arbeitnehmervertreter war offenbar klar, dass er mit einem Hinweis auf Stöves fehlende politische Überzeugung seine Beschwerden über dessen allgemeine Geschäftsführung effektiv untermauern konnte.

Stöves Qualifikation wurde durch Eulgems Vorwürfe zwar in Frage gestellt, der Justitiar hatte jedoch den Vorteil, dass er sich bereits in einer Führungsposition befand. Offenbar hatte er aus diesem Grund ausreichend viele Fürsprecher. Andere Mitarbeiter der Verbände befanden sich 1933 erst in einem frühen Stadium ihrer Karrieren und waren anfälliger für Nachteile, die zumeist aus der „falschen" politischen Haltung erwuchsen.

Ein Teil der bisherigen Belegschaft hatte nun trotz guter Qualifikationen schlechtere Chancen auf eine Stellung oder einen beruflichen Aufstieg. Andere kamen in ihrer Laufbahn schneller voran, als es Erfahrung und Fähigkeiten nahelegten. Nicht immer war die Leitungsebene damit zufrieden, dass die Karrieren bestimmter Mitarbeiter nun zügiger verliefen, als es unter anderen Umständen wahrscheinlich gewesen wäre. Noch 1940 etwa bestand ein Konflikt über die Beförderung des Angestellten Krüppel zum Stellvertreter des Baudirektors, Alexander Ramshorn, der gegen die Personalie aus fachlichen Gründen Bedenken hatte. Wegen der „Verhältnisse" erklärte er jedoch, dass es unabdingbar sei, einen Parteigenossen auf diesen Posten zu heben.[160]

Eine wesentliche Veränderung, die wiederum Ramshorn selbst betraf, hatte jedoch nichts mit den politischen Rahmenbedingungen zu tun: Nachdem der langjährige Baudirektor Heinrich Helbing im Oktober 1933 verstorben war, folgte ihm Alexander Ramshorn 1934 auf diesen Posten nach. Der studierte Bauingenieur hatte bereits in den 1920er Jahren als angestellter Beamter der Emschergenossenschaft Verantwortung für den Umbau der Emscher getragen[161] und sich 1931 auf Wunsch Helbings – allerdings erfolgslos – als Baudirektor für den Wupperverband beworben.[162] Als Nachfolger für Helbings Posten war er also keine überraschende und auch keine primär politisch bedingte Wahl, auch wenn er Mitglied der NSDAP war. Ramshorn prägte die Geschicke der Emschergenossenschaft und des Lippeverbandes in den folgenden Jahren entscheidend. Wie stark seine Person mit dem Schicksal der Verbände verknüpft war, zeigte sich schon bald nach seinem Amtsantritt.

DER GESCHEITERTE ZENTRALISIERUNGSVERSUCH: NEUE AUSSENBEZIEHUNGEN

Die EGLV war zwar in der Lage gewesen, sich nach 1933 schnell an die neuen politischen Verhältnisse anzupassen. Sie hatte sich als Vorreiterin der neuen Autarkie-Politik positioniert und so ihr wirtschaftliches und gemeinschaftsbildendes Potential unterstrichen. Die Personalveränderungen in den beteiligten Kommunen trug sie unkommentiert mit und demonstrierte darüber hinaus, dass sie innerhalb ihrer eigenen Belegschaft nach Maßgaben des neuen Systems Entlassungen vornahm. Die Verbände präsentierten sich nach außen also als technische Experten, auf die sich das neue Regime verlassen konnte. Nach wie vor war jedoch ihre Autonomie in Gefahr, denn die nationalsozialistische Infrastrukturpolitik sah nun vor, die Wasserverbände zusammenzulegen.

Auch in anderen Politik- und Wirtschaftsbereichen richtete das Regime Zentralstellen ein, von wo aus Sonderbeauftragte oder Kommissare verschiedene Aufgaben koordinierten und verwalteten. Dahinter stand unter anderem die Überlegung, begrenzte Ressourcen möglichst effizient zu verteilen.[163] Solche Bevollmächtigte waren keine Erfindung des „Dritten Reichs“, aber auch wenn sie auf eine tradierte Rolle zurückblickten, nahmen sie jetzt einen neuen Stellenwert ein.[164]

Für die Wasserwirtschaft im Ruhrgebiet bedeutete die neue Ordnung nichts weniger als eine Zäsur. Bislang war sie schließlich anhand kommunaler Zusammenschlüsse aller Beteiligter organisiert gewesen. Nun sollte die Bewältigung von Infrastrukturaufgaben staatlich und zentral verwaltet werden.

Für die EGLV und die benachbarten Wasserverbände wurde entsprechend dieses Paradigmenwechsels 1934 ein Staatskommissar eingesetzt. Es handelte sich um Harry Vosberg, einen Juristen mit langjähriger Erfahrung in der politischen Interessenvertretung. Seine Karriere war bislang glänzend verlaufen: 1875 geboren, hatte Vosberg ab 1921 dem Zweckverband des Überlandwerkes Edertalsperre vorgestanden. Zwei Jahre später entstand der Elektrozweckverband Mitteldeutschland, den er mitbegründete. Vosberg war nicht nur als Lobbyist erfolgreich, sondern parallel als Schriftsteller tätig und verfasste mehrere Romane und Bühnenstücke. Seinen ersten Posten als Staatskommissar bezog er 1933 für die Vereinigten Elektrizitätswerke Westfalen (VEW) in Dortmund. Nachdem er den Betrieb innerhalb eines Jahres erfolgreich saniert hatte, wurde er zum Staatskommissar für die rheinisch-westfälische Wasserwirtschaft berufen.[165] In seinen Zuständigkeitsbereich fielen neben den Gebieten der Emschergenossenschaft diejenigen des Ruhrverbandes und des Ruhrtalsperrenverbandes. Vosberg hatte die Aufgabe, die Vorstände der drei Verbände zu ersetzen und ihre Zusammenführung vorzubereiten.[166]

Die Tätigkeit in der Wasserwirtschaft hinterließ jedoch eine Kerbe in der bislang außerordentlich erfolgreichen Laufbahn des Harry Vosberg. Nach nur einem Jahr gab er die Zuständigkeit für die Emschergenossenschaft wieder auf. Er verließ den Posten in der Wasserwirtschaft alles andere als triumphal, wie es der Jahresbericht von 1935 nahelegt. Das Dokument widmet ihm nur einen Absatz. Vosbergs Zuständigkeit ist darin wie folgt zusammengefasst: Vosberg wurde 1934 eingesetzt. 1935 nahm der Vorstand wieder seine gewohnte Arbeit auf.[167] Ein beredetes Schweigen?

In der Tat war der Vorstand sofort nach Vosbergs Amtsniederlegung wieder zusammengerufen worden.[168] Intern setzte sich die Sichtweise durch, der Staatskommissar sei schlicht nicht in der Lage gewesen, die Zusammenführung der Verbände auf eine kostensparende und effiziente Weise durchzuführen. Er sei nicht kompetent gewesen, eine Struktur zur Bewältigung der komplexen technischen Aufgaben zu entwickeln; diese Tätigkeit wieder der Emschergenossenschaft zu übergeben sei die naheliegende, vernünftige und kostensparendste Lösung gewesen. Diese Wertung erwies sich im weiteren Zeitverlauf als hartnäckig: Noch im 1999 erschienenen Überblick zu „100 Jahren Wasserwirtschaft im Revier“, einer weiteren Chronik der EGLV, lässt sie sich finden.[169]

Die Dokumentation des Preußischen Staatministeriums geht etwas genauer auf die Umstände von Vosbergs Entlassung ein und spricht eine andere Sprache. Hier wird deutlich, dass der Staatskommissar keinesfalls die Tätigkeit für alle rheinisch-westfälischen wasserwirtschaftlichen Betriebe niederlegte. Vielmehr war nur die Emschergenossenschaft aus seiner Verwaltung abgezogen worden.[170] Die Entlassung Vosbergs ging zudem, wie wir erfahren können, direkt auf eine Initiative des damaligen Preußischen Ministerpräsidenten – also Hermann Göring – zurück.[171]

Was war also in Vosbergs kurzer Amtszeit geschehen? Da ihm nicht die Verantwortung für alle Wasserverbände entzogen wurde, scheint das Argument seiner fehlenden Kompetenz nicht stichhaltig. Aber worin lag nun der

Grund dafür, dass seine Tätigkeit bei der Emschergenossenschaft zeitlich so begrenzt war? Warum konnte sich ausgerechnet die Emschergenossenschaft derartig schnell der Verwaltung durch einen Staatskommissar entziehen, während andere Verbände – wie etwa der Wupperverband[172] – ihre Unabhängigkeit aufgeben mussten?

Die Stimmung zwischen den Wasserverbänden und dem neu eingesetzten Staatskommissar war zunächst gut, jedenfalls stellte Vosberg selbst es so dar. In einem Schreiben, das er im Herbst 1934 an die Beteiligten der Emschergenossenschaft richtete, erklärt er, nach seiner Arbeitsaufnahme eine „eingehende, freundliche Unterredung“ mit Jacob Hasslacher, dem Vorstandsvorsitzenden, geführt zu haben. Er habe nicht vor, die Funktionsweise des Verbandes grundsätzlich umzustellen, fuhr Vosberg fort; der „Geschäftsgang der Genossenschaft“ solle in „unveränderter Weise weiter“ laufen. Schließlich sei an der bisherigen Führung der Emschergenossenschaft nichts auszusetzen. Im Gegenteil: Dem Vorstand sei für seine „Bemühungen“ unbedingt zu danken.[173] Vosberg verstand seine Aufgabe offenbar nicht als einen invasiven Eingriff in die Arbeit der Emschergenossenschaft, zudem hatte er den Eindruck, auf die Unterstützung der früheren Geschäftsführung bauen zu können.

Schon kurz nach der Arbeitsaufnahme des Staatskommissars zeigte sich jedoch, dass seine Erwartungen fehlgeleitet waren und er nicht auf Rückhalt innerhalb der Genossenschaft hoffen durfte. Nicht nur in der Verwaltung der Emschergenossenschaft war Unmut spürbar, auch die Genossen waren mit Vosbergs Arbeit unzufrieden. Im Januar 1935 zogen die Vereinigten Stahlwerke AG Konsequenzen. Sie protestierten dagegen, Mitgliedsbeiträge in der von Vosberg festgelegten Höhe zu bezahlen. Dahinter stand jedoch eine grundsätzlichere Kritik: Die Werke stellten infrage, ob es überhaupt rechtmäßig gewesen sei, Vosberg einzusetzen. Eine eigens zusammengekommene Berufungskommission der Emschergenossenschaft erklärte die Beitragshöhen kurzfristig für ungültig und ersetzte sie durch die Summen, die vor Vosbergs Amtsantritt durch den Vorstand bestimmt worden waren. Zwar erklärte die Kommission, dass sie sich befugt fühle, über die Position Vosbergs zu entscheiden. Indem sie aber darauf abhob, dass die Genossen mit seiner Einsetzung nicht zufrieden waren, griff die Erklärung unmissverständlich Vosbergs Stellung an.[174]

Vosberg verstand das Vorgehen der Genossen offenbar als Zeichen mangelnder Unterstützung seiner Arbeit. Hinzu kam, dass ihm bereits im Frühsommer 1935 Pläne der EGLV zu Ohren kamen, seiner Tätigkeit ein Ende zu setzen. Daraufhin veränderte nun auch er seinen Tonfall. In einem Schreiben an den Landrat für Düsseldorf-Mettmann, Hans-Joachim Tapolski, der ihm vom

Reichslandwirtschaftsministerium als Mitarbeiter zugeordnet worden war, erklärte er Zweifel an der politischen Verlässlichkeit des Vorstands. Der Leitung der Emschergenossenschaft fehle es an politischer Überzeugung, weshalb das Amt weiterhin ihm, Vosberg überlassen bleiben müsse, wie er implizit nahelegte. Er wolle nur „andeuten", so Vosberg, „dass es im neuen Staat nicht angeht, sich als vollüberzeugten Nationalsozialisten auszugeben, wenn man vordem in starken Beziehungen zu führenden Exponenten der S.P.D. gestanden hat".[175] Vosberg drückte sich gegenüber Tapolski zwar vergleichsweise vage aus und nannte keine Namen. Mit seinem Vorwurf zielte er jedoch in der Hauptsache auf den Baudirektor Alexander Ramshorn. Dass dieser Umstand allen Beteiligten bewusst war, zeigen die weiteren Ereignisse.

Ramshorn reagierte sofort. Nachdem ihm der Wortlaut von Vosbergs Schreiben durch Tapolski zugetragen und er aufgefordert worden war, zu den Vorwürfen Stellung zu beziehen, erklärte er schriftlich, „niemals in ‚starker Beziehung zu führenden Exponenten der Sozialdemokratie' gestanden" zu haben. Er habe „überhaupt niemals mit irgendeinem maßgebenden Vertreter der Sozialdemokraten verkehrt". Die Vorwürfe seien für ihn außerordentlich beleidigend, fuhr Ramshorn fort, „insbesondere auch deshalb, weil sie gegen mich als Parteigenossen gerichtet sind und meine nationalsozialistische Gesinnung in Zweifel ziehen".[176] Tapolski forderte Vosberg nun seinerseits auf, eine weitere Stellungnahme zu seinen kontroversen Äußerungen abzugeben. Da Vosberg mittlerweile erkrankt war – oder dies zumindest behauptete –, erhielt Tapolski jedoch keine Antwort.[177] Am 16. Juli wandte sich auch Ramshorn an den Staatskommissar und forderte ihn per Einschreiben auf, zeitnah Dokumente vorzulegen, die seine Aussagen stützten. Ramshorn äußerte in diesem Schreiben zudem eine schmerzhafte persönliche Kränkung: „[I]ch muss es tief bedauern und kann es nicht verstehen, dass Sie diese schweren Beschuldigungen sogar bis an den Herrn Reichs- und Preußischen Minister für Ernährung und Landwirtschaft weiter geleitet haben, ohne mich vorher darüber vernommen zu haben."[178] Erst nach einem weiteren Schreiben vom 31. Juli erfolgte eine Reaktion von Vosberg. Er erklärte die späte Antwort mit seiner Erkrankung und der Anweisung seiner Ärzte, alle beruflichen Angelegenheiten von sich fernzuhalten. Ramshorns Forderung nach schriftlichen Beweisen seiner politischen Verbindung zur Sozialdemokratie ignorierte Vosberg, allerdings erklärte er kämpferisch seine Bereitschaft, die Angelegenheit zum Gegenstand eines Verfahrens zu machen.[179]

In dieser Hinsicht kam Ramshorn dem Staatskommissar jedoch zuvor. Der Baudirektor beantragte im August 1935 ein Verfahren beim NSDAP-Gaugericht Essen. In diesem klagte er jedoch nicht Vosberg wegen Verleumdung an, stattdessen wünschte Ramshorn, dass gegen ihn selbst ermittelt werde. Das Gericht solle seine Gesinnung genau überprüfen, begründete Ramshorn diesen ungewöhnlichen Schritt, und so die Vorwürfe von Vosberg als haltlos entkräften.[180] Die „sofortige Wiederherstellung“ seiner „Ehre“ sei für ihn, so Ramshorn, „dringendes Gebot“.[181]

In der anschließenden Untersuchung des Gaugerichts musste sich nun auch Vosberg ausführlich äußern. Er gab schließlich zu Protokoll, woher die Informationen stammten, die seiner Stellungnahme über Ramshorn zugrunde lagen. Ironischerweise gingen sie auf dasselbe Dokument zurück, das auch schon den Justitiar Stöve in Bedrängnis gebracht hatte: die Beschwerde Josef Eulgems. Der ehemalige Betriebsratsvorsitzende hatte, wie das Gerichtsverfahren offenlegte, im Kampf gegen seinen früheren Arbeitgeber eine Strategie angewandt, die auf den ersten Blick paradox scheint: Der Sozialdemokrat warf Alexander Ramshorn kurzerhand etwas vor, was vor allem ihn selbst auszeichnete – die Nähe zur SPD. Auf den zweiten Blick erweist sich Eulgems Schachzug als weniger erstaunlich, da er die neuen politischen Bedingungen korrekt eingeschätzt hatte: Ein nicht systemtreuer Baudirektor war tatsächlich sowohl aus Sicht der Emschergenossenschaft wie auch aus Perspektive der Reichsregierung ein Problem. Alexander Ramshorns drastische Reaktion auf die Vorwürfe ist also durchaus nachvollziehbar, schließlich stand seine berufliche Zukunft auf dem Spiel.

Das Gaugericht entsprach Ramshorns Antrag in Gänze. In der Urteilsbegründung erklärten die Richter, „in keinem Falle irgendein Versehen oder unkorrektes Verhalten des Angeschuldigten“ festgestellt zu haben. Ramshorns Ruf als Nationalsozialist war aus Sicht des Gerichts also ungetrübt, und der Baudirektor ging gestärkt aus dem Verfahren hervor.

Für den Staatskommissar Vosberg bedeutete die Entscheidung hingegen eine empfindliche Niederlage. Die Richter machten deutlich, dass Vosberg sich in ihren Augen falsch verhalten hatte. Sich auf die Aussagen von Eulgem verlassen zu haben, ohne sie zu überprüfen, sei ein eklatantes Versagen gewesen. Dem Gericht sei zudem „unerfindlich“, weshalb Vosberg überhaupt mit Eulgem in Kontakt stehe. Implizit legte die Begründung nahe, dass Vosberg sich aus persönlichen Gründen gegen Ramshorn gestellt habe. Bei seinen Äußerungen habe es sich um „ungeheure Verleumdungen gehandelt“. Was genau dabei sein „Interesse“ gewesen sei, so der Beschluss andeutungsvoll, müsse jedoch „einer anderen Stelle vorbehalten“ bleiben.[182]

Auch wenn die Richter des Gaugerichts nicht ausdrücklich Vosbergs Rücktritt forderten, schwächte ihre Entscheidung doch nachdrücklich die Stellung des Staatskommissars. Ramshorn hingegen konnte nicht nur seinen Ruf als vorbildlicher Nationalsozialist stärken, gleichzeitig gelang es ihm, Vosbergs Verbleib in der Emschergenossenschaft abzuwenden.

Dank dieser Affäre war die Organisation erfolgreich der Zentralisierung entgangen und bewahrte ihre Autonomie. Versuche, die Abwasserverbände zusammenzuführen, gab es jedoch weiterhin. Noch 1939 debattierte eine Abwasserwirtschaft-Konferenz in Stuttgart darüber, die Verbände unter dem Dach des deutschen Gemeindetages zu vereinen. Die EGLV musste also weiterhin Argumente dafür finden, auch in Zukunft als selbstständige Organisation agieren zu können. Diese fand sie in den nächsten Jahren vor allem in ihrem eigentlichen Aufgabengebiet: der Sicherstellung der Vorflut von Emscher und Lippe.

Abb. 3 Ein Bild, viele Geschichten: Eine Momentaufnahme an der Baustelle Radbod, aufgenommen am 15. September 1941.

3. ARBEITSBESCHAFFUNG UND ANPASSUNG: DIE ABWASSERVERBÄNDE ZWISCHEN FRIEDEN UND KRIEG

Ein ausgedehnter Flusslauf schlängelt sich durch wilde, ursprünglich anmutende Auenlandschaften. Üppiger Schilfwuchs säumt seine Ufer. Zugleich bahnen sich die Wasser ihren Weg durch einen hochindustrialisierten Raum – rauchende Schlote, Förderturm und moderne Industrieanlagen sprechen die ihnen eigene Sprache. Natur und Kultur, notwendige Lebensgrundlage und technischer Fortschritt, sind eng verbunden. Emblematisch verdichtet diese Szenerie das Selbstverständnis und die Existenzgrundlage der EGLV: Industrie und (Ab-)Wasser bedingten sich gegenseitig. Die Verbände sorgten für einen reibungslosen Abfluss des Brauchwassers in der Region und hegten die Natur ein, um die Existenzgrundlage für die montanindustriellen Großbetriebe an Emscher und Lippe zu sichern, die wie geschildert als Beteiligte das finanzielle Rückgrat der Genossenschaften bildeten.

Die hier beschriebene, aus dem Spätsommer 1941 stammende Photographie vermittelt aber noch mehr. Bei näherem Hinsehen eröffnet sich im linken Bildbereich eine Szenerie mehrerer mit Schaufeln und Hacken hantierender Arbeiter: Die zeitgenössisch auf das Photo aufgetragene Ortsbezeichnung „Radbod" legt nahe, dass es sich hier um Vorarbeiten für den Bau eines Pumpwerkes am Radbodsee handelt. Dieser See war ursprünglich durch die Zuleitung von Grubenwasser der unweit gelegenen und namensgebenden Zeche Radbod entstanden und infolge des fortschreitenden Kohleabbaus unter das Niveau der Lippe abgesackt. Anfang der 1940er Jahre war es erforderlich, einen Abfluss in die damals begradigte Lippe zu schaffen, da zudem das neue gebaute Klärwerk in Hamm-Bockum-Hövel seine Klärwasser über den Radbodsee in die Lippe leitete. Das dafür erforderliche Pumpwerk wurde 1943 fertiggestellt. Es sorgte für einen hygienisch einwandfreien Abfluss der geklärten Abwässer in die Lippe und schützte zudem den Betrieb der Zeche Radbod vor Übertretungen des Sees.[183]

Vor diesem Hintergrund verweist die Szene darauf, dass Emschergenossenschaft und Lippeverband auch zur NS-Zeit und während des Krieges unabdingbar waren, um den Betrieb und die Produktion der Rüstungsindustrie und ihrer Zuliefererbetriebe sicherzustellen. Das Regime, der Krieg und die Bautätigkeit der beiden Wasserverbände waren eng miteinander verzahnt. Die Photographie erzählt deutlich von einer besonderen Facette dieser Beziehung: Die Arbeiter sind unfreiwillige Arbeitskräfte, offenbar gehen sie ihrer Tätigkeit unter Zwang nach, denn sie werden von einem bewaffneten Wachmann beaufsichtigt. Nicht von ungefähr wirft die festgehaltene Szene Fragen auf. Sie zielen auf den Zusammenhang von NS- und Kriegswirtschaft und der Tätigkeit der Emschergenossenschaft und des Lippeverbandes in den späten 1930er und frühen 1940er Jahren.

VIERJAHRESPLAN, VERRIESELUNG UND VORFLUT: BAUMASSNAHMEN DER VERBÄNDE IN DEN 1930ER UND 1940ER JAHREN

Als sich die Emschergenossenschaft nach ihrer Gründung zuerst um die Wiederherstellung der Vorflut statt um die Reinigung der Abwässer gekümmert hatte, war die Frage beantwortet, wie die Interessen der Landwirtschaft und die der Groß- und Schwerindustrie gegeneinander abzuwägen seien. Während an der Emscher die Entscheidung eindeutig zugunsten der Bergwerksgesellschaften und Stahlunternehmen ausgefallen war, herrschte im Lippegebiet Ende der 1920er und Anfang der 1930er Jahre auch nach Gründung des Lippeverbandes weniger Klarheit. Die eingangs erwähnte Szenerie verdeutlicht die Ambivalenz: Während einerseits viel dafür getan werden musste, die strapazierte Vorflut einer Montanregion sicherzustellen, durchzog der Fluss zugleich eine nach wie vor ländlich geprägte Gegend, deren landwirtschaftliche Betriebe auf sauberes Wasser angewiesen waren.

Deshalb verwendete der Lippeverband zur Zeit des Nationalsozialismus nicht nur viel Energie darauf, die Lippe zu verlegen und die Seseke – einen Nebenfluss der Lippe – zu kanalisieren. Er baute zudem Klärwerke in Hamm und Unna. Als sich ab Mitte der 1930er Jahre die doppelte Nutzungsanforderung der Lippe erneut verschärfte, kam kurzzeitig ein Verfahren der Abwasserreinigung auf, das seit über hundert Jahren ausgedient zu haben schien: Die Verwertung vor allem häuslicher Abwässer und der darin enthaltenen Nährstoffe, die landwirtschaftlich genutzt werden sollten, indem sie diese verrieselten.[184]

Diese Entscheidung war eng mit der nationalsozialistischen Wirtschaftspolitik verbunden. Nachdem die Düngemittelpreise künstlich gesenkt worden waren, war die Nachfrage nach Dünger enorm gestiegen.[185] Während sich die Abwässer der Emscher aufgrund der stark industrialisierten Region nur für die Phenolgewinnung eigneten, riefen die Abwässer der Lippe andere Ideen auf den Plan. Seit 1935 diskutierte der Lippeverband rege die Verrieselung der Abwässer im Lippegebiet – und fand unterschiedliche Lösungen: In Unna etwa gründete sich unter Federführung des Verbands 1937 eine eigenständige Rieselfeldgenossenschaft, die bis in die 1950er Jahre auf Feldern in der Uelzener Mark die örtlichen Abwässer zur Verbesserung der landwirtschaftlichen Erträge verteilte.[186] Für die nationalsozialistischen Machthaber war dieses Projekt äußerst interessant, und sie förderten es großzügig mit Mitteln des Reichslandeskulturfonds aus dem Reichsministerium für Ernährung und Landwirtschaft.[187] Auch im ähnlich agrarisch geprägten Werne verrieselte man seit Mitte der 1930er Jahre versuchsweise Abwasser. Der daraus erwachsende landwirtschaftliche Ertrag war, wie den Jahresberichten des Lippeverbandes zu entnehmen ist, beträchtlich.[188]

Aber auch in der Nähe der deutlich stärker industrialisierten Stadt Hamm wollte man wertvolle Nährstoffe aus dem Abwasser ziehen. Um 1935 kursierte ein entsprechender Entwurf des Lippeverbandes, der den Vorstellungen der nationalsozialistischen Entscheidungsträger entsprochen haben dürfte. Fast schon planungsübereuphorisch dachte der Verband darüber nach, die Abwässer in einem mehrstufigen Verfahren zunächst für die Fischzucht auszunutzen, dann die verbleibenden schlammigen Nährstoffe für die landwirtschaftliche Verwertung zu verrieseln und die dabei entstehenden Faulgase für den Betrieb städtischer Fahrzeuge nutzbar zu machen.[189] Dieser ambitionierte Plan stieß aber auf Hürden, da die Abwasserzusammensetzung in Hamm zu große Salzmengen aufwies, um sie unmittelbar zu verrieseln. Deshalb nahm man zunächst – Ende der 1930er Jahre – eine fünfjährige Versuchsverrieselung in Angriff. Da sich ab 1936 jedoch die Prioritäten in der Abwasserbehandlung in Hamm verschoben, kreuzten sich diese Pläne bald mit anderen.

Seit 1936 trieben die Unternehmen nämlich den Auf- und Ausbau von Industriebetrieben – ganz wie es der Vierjahresplan zur Kriegsvorbereitung Deutschlands verlangte – im Raum Hamm voran. Diese Werke waren, ebenso wie einige lippeabwärts gelegene Kraftwerke, auf relativ reines Kühlwasser angewiesen, was dazu führte, dass der Verband seit 1938 mit Hochdruck eine Kläranlage in Hamm errichtete, die den Betrieb der Vierjahresplanwerke gewährleisten sollte. Versuche zur gleichzeitigen Verrieselung gerieten jetzt in den Hintergrund. Dieses Nebeneinander unterschiedlicher, teilweise sogar widersprüchlicher Bedürfnisse war – ebenso wie deren kurzfristiger Wandel – typisch für die NS-Wirtschaftspolitik.[190]

Geschickt vermochte es der Lippeverband, sich diesen zeitgenössischen Erwartungen und den sich teils schnell verändernden nationalsozialistischen Vorstellungen anzupassen. Es gelang ihm damit, eigene wichtige Projekte durchzuführen und an Ressourcen zu gelangen. Die Leitung antizipierte die Bedürfnisse des autarkisch orientierten NS-Wirtschaftssystems, nutzte die sich daraus ergebenden Gelegenheitsstrukturen und begann, (Groß-)Projekte zügig umzusetzen. Auf diese Weise stabilisierte sie das NS-System nachhaltig.[191]

Der Vierjahresplan und die Umstellung auf die Kriegsproduktion bestimmten auch im Emschergebiet die Bautätigkeit. Wir haben schon gesehen, dass die Emschergenossenschaft, um ihre zentrale Aufgabe gesetzesmäßig zu erfüllen und die Vorflut dauerhaft zu sichern, direkt nach ihrer Gründung die Emscher in ein neues Flussbett umgeleitet hatte. Schon bald, Ende der 1920er

Jahre, kam es jedoch auch im neuen Flusslauf zu gefährlichen Senkungen, die der Bergbau hervorrief. Die Genossenschaft reagierte und plante intern eine neuerliche Verlegung der Emscher, um einem Rückfluss des Rheins in die Emscher entgegenzuwirken und Überflutungen auch in Zukunft zu vermeiden. Diese Pläne gerieten zur Zeit der Weltwirtschaftskrise 1930/31 an die Öffentlichkeit. Es dauerte nicht lange, und lokale Unternehmen überschlugen sich in Bemühungen, den Auftrag für die Arbeiten am neuen Flusslauf zu bekommen.

Bevor die Verbände sich für einen Auftragnehmer entschieden, mussten die Pläne jedoch zunächst aufgrund der finanziellen Engpässe auf Eis gelegt werden. In den folgenden Monaten standen deshalb weiterhin vornehmlich sogenannte Wiederherstellungsarbeiten oder Verstärkungen von Deichen auf der Agenda der beiden Verbände, die hauptsächlich durch Arbeitsbeschaffungsprogramme finanziert und von Arbeitslosen durchgeführt wurden.[192]

Seit Mitte der 1930er Jahre wurde im Ruhrgebiet zudem wieder mehr Kohle gefördert. Aufgrund ihres natürlichen Vorkommens war Kohle im Deutschen Reich nicht nur der wichtigste Energieträger, sondern als Exportgut auch ein bedeutender Devisenbringer. Im Rahmen der NS-Autarkiebestrebungen wurde sie noch wichtiger, da sie nun auch für die Benzinsynthese verwendet wurde.[193] Dieser Aufschwung verbesserte zwar die örtliche Beschäftigungssituation, sorgte aber zwangsläufig auch für weitere und schnellere Absenkungen im Lippe- und Emschergebiet, die die Vorflut störten und ein unmittelbares Handeln erforderten.

1937 wurden die erwähnten Pläne für einen neuerlichen Umbau der Emscher in ihrem unteren Verlauf landespolizeilich geprüft und die erneute Flussverlegung in Angriff genommen.[194] Sie lagen seit Anfang der 1930er Jahre in den Schubladen in der Kronprinzenstraße und sahen vor, die Mündung von Duisburg-Walsum noch weiter in den Norden nach Dinslaken zu verlegen. Sie stellten ein nachträgliches landschaftsplanerisches Korrektiv zur planlosen Erschließung der Region in der Phase der Hochindustrialisierung dar. Mit ihnen war eine weitreichende ordnungspolitische Dimension verknüpft, mussten hierzu doch Verkehrswege über die neue Emscher gebaut und in bestehende Siedlungspläne integriert werden.[195] Dazu musste die Emschergenossenschaft in einem ersten Schritt Bauland erwerben. Um die benötigten Grundstücke auch gegen Interessen der Verkäufer zu kaufen, konnte sie von ihrem bereits geschilderten Enteignungsrecht Gebrauch machen.[196]

Hier stellt sich die Frage, wie sich diese Enteignungspraxis zur Zeit des Nationalsozialismus veränderte. Immerhin versprach der Nationalsozialismus ja, „Volksinteressen" über Einzelinteressen zu stellen, auch auf Kosten persönlicher Nachteile. Wie veränderten sich also die Möglichkeiten der EGLV im Nationalsozialismus? Konnte sie ihre Bauprojekte aufgrund beschleunigter Enteignungsverfahren nun leichter durchführen?

Ein erster Blick auf die abgeschlossenen Grunderwerbsverträge der Emschergenossenschaft in diesem Zeitraum scheint diese Annahme zu bestätigen: Auch wenn sich nicht abschließend klären lässt, wie hoch der prozentuale Anteil von Enteignungsverfahren war, stieg die Anzahl der abgeschlossenen Grunderwerbsverträge der Emschergenossenschaft* von 42 (1932) auf 122 (1938) und sollte bis 1943 bei rund 100 Vertragsabschlüssen pro Jahr verharren.[197] Der Vergleich mit dem Lippeverband lässt diesen vermeintlich eindeutigen Zusammenhang aber schon fraglicher erscheinen: Hier sank die Zahl der Abschlüsse von 53 Grunderwerbsverträgen 1935 auf unter 20 in den frühen 1940er Jahren.[198]

Eine nähere Betrachtung der Enteignungspraxis von Emschergenossenschaft und Lippeverband über die 1930er Jahre hinaus lässt zudem keine Rückschlüsse auf gravierende Veränderungen des Grunderwerbs durch Enteignungen zu. Vielmehr war bis in die 1950er Jahre die maßgebliche Referenz nach wie vor ein Gesetz, genau genommen der Paragraph 6 des Gesetzes über ein vereinfachtes Enteignungsverfahren vom 26. Juli 1922. Der Reichswirtschaftsminister bestätigte etwa am 9. September 1937, dass dieser Paragraph als Grundlage für Maßnahmen der Emschergenossenschaft anzuwenden sei.[199] Somit dürfte die starke Zunahme neu abgeschlossener Grunderwerbsverträge in den späten 1930er und frühen 1940er Jahren im unmittelbarem Zusammenhang mit der Emscherverlegung zu sehen sein, zumal der Verband großzügig Grundstücke kaufen sollte.[200] Diese Baupläne waren weit im Voraus festgesetzt worden und orientierten sich nicht kurzfristig an politischen Zielen des NS-Regimes.

Die auszuführenden Arbeiten waren in drei Abschnitte unterteilt: Nach dem Grunderwerb standen infrastrukturelle Vorarbeiten an, die vor allem Übergangsbauwerke wie Straßen- und Eisenbahnbrücken umfassten. Erst danach konnten die eigentlichen Aushub- und Baggerarbeiten begonnen werden, bevor in einem dritten Schritt die Betonschalen das Flussbett auskleideten.

* Hinsichtlich der Frage, wie mit jüdischem Eigentum umgegangen wurde, lässt die Aktenlage leider keine stichhaltige Deutung zu: In den Akten zur Enteignung lässt sich nur ein eindeutiger Fall ausmachen, in dem jüdischer Besitz für die Arbeiten an der Emscher enteignet wurde, da es hier nach dem Krieg zu einem Restitutionsverfahren kam. Gleichzeitig zeigen die Akten vereinzelte Einsprüche nicht-jüdischer Landbesitzer in den 1930er und 1940er Jahren, sodass eine Quantifizierung, wie viel jüdisches Eigentum den Bauarbeiten an der Emscher zum Opfer fiel, nicht möglich ist.

Die Emscherverlegung ist ein anschauliches Beispiel dafür, wie die Verbände damit umgingen, dass immer weniger Arbeiter verfügbar waren und Baumaterial schwer zu beschaffen war. Nachdem zunächst ab 1939 erste Brückenarbeiten angelaufen waren, geriet der Baufortschritt schnell ins Stocken. Aufgrund der Einberufungen mussten nicht nur die Emschergenossenschaft und der Lippeverband auf viele Arbeiter verzichten – auch die beauftragten Baufirmen litten unter dem kriegsbedingten Personalmangel.

In dieser Situation drohte ein Baustopp, was zu Interventionen an hoher Stelle führte: Im Rahmen einer Besprechung am 13. Oktober 1939, an der Baudirektor Ramshorn teilnahm, wurde Alfried Krupp von Bohlen und Halbach über die Bedeutung der Emscherverlegung unterrichtet. Dieser sandte umgehend ein Telegramm an Fritz Todt, den Generalbevollmächtigten für die Bauwirtschaft: „Habe mich überzeugt, dass Arbeiten für Verlegung des unteren Emscherlaufs weitergeführt werden müssen, da sonst kriegswirtschaftlich notwendiger Kohlenabbau im Duisburg-Hamborner Gebiet eingeschränkt werden muss und große Landflächen überschwemmt werden."[201]

Welchen Einfluss dieses Telegramm konkret hatte, bleibt letztlich ungeklärt. Sicher ist aber, dass die Arbeiten ab Dezember 1939 als vordringliches Bauvorhaben des Generalbevollmächtigten für die Regelung der Bauwirtschaft anerkannt wurden,[202] was sich positiv auf die Zuteilung der Baumaterialien und Arbeitskräfte auswirkte.[203] Hier stieß die EGLV die nationalsozialistischen Machthaber also indirekt auf die Bedeutung der eigenen Arbeit für die planvolle Umsetzung des Vierjahresplans und die kriegswirtschaftliche Ertüchtigung des Deutschen Reiches, indem sie sich kurzerhand die Stellung ihrer Beteiligten, mit denen sie sich ansonsten zumeist um die Höhe der Veranlagungen stritt, zunutze machte.

Gleichzeitig mehrten sich jedoch auch die kriegsspezifischen Bauvorhaben des Regimes, sodass dieses zu einem ungewöhnlich Schritt bereit war: Es holte vermehrt ausländische Arbeiter aus den besetzten Gebieten ins Deutsche Reich, die es vor allem für die körperlich intensiven Arbeiten einsetzte.

Es mag nicht sofort einleuchten, aber diese Maßnahme widersprach der Ideologie des „Dritten Reiches". Warum? Die Nationalsozialisten hatten zu Beginn ihrer Herrschaft Arbeit ideell als Dienst an der „Volksgemeinschaft" stilisiert und sie damit als identitätsstiftendes Merkmal aufgeladen, womit sie gleichzeitig jene ausschlossen, die nicht bereit waren, ihren Beitrag zur nationalsozialistischen Volks- und Leistungsgemeinschaft zu leisten.[204] Sprechendes Beispiel für den propagandistischen Wert der Arbeit war die 1935 eingeführte obligatorische Verpflichtung aller Deutschen zum Arbeitsdienst.[205]

Der Ausländereinsatz – dieser Begriff passt hier besser als der der Zwangsarbeit, da er zivile Arbeiter und Kriegsgefangene umfasst[206] – unterlag unterschiedlichen Phasen und Formen, die sich anhand der Baustellen an Emscher und Lippe gut rekonstruieren lassen. Zunächst griffen die beteiligten Bauunternehmen wie schon in der Vergangenheit auf ausländische Arbeitskolonnen zurück,[207] ab 1941 wurden etwa auf einigen Baustellen des zukünftigen Emscherlaufs holländische Grenzgänger eingesetzt. Auch wenn Letztere sich häufig aus ökonomischen Interessen und ohne physischen Zwang für diese Arbeit meldeten, wurden sie schlechter bezahlt als einheimische Arbeitskräfte.[208] Je länger der Krieg dauerte, desto schwieriger wurde es jedoch, sie einzusetzen, da sie meist täglich pendelten und es an geeigneten Transportmitteln fehlte.[209] Unterdessen kamen 1942 an der Emscher Diskussionen auf, Kriegsgefangene einzusetzen. Auf eine Ausschreibung für Arbeiten am dritten Baulos des neuen Emscherbetts von Oberhausen-Holten nach Sterkrade gingen im Frühjahr 1942 zwei Angebote bei der Emschergenossenschaft ein: eines der Firma Heine aus Oberhausen, ein anderes der Gebrüder Igel aus dem damals an der Emscher gelegenen Walsum. Während das Unternehmen Heine in seinem Angebot die Verwendung von Kriegsgefangenen vorsah, verzichteten die Gebrüder Igel auf diese. Auch deshalb dürfte deren Angebotspreis um zehn Prozent höher gelegen haben. Dennoch gab die Genossenschaft der Firma Igel den Zuschlag, allerdings nicht aus arbeitsethischen Gründen: Das teurere Angebot überzeugte intern vor allem deshalb, weil zu dem damaligen Zeitpunkt Kriegsgefangene nur schwer zu bekommen waren und dies zu Verzögerungen beim Baubeginn auf unbestimmt Zeit hätte führen können. Die Igel-Brüder verfügten dagegen über eine eigene Belegschaft und eingearbeitete Kräfte aus Holland, die sofort einsatzbereit waren.[210]

Wie pragmatisch die Emschergenossenschaft mit der Kriegssituation umging, zeigte sich auch im Dezember desselben Jahres. Hier sprach sie sich bei der Vergabe von Bagger- und Streckenausbauarbeiten im unteren neuen Emscherverlauf von Oberhausen-Sterkrade nach Stapp in Dinslaken erneut für die Firma Igel aus, da diese in der Lage gewesen sei, neben Stammarbeitern auch französische „Kriegsgefangene einzusetzen, die von ihr in einer nahe gelegenen Baustelle beschäftigt und untergebracht sind".[211] Aus welchen Gründen und Zwangslagen die Arbeiter auf die Baustellen kamen, war für die Führungsebene der Emschergenossenschaft nicht entscheidend. Wichtig war der Baufortschritt. Wer den zusichern konnte, hatte die besseren Karten, seinen autonomen Status zu behalten. Unternehmen, die über zugewiesene Kriegsgefangene verfügten, verkörperten hierfür schlicht eine bessere Garantie.

Der Rückgriff auf unfreiwillige Arbeitsverhältnisse hatte bei anderen Bauprojekten schon früher begonnen. So wurden im Lippegebiet seit 1940 bei Arbeiten an der Seseke und dem Erlenbach teilweise Kriegsgefangene eingesetzt – in letzterem Fall auch jüdische KZ-Häftlinge.[212] Damit entsprach der Verband einer allgemeinen Tendenz. Mit dem Überfall auf Polen im Herbst 1939 waren erste polnische Kriegsgefangene ins Reich gebracht wurden, ehe „seit dem Herbst 1940 [...] sämtliche arbeitsfähigen Juden zwangsverpflichtet und vor allem in der Industrie eingesetzt [wurden], so dass bereits vor Beginn der Deportationen in die Arbeits- und Vernichtungslager im Osten rund 51 000 bis 53 000 Juden zur Zwangsarbeit herangezogen wurden".[213] Ihr Einsatz vor allem im Bereich der Abfallbeseitigung oder der Abwasserwirtschaft hatte dabei eine eindeutig diskriminierende Komponente.[214]

Aufgrund der Überlieferungssituation lassen sich keine exakten Phasen des Fremdarbeitereinsatzes auf den Baustellen von Emschergenossenschaft und Lippeverband ausmachen. Tendenziell zeichnet sich jedoch eine Verschiebung ab: Freiwillige Arbeitsverhältnisse – wie die der holländischen Grenzgänger – wurden seltener, unfreiwillige Arbeitsbedingungen durch den Rückgriff auf Kriegsgefangene nahmen zu. Hier waren es seit den frühen 1940er Jahren vor allem Franzosen, ehe seit Ende 1943 und insbesondere 1944 hauptsächlich russische Kriegsgefangene auf den Baustellen von Emschergenossenschaft und Lippeverband eingesetzt wurden. Damit folgten die örtlichen Bauunternehmen ziemlich genau der im Ruhrbergbau praktizierten Tendenz:[215] Warben sie bis 1941 ihre Arbeiter eher auf freiwilliger Basis an, veränderten die Kriegsereignisse um Stalingrad die Situation drastisch, sodass ab 1942 vor allem Zwangsmaßnahmen zur Gewinnung russischer Arbeiter angewandt wurden.[216] In dieser zweiten Phase standen rassistisch-ideologische Motive der Vernichtung durch Arbeit in eigentümlicher Spannung zu kriegswirtschaftlichen Zwängen.[217] Anders als in anderen Regionen im Deutschen Reich wurden im Ruhrbergbau wie auf den Baustellen von Emschergenossenschaft und Lippeverband in den späteren Kriegsjahren allen ideologischen Bedenken zum Trotz hauptsächlich männliche russische Kriegsgefangen eingesetzt. Das spricht für einen informellen Wissensaustausch unter den Ruhrgebietseliten, innerhalb welcher sich die gute Arbeitsleistung dieser Gruppe herumgesprochen haben musste.[218]

Auch wenn sich also die Phasen des Ausländereinsatzes an Emscher und Lippe in den größeren Rahmen der NS-Kriegswirtschaft im Ruhrgebiet verorten lassen, muss festgehalten werden, dass die Arbeiten an den Baustellen an Emscher und Lippe nicht ausschließlich von ausländischen Arbeitern ausgeführt wurden. Für die Verlegung der Emscher ist beispielsweise belegt, dass circa dreißig Prozent der Arbeiter Kriegsgefangene waren – während etwa der Ruhrbergbau 1944 auf eine im Vergleich niedrigere Zahl von knapp über zwanzig Prozent kam.[219]

Die beiden Beispiele der Verrieselung im Lippegebiet und der Vorflutregulierung durch die Verlegung der Emscher zeigen die Spannbreite der Tätigkeiten und Maßnahmen beider Abwasserverbände in den späten 1930er und frühen 1940er Jahren. Sie geben einen Einblick, wie sich diese den neuen politischen und wirtschaftlichen Bedingungen anpassten und somit erfolgreich langfristig geplante Projekte wie die Emscherverlegung oder auf Dauer angelegte Aufgaben wie die Abwasserklärung recht kurzfristig umsetzten. Auch wenn Emschergenossenschaft und Lippeverband dabei zunächst – wie die meisten Unternehmen mit dem Kriegsbeginn 1939 – mit der Material- und Arbeiterbeschaffung zu kämpfen hatten, machten sie sich die neue Situation schnell zu eigen. Sie nutzten dafür eine zeitgenössisch plausibilisierte Argumentation: Gerade die Kriegswirtschaft, so dieser Begründungsversuch, sei von einer funktionierenden Vorflut und Klärung von Emscher und Lippe abhängig, sodass wichtige Vorhaben auch im Krieg fortgeführt werden müssten. Nur wurden Baumaßnahmen eben jetzt mit anderen Arbeitskräften durchgeführt, die, sofern sie verfügbar (und teilweise auch billiger) waren, auch Kriegsgefangene sein konnten. Auch wenn weder Emschergenossenschaft noch Lippeverband diese ausländischen Arbeiter und Kriegsgefangenen direkt beschäftigten, beeinflussten sie durch die Auftragsvergabe an die Bauunternehmer die Art der Beschäftigung und die Situation der Arbeiter. Dabei überwogen aber Anpassung und Pragmatismus über Passivität oder gar Widerstand.

AUF DER SUCHE NACH EINER NEUEN ROLLE: AUSSENBEZIEHUNGEN IM KRIEG

Die Geschichte der Verrieselung verdeutlicht nicht nur, worin die Hauptaufgaben von Vorflut und Klärung liegen. An ihr kristallisiert sich auch die Position von Emschergenossenschaft und Lippeverband zwischen den beauftragten Unternehmen und den staatlichen Stellen heraus. Seit der Weltwirtschaftskrise und den auf sie folgenden Arbeitsprogrammen wirkten die Verbände nicht länger nur kontrollierend auf die Arbeit ein, sondern traten immer mehr als Ressourcenmanager auf. Dieser Trend setzte sich zur Zeit des Nationalsozialismus fort, auch und gerade weil sich die Emschergenossenschaft und der Lippeverband, wie am Beispiel des Staatskommissars verdeutlicht, nun umso stärker um die Wahrung ihrer Unabhängigkeit bemühten.

Das Schicksal von Harry Vosberg zeigt außerdem, dass die Verbände sich äußeren Einflussnahmen widersetzten, die ihre Handlungsfreiheiten bedrohten. Dennoch profitierten sie seit 1933 weiterhin von den Wirtschaftsprogrammen des NS-Systems: Diverse Begradigungen etwa von Bachläufen oder Deicharbeiten im Lippegebiet wurden Mitte der 1930er Jahre von Arbeitskolonnen das Reichsarbeitsdienstes durchgeführt,[220] viele Maßnahmen durch Darlehen des Reinhardt-Programms erleichtert.[221] Für diese kostengünstigen Darlehen oder Arbeitskräfte ließen sich die Verbände durchaus auch von NS-Organisationen vereinnahmen. Das Richtfest der Kläranlage „Alte Emscher“ etwa wurde 1935 von der gleichgeschalteten NS-Gewerkschaft „Deutsche Arbeitsfront“ (DAF)* propagandistisch in Beschlag genommen. Neben einer überdimensionalen DAF-Fahne am Richtbaum hing der Spruch „Es wird künftig nur einen Adel geben – den Adel der Arbeit“ über der Baustelle, ergänzt durch den Wahlspruch der DAF: „Unser Ziel: die Volks- und Leistungsgemeinschaft aller Deutschen“.

Und auch die Jahresberichte beider Verbände bezeugen, wie diese sich partiell an die neuen Machthaber anpassten, um deren Wohlwollen bemüht waren und ihre Vorstellungen antizipierten. Sie inszenierten Baumaßnahmen als wichtige Errungenschaften für die Volksgesundheit und deuteten der Einsatz von Erwerbslosen als Dienst an der „Volksgemeinschaft“:[222] „Der Vorstand hat auch im Rechnungsjahr 1934 den Kampf der Reichsregierung gegen die Arbeitslosigkeit nach bestem Vermögen unterstützt, um möglichst vielen Volksgenossen Arbeit zu verschaffen.“[223]

Doch trotz dieser Bekenntnisse und allen praktischen Anpassungen an das neue politische System blieben die beiden Verbände an Emscher und Lippe auch nach der Absetzung des Staatskommissars nicht von weiteren Schwierigkeiten verschont. Insbesondere durch gesetzgeberische Initiativen versuchte der NS-Staat, die Verbände stärker zu kontrollieren, indem er ihre Selbstständigkeit zu beschneiden versuchte.

Ein Beispiel hierfür war das sogenannte Wasser- und Bodenverbändegesetz Richard Walther Darrés, des Reichs- und Preußischen Ministers für Ernährung und Landwirtschaft, aus dem Jahre 1937 – kurz das Wasserverbandgesetz. Mithilfe von Einheitssatzungen beeinflusste der Staat die Aufgaben, die Personalpolitik und vor allem die Finanzen der regionalen Wasserverbände. Da

* Die DAF war als größter nationalsozialistischer Verband nach der Zerschlagung der freien Gewerkschaften am 10. Mai 1933 gegründet und 1934 offiziell der NSDAP angeschlossen worden. Oberstes Ziel der DAF, der bis zu 22 Millionen Mitglieder angehörten, war die Erziehung der Arbeitnehmer und Unternehmen im Sinne der NS-Ideologie.

dieses Gesetz deutlich die Stellung der Aufsichtsbehörden gegenüber den Verbänden stärkte, intervenierte der Vorstandsvorsitzende Ramshorn bereits 1936 in der Entwurfphase, um zu verhindern, dass Lippeverband und Emschergenossenschaft unter das neue Gesetz gestellt würden. Er führte die besondere Situation der „großen wasserwirtschaftlichen Industrieverbände" an: Während die meisten Wasser- und Bodenverbände mit längerfristigen landeskulturellen Aufgaben betraut seien, müssten im Industriegebiet aufgrund von Bodensenkungen viel kurzfristigere Maßnahmen von Jahr zu Jahr ergriffen werden.[224] Dennoch hielt die Diskussion nach der Verabschiedung des Gesetzes 1937 an, und Emschergenossenschaft und Lippeverband wurden vom Ministerium zunächst aufgefordert, ihren sondergesetzlichen Status aufzugeben und ihre Statuten an das neue Gesetz anzupassen.[225]

Vielleicht entschieden sich die Verbände 1938 auch wegen dieser statusunsicheren Situation dazu, einen Kulturfilm der damals staatsnahen Universum-Film Aktiengesellschaft (Ufa) über die rechtsrheinischen wasserwirtschaftlichen Verbände finanziell großzügig zu unterstützen.[226] Möglicherweise sahen sie darin einen Weg zu unterstreichen, wie speziell sie und ihr Aufgabenbereich funktionierten. Letztlich zogen sich diese Debatten, bei denen die Machthaber vor allem die Befugnisse für den Oberpräsidenten und den Regierungspräsidenten stärken wollten,[227] bis Anfang der 1940er Jahre hin. Diskutiert wurde die Frage von Selbstverwaltung und staatlichem Einfluss insbesondere mit Blick auf die Hoheit über die eigenen Finanzen der Abwasserverbände.

Aus den Überlieferungen lässt sich nicht mehr rekonstruieren, wie sich die Diskussion nach Kriegsbeginn fortsetzte, letztlich war es den Verbänden aber erneut gelungen, ihre Autonomie weitreichend zu erhalten. Ab 1942 forcierte das Regime einen anderen Weg, um das Finanzgebaren von Emschergenossenschaft und Lippeverband zu beeinflussen: Es ordnete an, dass beide Verbände ihre Finanzabrechnung dem Reichsrechnungshof zur Überprüfung übermitteln mussten. Auch wenn dieser zahlreiche Eigentümlichkeiten in der Abrechnung der Verbände zu beanstanden hatte, blieb es aufgrund des weiteren Kriegsverlaufs bei dieser einmaligen Überprüfung. Dafür sicherte sich im selben Jahr der Generalinspektor für Wasser und Energie per Erlass das Recht, sich die Besetzung freiwerdender Stellen bei Emschergenossenschaft und Lippeverband vorzubehalten.[228]

Mit Kriegsbeginn hatte sich zudem eine deutlich nachweisbare, konkrete und langfristige Veränderung in der Selbstverwaltung der Verbände ergeben: Um die verbleibenden Ressourcen optimal für die Rüstungswirtschaft zu nutzen, waren Unternehmen ab einer speziellen Größe 1940 sogenannte Sparingenieure zugeteilt worden. Diese Maßnahme betraf auch die Bauvorhaben von

Emschergenossenschaft und Lippeverband. Ab September 1940 legte Bauassessor Steindamm bei allen zukünftigen Bauvorhaben ein besonderes Augenmerk darauf, Eisen einzusparen – was sich vor allem auf die Brückenbauarbeiten über den neuen Emscherlauf ausgewirkt haben dürfte.[229] 1941 wurde das Verfahren noch ausgeweitet; nun trat der Sparingenieur nicht nur als Berater bei geplanten Baumaßnahmen auf und unterstützte die Unternehmen bei der Auswahl der anzuordnenden Bauweisen. Vielmehr waren die darin ausgearbeiteten Pläne einer Kommission vorzulegen, die diese auf „äußerste Baustoffersparnis"[230] prüfte und deren Anweisungen Folge zu leisten war. Obwohl der Posten des Sparingenieurs bei der Emschergenossenschaft im NS-Gefüge während des Krieges anscheinend zentrale Funktionen hatte, musste Steindamm 1942 durch Regierungsbaumeister a. D. Wiegmann ersetzt werden – der Krieg hatte auch vor Sparingenieuren nicht haltgemacht, und Steindamm war eingezogen worden.[231]

Aber der Zweite Weltkrieg brachte nicht nur Nachteile für die Bauvorhaben von Lippeverband und Emschergenossenschaft mit sich. Er eröffnete den Verbänden gleichzeitig auch neue Möglichkeiten: Schon vor Beginn des Krieges war es durch die rege Bautätigkeit auch im Rahmen der vom Vierjahresplan vorgesehenen Projekte wie etwa den Maßnahmen am Westwall* zu ersten Engpässen an Arbeitskräften gekommen. Deshalb wurde Ende 1938 Fritz Todt zum Generalbevollmächtigten für die Regelung der Bauwirtschaft ernannt. Der studierte Bauingenieur, der bereit 1922 in die NSDAP eingetreten war, war seit 1933 Generalinspekteur für das deutsche Straßenwesen und hatte in dieser Funktion den Bau der Reichsautobahn geleitet. Jetzt erstellte er zentral Dringlichkeitslisten aller Bauvorhaben, um Material und Arbeitskräfte im Sinne der NS-Kriegswirtschaft zu verteilen.[232] Die EGLV machte nun – ganz wie Krupp es vor dem Krieg getan hatte – die Bedeutung der Arbeiten an der neuen Emscher als Grundlage für die kriegswichtige Montanindustrie im Ruhrgebiet geltend. Sie überzeugten die Organisation Todt – eine paramilitärische Bautruppe, die Todt 1938 gegründet hatte und seither leitete –, dass ihre Baustellen kriegswichtige Bauvorhaben seien, womit sie sich auch im Krieg Ressourcen wie Material und Arbeitskräfte sicherten.

Hierbei ging es also um Aushandlungsprozesse, bei denen die Verbände ihre verbliebene Unabhängigkeit zu nutzten wussten. Gerade in diesen Aus-

* Beim Westwall handelte es sich um ein zusammenhängendes Verteidigungswerk an der deutschen Westgrenze, das 1936 geplant und zwischen 1938 und 1940 errichtet wurde. Es zog sich von Kleve am Niederrhein bis zur Schweizer Landesgrenze. Neben seiner militärischen Bedeutung hatte es für das NS-Regime vor allem auch propagandistischen Wert und gehörte zu den umfangreichsten Bauvorhaben des „Dritten Reichs".

handlungen wird die Position der Verbände als vermittelnde Instanzen zwischen Staat und Privatwirtschaft deutlich – denn nur wenn die Bauvorhaben als kriegswichtig eingruppiert worden waren, bekamen die Bauunternehmen, die wiederum maßgeblich den Baufortschritt mitbestimmten, Ressourcen zugeteilt.

Die vermittelnde Position der Verbände erschöpfte sich mitnichten in der Organisation von Ressourcen im Vorfeld der Arbeiten. Insbesondere im Krieg waren sie auch in den komplexen Organisationszusammenhang involviert, der weiterhin mit der Beschaffung von Arbeitskräften, zu denen jetzt auch Kriegsgefangene gehörten, verbunden war.

Zur Zeit des Nationalsozialismus kam bei der Organisation und Verteilung von Arbeitskräften den Arbeitsämtern als Vermittler eine besondere Rolle zu:[233] Wollten Bauunternehmen zur Ausführung ihrer erteilten Aufträge Arbeitskräfte zugeteilt bekommen, wandten sie sich, wie aus internen Vermerken der Emschergenossenschaft hervorgeht, in der Regel also an die Arbeitsämter, wo auch die Dringlichkeitslisten vorlagen.[234]

Mit Beginn des Zweiten Weltkrieges führte dies immer wieder zu Konflikten zwischen den Unternehmen und den Arbeitsämtern, da schlichtweg nicht genügend Arbeitskräfte zur Verfügung standen. In dieser Situation machten sich die von Emschergenossenschaft oder Lippeverband beauftragten Baufirmen den behördenähnlichen Charakter und die damit einhergehende Autorität der EGLV zunutze, um Druck auf die Arbeitsämter aufzubauen. Diesen Ball spielte die EGLV gerne aus: Ramshorn wandte sich in seiner Eigenschaft als Baudirektor der Emschergenossenschaft beispielsweise im November 1940 an das Arbeitsamt Essen: „Die in den letzten Monaten infolge Einwirkungen des Bergbaus eingetretenen starken Senkungen im Zuge der Berne an der Hafenstraße in Essen erfordern die sofortige Inangriffnahme größerer Schüttungsarbeiten für den Hochwasserschutz des angrenzenden Stadtteils. Die Emschergenossenschaft hat hiermit die Bauunternehmung Joh. Pötters in Essen-Borbeck beauftragt. Um die Arbeiten mit der größten Beschleunigung durchführen zu können, benötigt die Firma 10 Mann. Ich bitte, ihr diese Arbeitskräfte zur Verfügung zu stellen."[235]

Neben persönlichen Interventionen durch Emschergenossenschaft und Lippeverband bei den Ämtern war es seit 1940 der Umweg über die Eingruppierung von Bauvorhaben in die Dringlichkeitsliste, der den nötigen Druck erzeugte und dafür sorgte, dass den beauftragten Bauunternehmen Arbeitskräfte zugeteilt wurden. In Einzelfällen setzten sich aber auch die Bauunternehmer selbst ein. Für die Bauten der Emscherverlegung in Dinslaken etwa startete der Chef des uns bereits bekannten Bauunternehmens Igel 1942 die Initiative, gemeinsam mit Vertretern des Arbeitsamtes Wesel ins Reichskommissariat Niederlande zu fahren, um mit den dortigen Dienststellen über die Zuteilung von niederländischen Arbeitskräften zu verhandeln.[236]

Beschränkten sich die Aufgaben von Emschergenossenschaft und Lippeverband bei der Beschaffung ziviler Arbeitskräfte weitestgehend auf Interventionen bei den entsprechenden Dienststellen, kam für die Verbände mit dem Einsatz von Kriegsgefangenen und anderen unfreiwilligen Arbeitskräften eine weitere Aufgabe hinzu. Für deren Unterbringung mussten nämlich Barackenlager aufgebaut und unterhalten werden. Sie hätten diese Aufgabe auch an die ausführenden Bauunternehmen abgeben können, aus finanziellen Erwägungen entschied sich die Leitungsebene in der Kronprinzenstraße jedoch anders. Mittels einer internen Verfügung beschloss sie im Frühjahr 1942, eigene Baracken zu kaufen:

> Da das Lager aber nach Ablauf dieser Zeit in der Regel noch brauchbar und nicht wertlos ist, ziehen die Bauherrn u. a. der Reichsautobahn häufig vor, das Lager mit aller Einrichtung selbst zu beschaffen und es dem Unternehmer gegen Erstattung der ihm von dem Stalag* gezahlten Unterkunftsgeldern zur Verfügung zu stellen. Diese Regelung dürfte sich auch für die E. G. empfehlen.[237]

So willkommen Kriegsgefangene auch waren, um in den Kriegsjahren die wichtigsten Bauvorhaben voranzutreiben, stellte ihre Unterbringung die beiden Verbände doch auch vor neue Probleme: Woher sollten sie kurzfristig geeignete Baracken – der RAD verlangte, dass sie nach bestimmen Normen gebaut wurden – und Inventar beziehen? Analog zur Auftragsvergabe inserierte die Emschergenossenschaft im April 1942 im *Holz-Zentralblatt*, dem Fachorgan für Sägeindustrie, Holzhandel und Holzverarbeitung, ihr Gesuch nach geeigneten Baracken, „möglichst mit kompletter Einrichtung, für 300 Mann".[238] Dazu gehörten auch „1 Wirtschaftsbaracke, 1 Waschbaracke, 1 Abortbaracke, 1 Vorratsbaracke, 1 Wach- und Wohnbaracke für die Wachmannschaft".[239] Parallel tat sich für das Inventar eine günstige Gelegenheit auf. Just zu diesem Zeitpunkt wurde auf einer Baustelle des Lippeverbandes ein Gefangenenlager in Hamm nicht mehr gebraucht. So fand dessen Inventar eine weitere Verwen-

* „Stalag" ist die im militärischen Sprachgebrauch übliche Abkürzung für die sogenannten Stammlager, in denen die Kriegsgefangenen an die Arbeitskommandos verteilt wurden, Anm. der Autoren.

dung an der Baustelle zum neuen Emscherlauf in Sterkrade, darunter Bänke, Tische, Kleiderhaken – und Gewehrständer.[240]

Während sich die Emschergenossenschaft also selbst um die Beschaffung und Errichtung der Arbeitslager kümmerte, übertrug sie deren Betrieb und Kontrolle – wie aus Abrechnungen hervorgeht – in der Regel den beauftragten Baufirmen. In Sterkrade übernahm die Firma Igel quasi in einem Rundum-Sorglos-Paket aber auch die Beschaffung der geeigneten Baracken – unter der Bedingung, dass die Emschergenossenschaft die dafür benötigten Holzscheine stellte.[241]

Schien die Position der Emschergenossenschaft und des Lippeverbandes zu Beginn der NS-Zeit noch relativ klar abgrenzbar zu den beauftragten Firmen und den kontrollierenden staatlichen Stellen, überlappten sich die Strukturen dieses Beziehungsgefüges zunehmend. Dabei veränderte sich das Geflecht zwischen Auftragnehmern, Auftraggebern und staatlichen Kontroll- und Vergabestellen gerade zur Zeit des Zweiten Weltkrieges. Dieser brachte permanente Kompetenzveränderungen mit sich, sodass sich nachträglich nur schwer konkrete Verantwortlichkeiten für den Zwangsarbeitereinsatz ausmachen lassen.

Während die Emschergenosseschaft und der Lippeverband Baumaßnahmen bei den staatlichen Stellen wie der Organisation Todt als kriegswichtig beantragten und über eine erfolgreiche Eingruppierung Arbeiter und Material zugewiesen bekamen, mussten die für die Bauvorhaben beauftragten Bauunternehmen bei den Arbeitsämtern unter Verweis auf diese Eingruppierung Kriegsgefangene einwerben. Diese kamen zumeist aus Stalags der Wehrmacht, mit denen die Bauunternehmer dann die Löhne abrechnen mussten. Der Emschergenossenschaft kam in diesem komplizierten Beziehungsgeflecht in erster Linie eine vermittelnde Rolle zu.

Mit dem Soziologen Zygmunt Bauman ließe sich hier von einer „Adiaphorisierung“ sprechen.[242] Baumann meinte mit diesem etwas sperrig klingenden Begriff, dass Technologien Menschen moralisch abstumpfen lassen, sie werden in einer Welt, in der Vernunft nur noch technisch ist, für die Frage von Gut und Böse unempfindlich, sie erleben eine „moralische Neutralisierung“.[243] In unserem Fall bedeutet dies, dass in der bürokratisierten Welt, in der die Verbände sich bewegten, eine ethische Bewertung quasi verunmöglicht wurde: Eine direkte Beschäftigung und damit auch Verantwortung für den Einsatz von Kriegsgefangenen von Emschergenossenschaft und Lippeverband treten nur undeutlich hervor, da diese im Räderwerk der beteiligten Unternehmen, Verbände und Behörden verschwindet. Das bedeutet aber nicht, dass Emschergenossenschaft und Lippeverband nicht in die Zwangsmaßnahmen involviert gewesen wären. Ganz im Gegenteil: Sie profitierten von diesen Arrangements, in denen sie in bestimmten Kontexten so gut wie nicht sichtbar waren und nur dann in Erscheinung traten, wenn es für die Durchsetzung der eigenen Agenda nötig war. Damit versetzten sie sich in die Lage, schnell auf wirtschaftliche und eben auch politische Veränderungen zu reagieren und so ihr Bestehen zu sichern.

ZWISCHEN EHRE UND (KRIEGS-)ENDE: VERÄNDERUNGEN IN DER INTERNEN GENOSSENSCHAFTSKULTUR

Emschergenossenschaft und Lippeverband reagierten auf die vielfachen Herausforderungen der neuen politischen Rahmenbedingungen also mit verschiedenen Strategien. Indem sie sich um die Aufrechterhaltung der Vorflut an Emscher und Lippe bemühten und die von der NS-Kriegswirtschaft geforderten Maßnahmen wie Verrieselung, die Extraktion von Phenolen oder schlicht die durchgehende Klärung der Abwässer verwirklichten, inszenierten sie sich wie geschildert als ein unverzichtbarer Teil der nationalsozialistischen Autarkie- und Wirtschaftspolitik. Darüber hinaus versuchten sie sich aber auch als innovative hydrologische Forschungsinstitution dauerhaft unabdingbar zu machen.

Waren vor allen Dingen durch die Forschungsleistung von Hermann Bach die Erfolge der beiden Abwasserverbände auf ihrem Gebiet offensichtlich gewesen, mussten diese ab 1936 anscheinend explizit ausgewiesen werden. Ab diesem Zeitpunkt finden sich in den Jahresberichten beider Verbände an prominenter Stelle Verweise auf Forschungsarbeiten und wissenschaftliche Veröffentlichungen ihrer Mitarbeiter. Die Leistungen der Hydrologen, Ingenieure und Chemiker blieben auch außerhalb der Verbände nicht unbemerkt. 1939 gewann die Emschergenossenschaft zusammen mit der Dortmunder Wasserwerksgesellschaft und dem Lippeverband den Grand Prix auf der Internationalen Wasser-Ausstellung in Lüttich, eine an die Pariser Weltausstellung angelehnte Zusammenkunft der zeitgenössisch bedeutendsten Akteure rund ums Wasser.[244] Diese Auszeichnung kennzeichnete allerdings den vorläufigen Höhepunkt der wissenschaftlichen Arbeiten: Mit Beginn des Zweiten Weltkrieges gingen die Forschungsleistungen deutlich zurück.[245]

Der Kriegsbeginn schlug sich nicht nur auf die Forschungsaktivitäten und die beschriebenen Außenbeziehungen von Lippeverband und Emschergenossenschaft nieder, sondern wirkte sich auch auf die Belegschaft aus. Mit der Mobilmachung und dem Überfall des Deutschen Reiches auf Polen waren erste

Mitarbeiter und Angestellte der beiden wasserwirtschaftlichen Verbände zur Wehrmacht eingezogen worden. Auch dieser Beitrag der Belegschaft am Dienst für das Vaterland wurde in die Jahresberichte aufgenommen. Demnach waren im Frühjahr 1940 bei der Emschergenossenschaft 33 Angestellte und 27 Arbeiter, im Lippeverband 9 Angestellte und 7 Arbeiter zum Heeresdienst einberufen worden.[246] Da sich die Anzahl der Eingezogenen bis 1944 beträchtlich erhöhte – bei der Emschergenossenschaft waren es 70 Angestellte und 58 Arbeiter, beim Lippeverband 17 Angestellte und 10 Arbeiter –, traten gravierende Personalmängel nicht nur auf den Baustellen, sondern auch in der Verwaltung und auf den genossenschaftlichen Anlagen ein, die eine planmäßige Erfüllung der Aufgaben deutlich erschwerten.

Die beiden Verbände reagierten darauf, indem sie zum einen bereits in den Ruhestand versetzte Mitarbeiter wiedereinstellten und zum anderen darauf drängten, schwer zu ersetzende Kollegen als unabkömmlich zu stellen. Dies gelang ihnen in einigen Fällen auch. So konnten beim Lippeverband 1940 immerhin neun „Gefolgschaftsmitglieder", bei der Emschergenossenschaft im selben Jahr sieben Kollegen vom Wehrdienst freigestellt werden – darunter technische Beamte, Streckenmeister und Maschinisten.[247] In diesen Aushandlungen um die „Uk-Stellung" (Unabkömmlichkeitsstellung) kamen den beiden Verbänden ihre fachliche Autorität und ihr behördenähnlicher Charakter zugute, um wichtige Mitarbeiter gegenüber den Reichsstellen der Wehrmacht und deren Einberufungsbescheiden zu verteidigen.

Seit Mitte der 1930er Jahre entwickelten die Verbände verstärkt auch andere Strategien, um ihren Wert für das Vaterland zu unterstreichen: Eine davon war, ihre Baustellen als Schauobjekte der NS-Propaganda zu präsentieren. Während auf dem Richtfest des Pumpwerks „Alte Emscher" wie geschildert die DAF weithin lesbar für ihre Sache warb, wurde in den Innenräumen der Schaltzentrale in großen Lettern der Spruch „Des Führers Wille ist Volkes Gesetz"[248] aufgetragen. Überlieferte Photographien zeigen, wie etwa in Holzwickede beim Richtfest die NS-Flagge gehisst wurde oder an anderen Baustellen Arbeiter – wenn auch nicht immer besonders enthusiastisch – mit Hitlergruß posierten. Zwar mögen solche Aufnahmen auf den ersten Blick eine eindeutige Zustimmung zum Nationalsozialismus suggerieren, die darin festgehaltenen Praktiken stellen jedoch keine Besonderheit dar. Aus dieser Zeit finden wir vom Karneval bis zum Fußball viele Gelegenheiten, diese vermeintlich eindeutigen Bekenntnisse abzugeben. Mitunter ist festgestellt worden, dass es sich dabei oftmals lediglich um Inszenierungen handelte: Die Gesten, Fahnen und Spruchbänder sagen wenig darüber aus, ob und wie sehr die Menschen mit der Politik des NS-Systems übereinstimmten. Sie zeigen vielmehr, wie sie die Erwartungen des Regimes – oder was sie dafür hielten – in einer propagandistisch aufgeladenen Öffentlichkeit zu erfüllen suchten.

Mehr hingegen lässt sich darüber sagen, wie sich die Emschergenossenschaft darum bemühte, als vorbildliches Unternehmen wahrgenommen zu werden. So konnte sie auf einer Vorstandssitzung verkünden, dass sie „am 25. Mai 1941 [...] in der außerordentlichen Tagung der Arbeitskammer Essen [...] mit dem ‚Gaudiplom für hervorragende Leistungen' ausgezeichnet worden"[249] sei.

Um das Gaudiplom mussten sich Unternehmen aktiv bewerben und bestimmte Kriterien der DAF erfüllen. Dieses Gütesiegel war eine Unterkategorie der 1936 ins Leben gerufenen Auszeichnung „NS-Musterbetrieb", die von Adolf Hitler persönlich zur Steigerung des „Leistungskampfes" der deutschen Unternehmen jeweils zum 1. Mai – seit 1933 zum gesetzlichen Feiertag erklärt – vergeben wurde. Vermutlich lobte Hitler den Wettbewerb gleichzeitig mit der Verkündung des Vierjahresplans aus, um den antizipierten Entbehrungen der Arbeiterschaft etwas entgegenzusetzen:[250] Mit der Auszeichnung sollten Anreize für sozialpolitische Verbesserungen in den Betrieben wie eine Verschönerung der Arbeitsplätze gewürdigt werden. 1937 zeichnete Hitler persönlich die ersten dreißig Unternehmen als Musterbetriebe aus, die sich gegen mehrere Tausend Konkurrenten durchgesetzt hatten.[251] Ab 1938 wurde dann auch das Gaudiplom für hervorragende Leistungen verliehen, mit dem in den ersten Jahren mehrere Tausend Betriebe ausgezeichnet wurden.[252] Generell nahm die Vergabe von Auszeichnungen gerade seit Beginn des Zweiten Weltkriegs deutlich zu. So gesehen wurde die Emschergenossenschaft erst relativ spät ausgezeichnet und stach damit auch weniger aus der Masse hervor, als dies bei einer Auszeichnung als NS-Musterbetrieb der Fall gewesen wäre. Es lässt sich nicht eindeutig sagen, inwiefern die Bemühung um das Gaudiplom einer strategischen Anpassung an die wirtschaftlichen Verhältnisse des NS-Systems gleichkam oder ob ideologische und politische Motive hierfür eine Rolle spielten – auch weil ökonomische und ideologische Interessen in der Diktatur weitestgehend zusammenhingen.

Generell bemühten sich viele Unternehmen, die auf Staatsaufträge angewiesen waren, um das Gaudiplom – im Gegensatz zu Firmen, die von Privataufträgen lebten. Die Emschergenossenschaft, die das Auszeichnungs-Siegel zwar stolz auf dem Briefpapier präsentierte und um die Gunst bei staatlichen Stellen buhlte, bevorzugte jedoch bei der Auftragsvergabe selbst keine Bauunternehmen, die ebenfalls das Gaudiplom erhalten hatten oder gar als „NS-Musterbetriebe" geehrt worden waren. Zudem könnte sie die Auszeichnung auch in vorauseilendem Gehorsam angestrebt haben, um einer weiteren direkten Einflussnahme durch die DAF zuvorzukommen.

Das Gaudiplom sollte nicht die einzige Auszeichnung für die Emschergenossenschaft bleiben. 1942 wurde ihr zudem für ihre ausgeübte „Wohnungsfürsorge für die Gefolgschaftsmitglieder von der Deutschen Arbeitsfront der Ehrenschild für ‚Vorbildliche Heimstätten und Wohnungen' in Bronze verliehen".[253]

Trotz solcherlei Auszeichnungen hatte der neuerliche Weltenbrand eindeutig negative Auswirkungen auf die Belegschaft der beiden Abwasserverbände. Im Verlauf der Kriegshandlungen kehrten längst nicht alle einberufenen Kollegen von ihren Einsätzen zurück. Insgesamt ließen 44 Mitarbeiter der EGLV ihr Leben auf den Schlachtfeldern:[254] Ihnen versprachen die beiden Verbände ein „unvergessenes Andenken".[255] Aber auch der einberufenen Mitarbeiter, die von ihren Einsätzen zurückkehrten, wurde in den Kriegsjahren gedacht: So oblag es dem Vorstand, die eigenen Angestellten und Arbeiter mit dem Kriegsverdienstkreuz oder der Kriegsverdienstmedaille zu ehren. Diese Maßnahmen zur Aufrechterhaltung der Moral blieben aber nicht nur auf Kriegsteilnehmer beschränkt: Bereits 1938 hatte Adolf Hitler „aus Anlass der fünften Wiederkehr des Tages der nationalen Erhebung [...] als Anerkennung für treue Arbeit im Dienste des Deutschen Volkes das Treudienst-Ehrenzeichen"[256] gestiftet, das Beamte, Angestellte und Arbeiter für eine 25-jährige (silbern) oder gar 40-jährige Dienstzeit (golden) erhalten konnten. Hiermit wurden vor allem Mitarbeiter der Emschergenossenschaft ausgezeichnet, die ja deutlich früher als der Lippeverband gegründet worden war: Bis 1942 wurde 13 Mitarbeitern das goldene und 136 das silberne Ehrabzeichen verliehen – was zusammen ungefähr 75 Prozent der Belegschaft entsprach und dementsprechend stolz im Jahresbericht von 1941 erwähnt wurde.[257] Auch diese Ehrungen zielten darauf ab, die Moral der Belegschaft – und die der kriegsgeplagten Bevölkerung insgesamt - zu erhalten. Denn gerade zwischen Rhein und Ruhr flogen britische Flugzeuge ab 1940 erste Bombenangriffe, die zur permanenten Bedrohung für Leib und Leben der Menschen wurden.

Der Luftkrieg veränderte auch die Aufgaben der beiden Abwasserverbände. Jetzt ging es nicht mehr nur darum, den laufenden Betrieb sicherzustellen: Mit der Kriegsschädenbeseitigung kam ein neues, sehr dringliches Problem dazu. Es galt, Fliegerbomben zu beseitigen, getroffene Anlagen oder Brückenbauwerke schnell zu reparieren und die Bach- und Flussläufe von Schutt und Munitionsresten zu befreien. Hierzu mussten die Verbände wie jedes andere Unternehmen auch ihre Schäden umgehend bei den lokalen Stellen melden, um Material und Arbeitskräfte gestellt zu bekommen. Bis 1943 verzeichnete beispielsweise die Emschergenossenschaft 430 Bombenschäden an ihren Anlagen und Gebäuden. Auch deshalb entschied der Vorstand in diesem Jahr, wie geschildert die Akten und die Kasse zu sichern: Er verlegte Teile der Buchhaltung und Finanzverwaltung nach Brakel bei Höxter in Ostwestfalen. Wertvolles Mobiliar und Aktenmaterial verbrachte er in die Nähe von Lemgo und Osnabrück.[258]

Als der Luftkrieg im Ruhrgebiet immer größere Schäden an Gebäuden und infrastrukturellen Einrichtungen hinterließ, reichte es zur Fliegerschädenbeseitigung bald nicht mehr, die Arbeitskräfte des oftmals herangezogenen Hilfsdienstes einzusetzen. Kurzerhand zog man die Arbeiter der Organisation Todt, die auf Baustellen der Emschergenossenschaft eingesetzt wurden, ab, damit sie bei den Aufräumarbeiten halfen. Hier stieß also der Vorteil, den die EGLV aus den NS-Zwangsmaßnahmen gezogen hatte, an seine Grenzen. Auch deshalb stagnierten die Arbeiten auf den meisten Baustellen im Lauf des Jahres 1944. Nur an wenigen Orten zur Emscherverlegung wurde bis kurz vor Kriegsende weitergebaut – vor allem unter Einsatz russischer Kriegsgefangener.[259] Gerade mit Blick auf die Bautätigkeit, aber auch auf die seit Anfang der 1940er Jahre dort beschäftigten Arbeiter, stellte das Kriegsende im Mai 1945 nur bedingt eine Zäsur dar – ähnlich wie die Kapitulation des Deutschen Reiches für die Organisation der Verbände an Emscher und Lippe. Das galt ebenso für ihr Selbstverständnis als Teil einer „bürgerlichen Gesellschaft" im Sinne Hegels, wie wir sie eingangs erwähnt haben: Es war Emschergenossenschaft und Lippeverband gelungen, ihren genossenschaftlichen Charakter durch eine verlässliche Erfüllung ihrer Aufgaben zu wahren. Alle Versuche des NS-Regimes, den Kern der EGLV infrage zu stellen, hatten vielmehr dazu geführt, dass er sich stabilisierte. Das daraus abgeleitete Selbstbewusstsein stellte auch nach Kriegsende eine wichtige Ressource für die Arbeit der Verbände in einer ungewissen Zukunft dar.

Abb. 4 Anpassungsfähig wie die EGLV: Dieser Typus von „Einheitsbaracke“ – hier ein Foto aus Heeßen – wurde zu unterschiedlichsten Zwecken bei den Abwasserverbänden in den 1940er Jahren eingesetzt.

4. PROVISORIEN UND EIN NEUES POLITISCHES SYSTEM: DIE VERBÄNDE ZWISCHEN KRIEGSENDE UND NACHKRIEGSZEIT

Der Moltkeplatz im Essener Südviertel liegt unweit des Hauptsitzes von Emschergenossenschaft und Lippeverband. Zu Fuß erreicht man ihn von der Kronprinzenstraße aus bequem in fünf Minuten. Er ist allerdings, wie Kenner der Stadt wissen, trotz seines Namens im engeren Sinne gar kein Platz. Es handelt sich stattdessen um einen Straßenzug entlang einer Grünanlage, die zu Beginn des 20. Jahrhunderts von dem prominenten Landschaftsarchitekten Otto Linne angelegt worden war.

Der Moltkeplatz sollte, wie es für Parkanlagen im Reformstädtebau um 1900 typisch war, der Durchlüftung der Stadt und der Erholung ihrer Bewohner dienen. Eine Adresse an dem kleinen Park galt seit den 1910er Jahren unter den wohlhabenden Bürgern Essens als äußerst begehrenswert. Nur den solventesten unter ihnen gelang es, sie zu erhalten. So errichtete etwa Heinrich Koppers, Eigentümer des gleichnamigen Ofenbau-Unternehmens, nicht nur die Verwaltung seiner Firma am Moltkeplatz, sondern auch sein Wohnhaus. Repräsentative Villen waren das Domizil ähnlich gut situierter Essener, einer privaten Frauenklinik und der Baugewerkschule. Auch bei den Bewohnern angrenzender Viertel war der Moltkeplatz beliebt, denn in den großzügigen Grünanlagen befanden sich neben einem Kinderspielplatz auch Tennisplätze und andere Sportanlagen.[260] Im Frühling, Sommer und Herbst suchten sie diese Flächen zur körperlichen Ertüchtigung auf, im Winter setzte die Stadt sie unter Wasser und verwandelte sie in eine Eislaufanlage, auf der die Kinder vor eindrucksvoller Kulisse ihre Runden zogen.[261]

Während des Zweiten Weltkriegs veränderte sich die Bedeutung, die dem Moltkeplatz für die Essener Bevölkerung zukam. Statt für Naherholung und vornehmes Wohnen stand er zunehmend für die Realitäten des Luftkriegs, denn unter dem Platz war ein großer Schutzbunker eingerichtet worden. Nach Kriegsende wandelte sich seine Gestalt abermals. Der Platz spiegelte nun nicht mehr nur die Folgen der Zerstörung durch den Bombenkrieg, sondern auch die Nöte der unmittelbaren Nachkriegszeit. Dem Beobachter, der mit dem ursprünglichen Moltkeplatz vertraut war, bot sich im Frühjahr 1946 ein bizarres Bild: Durch Bombardierungen waren die angrenzenden Villen größtenteils zerstört worden. Die ehemals gepflegten Grünflächen waren zu improvisierten Kleingärten umgewandelt worden. In der Nachkriegszeit war Subsistenzwirtschaft dieser Art weit verbreitet. Angestellte der Emschergenossenschaft hatten beispielsweise die Möglichkeit, auf dem Gelände des Verbandes Gemüse und Obst anzubauen.[262] Auf dem Moltkeplatz hielten Essener Familien zusätzlich Kleinvieh. Zwischen den Kleingärten waren nach wie vor die oberirdischen Anlagen des Luftschutzbunkers zu erkennen.[263]

Inmitten der Überreste und Parzellen erhoben sich schließlich seit dem Frühjahr 1946 auf den ehemaligen Tennisplätzen zwei große, abgenutzte Holzbaracken.[264] Bei diesen Gebäuden handelte es sich um ehemalige Unterkünfte russischer Kriegsgefangener, die zuvor im ländlichen Essen-Heidhausen, tief im Süden der Stadt, gestanden hatten. Dort waren sie abgebaut und in ihre Einzelteile zerlegt in das Südviertel abtransportiert worden. Obwohl dieser Prozess die Baracken sicherlich nicht verschönerte, brachte er einen entscheidenden Vorteil mit sich, wie sich Helmut Carp, seit 1938 Leiter des Vorflutdezernats, erinnerte: Im Verlauf des Ab- und Wiederaufbaus hatte sich der ehemals darin herrschende Gestank größtenteils aus dem Baumaterial verflüchtigt.[265] In dieser wenig repräsentativen und unkomfortablen Unterkunft wurde nun gelenkt, was auch in der chaotischen Nachkriegszeit als unverzichtbar angesehen wurde: die Arbeit der Emschergenossenschaft und des Lippeverbandes.

MANGEL UND VORZUGSBEHANDLUNG: DIE VERBÄNDE IN DEN LETZTEN KRIEGSMONATEN UND IN DER FRÜHEN NACHKRIEGSZEIT

Die Arbeitsbedingungen mögen alles andere als angenehm gewesen sein, aber die beiden Holzbaracken auf dem Moltkeplatz stellten ein großes Privileg für die Verbände dar. Längst nicht allen Unternehmen und Organisationen in Essen war es vergönnt, zerstörte Verwaltungs- und Bürogebäude in der frühen Nachkriegszeit ersetzen zu können. Nichts anderes war nämlich der Auslöser für den Umzug der Verbände in die Baracken gewesen: Durch Luftangriffe war der Hauptsitz der Emschergenossenschaft in der Kronprinzenstraße größtenteils zerstört worden. In einem besonders schweren Angriff auf die Stadt Essen am 11. März 1945 wurde das Haus von insgesamt elf Bomben getroffen. Acht davon explodierten. Zehn weitere Treffer hatte das Gebäude bereits eingesteckt,[266] und bei Kriegsende im Mai waren nur wenige Räume in Erdgeschoss erhalten und als Büro nutzbar.[267] Nicht nur für die Verwaltung, auch für die unterschiedlichen technischen Abteilungen bedeutete dies empfindliche Einschränkungen, zumal auch noch die Heizung ausgefallen war.[268]

Neun Monate nach Kriegsende, im Februar 1946, vereinbarte die Emschergenossenschaft mit der Stadt Essen zunächst einen Pachtvertrag über das Grundstück am Moltkeplatz, auf dem die Tennisplätze lagen.[269] Dennoch blieb die Situation prekär, und nicht alle Angestellten konnten untergebracht werden. In den folgenden Monaten mietete die Emschgenossenschaft deshalb als weitere Behelfsunterkünfte auch die Räume eines Kegelvereins an.[270]

Dass die Verbände eine hervorgehobene Stellung genossen, hatte sich bereits in den letzten Kriegsmonaten gezeigt. Auch im zunehmenden Chaos der näher rückenden Fronten, das in allen Wirtschaftszweigen mit beträchtlichen Material- und Personalengpässen einherging, waren die Baumaßnahmen der EGLV vergleichsweise lange unbeeinträchtigt geblieben. Helmut Carp erinnerte sich rückblickend an die „gute Versorgung mit Benzingutscheinen von Berlin aus“, die bei den Arbeiten an der Emscherverlegung auch im Krieg „manche Schwierigkeiten zu überwinden erlaubte“.[271] Die gute Position der Verbände ging zum Teil auf den Beschluss des Reichsbevollmächtigten für die Bauwirtschaft, Fritz Todt, zurück. Er hatte 1939 verfügt, dass Bauarbeiten der Wasserwirtschaft zu den der Kriegsführung dienenden Maßnahmen zählten.[272] In Berufung auf diesen Status konnte die EGLV wie geschildert bevorzugt Ressourcen beziehen, zumal die Arbeitsämter angewiesen waren, den Bauherren Arbeitskräfte zuzuweisen.[273] Für die Verbände war dieser Status zwar ein erheblicher Vorteil, allerdings ging mit ihm auch zusätzlicher Verwaltungsaufwand einher. Als Bauherren oblag es ihnen, Arbeitskräfte und Baustoffe zu beantragen, nachdem ihnen von den Bauunternehmen entsprechender Bedarf mitgeteilt worden war.

Mit zunehmender Knappheit der Ressourcen wuchs für den Generalbevollmächtigten die Notwendigkeit, Abgaben im Voraus zu planen. Die Verbände waren jetzt aufgefordert, monatlich Angaben über den zu erwartenden Bedarf an bestimmten Stoffen zu machen, was einigen Koordinationsaufwand erforderte. Im Mai 1940 etwa informierte die Emschergenossenschaft die Behörde über den voraussichtlichen Treibstoffbedarf von zehn unterschiedlichen Baufirmen.[274] Im Gegenzug erhielt sie ein Treibstoffkontingent zugesprochen, über das sie frei verfügen konnte – für die traditionell auf Autonomie bedachte Emschergenossenschaft ein nicht zu unterschätzender Vorteil, der es ihr ermöglichte, innerhalb ihrer eigenen Bauprojekte Priorisierungen vorzunehmen: Im Juli 1940 beispielsweise beantwortete sie die Treibstoff-Anfrage des an der Aufhöhung der Emscherdeiche arbeitenden Bauunternehmers Ed. Schniering abschlägig: Sie ließ ihn wissen, dass zunächst der Betrieb der Pumpwerke sichergestellt werden müsse und das zugeteilte Benzin vorrangig diesen Anlagen zukomme.[275]

Je näher das Kriegsgeschehen dem Emschergebiet rückte, desto gravierender wurden die Beschaffungsprobleme und der Arbeitskraftmangel[276] und desto stärker spitzte sich die Lage zu, da Produktionsstätten und Transportwege immer häufiger nur eingeschränkt nutzbar waren. Zwar übernahmen jetzt im ganzen Reich Frauen einen Teil der Aufgaben, die Männer vor dem Krieg in Fabriken ausgeführt hatten. Die Berichte der Verbände erwähnen solche Ersatzkräfte jedoch nicht, was sicherlich mit der Natur der Arbeiten zusammenhängt. Schließlich erforderten die Maßnahmen entweder besonders viel Körperkraft oder aber technisches Spezialwissen, das ohne die entsprechende Ausbildung – traditionell in einem stark männlich dominierten Feld – nicht erlangt werden konnte.

Der Mangelzustand führte dazu, dass Bombenschäden nicht mehr ausgebessert werden konnten und die betroffenen Anlagen dauerhaft außer Betrieb blieben. Der ehemalige Pumpwerkstechniker Hyacinth Andres berichtete von wiederholten und massiven Schäden in der Nähe von Industrieanlagen. Das Pumpwerk Gladbeck-Brauck beispielweise blieb, so Andres, aufgrund von Bombentreffern „bis zum Ende des Krieges außer Betrieb". Infolgedessen kam es zu „Überflutungen des Einzugsgebietes". Auch die 17 Entphenolungsanlagen der Emschergenossenschaft, ursprünglich ein Aushängeschild ihrer technischen Kompetenz, wurden getroffen und stellten nach und nach ihre Arbeit ein. Da mit den angeschlossenen Kokereien jedoch auch die Unternehmen, von denen das zu reinigende Abwasser kam, in großem Umfang zerstört waren, fiel die resultierende Umweltbelastung gering aus.[277] Nicht so im Bereich der Abwasserklärung: Die Kläranlagen im Emschergebiet gehörten zu den am häufigsten angegriffenen, allein die Anlage in Essen Nord wurde 64 Mal getroffen. Noch schlimmer erging es der Emscherflusskläranlage, die allein bei einem einzigen Angriff 155 Mal getroffen wurde. Die Hälfte der 23 Kläranlagen der Emschergenossenschaft erlitt signifikante Schäden durch Bombentreffer, was dazu führte, dass der Kläreffekt im Emschergebiet auf zehn Prozent sank und große Mengen ungeklärten Abwassers in den Rhein geleitet wurden.[278]

Zudem waren neu begonnene Projekte der Emschergenossenschaft in ihrem Fortgang eingeschränkt. Die Arbeiten am Pumpwerk Essen-Hafenstraße etwa mussten nach einem Bombentreffer pausieren. Durch die „Zerstörung der elektrischen Leitungen", so erinnerte sich Andres, war „die Wasserhaltung nicht mehr möglich"; die Baugrube wurde überflutet und die Arbeiten konnten erst 1949 weitergeführt werden.[279]

Im Vergleich mit der Emschergenossenschaft hatte der Lippeverband den Luftkrieg besser überstanden. Seine Anlagen befanden sich größtenteils nicht im Umfeld der industriellen Zentren, die in der Regel die Hauptziele für die Bombenangriffe darstellten. Erst in den letzten Kriegswochen nahm die Zerstörung auch im Lippegebiet dramatisch zu. Trotzdem konnte Baudirektor Ramshorn im ersten Jahresbericht, den er nach Kriegsende gebündelt für die Zeit von 1945 bis 1947 verfasste, verlautbaren, dass kein Pumpwerk des Verbandes zu Schaden gekommen war. Lediglich zwei Kläranlagen und eine Entphenolungsanlage waren zerstört worden. Dazu kamen einige andere Anlagen, die unterschiedlich stark beschädigt waren, deren Betrieb aber aufrechterhalten werden konnte. Da jedoch Brückenschäden und nicht durchgeführte Instandhaltungsarbeiten die Vorflut bedrohten, sah sich auch der Lippeverband genötigt, nach Kriegsende schnell wieder Bauarbeiten aufzunehmen. Diese Aufgabe wurde nicht nur durch den Mangel an Arbeitskräften, Baustoffen und Gerät erschwert, sondern auch durch die fehlende Büroinfrastruktur: Das Verwaltungsgebäude des Lippeverbandes in Dortmund war ebenfalls stark zerstört worden. Nur noch 190 Quadratmeter des etwa 1000 Quadratmeter umfassenden Hauses waren noch nutzbar. Bis zum Frühjahr 1948 wurden lediglich weitere 120 Quadratmeter wiederhergestellt, sodass zu diesem Zeitpunkt nur ein knappes Drittel des Gebäudes zu Verfügung stand.

UNGLEICHE ZWANGSGEMEINSCHAFT: DIE BEZIEHUNG ZWISCHEN DEN VERBÄNDEN UND DER BRITISCHEN MILITÄRREGIERUNG

Die politische Umwelt, innerhalb derer die Verbände nach der Kapitulation des Deutschen Reiches agierten, hatte sich radikal gewandelt: Nach Kriegsende teilten die Alliierten das besetzte Deutschland in vier Besatzungszonen. Die Einigung zu diesem Schritt war bereits im Februar 1945 auf der Konferenz von Jalta erzielt worden. Am 5. Juni wurde die Teilung durch die Berliner Erklärung* rechtskräftig, und die vier Siegermächte übernahmen in ihren jeweiligen Besatzungsgebieten die Regierungsgewalt. Die britische Besatzungszone erstreckte sich über das Gebiet des heutigen Nordrhein-Westfalens, Schleswig-Holsteins und Niedersachsens und schloss auch Hamburg mit ein. Allerdings entstanden diese Bundesländer erst nach der Regierungsübernahme durch die Briten.[280] Mit ihr ging teilweise eine Neugliederung der besetzten Gebiete in verschiedene Provinzialdistrikte und Bezirke einher. Für die EGLV war zunächst entscheidend, dass nun die britische Militärregierung die oberste Regierungsgewalt sowohl im Emscher- als auch im Lippegebiet ausübte. Damit war sie der wichtigste Ansprechpartner in allen Fragen, die politischer Unterstützung und offizieller Genehmigungen bedurften.

* Mit der Berliner Erklärung, auch Berliner Deklaration genannt, übernahmen die alliierten Siegermächte des Zweiten Weltkriegs gemeinsam die Regierung in Deutschland, zu deren Koordinierung der Alliierte Kontrollrat begründet wurde. Anhand von fünfzehn Forderungen der Alliierten an das besetzte Deutschland begründete das Dokument die Grundlage der Deutschlandpolitik der Siegermächte.

Die Verbände bekamen schnell Kontakt zur zukünftigen Militärregierung. Schon vor dem offiziellen Kriegsende fanden Besprechungen zwischen Vertretern der Verbände und der amerikanischen und britischen Besatzungsarmee statt.[281] Einer Sitzung im April 1945 wohnte mit dem amerikanischen Oberstleutnant E. F. Twomey laut Sitzungsprotokoll „ein guter Bekannter von Dr. Imhoff" bei, dem ehemaligen Vorsitzenden des Ruhrverbandes. Im Wesentlichen informierten sich die Amerikaner über die aktuellen Aufgaben und Herausforderungen von Emschergenossenschaft und Lippeverband. Die beiden ebenfalls anwesenden Offiziere zeigten, so hält das Protokoll weiter fest, „ein außerordentliches Verständnis für die Spezialaufgaben der Emschergenossenschaft und erklärten sich bereit, dort helfend einzuspringen, wo es als notwendig erschien, insbesondere, wenn es sich um Transporte, Material usw. handele".[282]

Einen Monat nach diesem Treffen ordnete die Besatzungsarmee für die künftige britische Besatzungszone Maßnahmen an, die aus ihrer Sicht keinen Aufschub duldeten. Dazu gehörte auch die Wiederaufnahme der Arbeiten an der Emscherverlegung – die Gefahr einer Überschwemmung und die damit einhergehenden infrastrukturellen und gesundheitlichen Folgen sollten unbedingt vermieden werden.[283]

Der Austausch zwischen der Militärregierung und der Emschergenossenschaft intensivierte sich in den folgenden Monaten, Gleiches galt für den Lippeverband. Zunächst wurde den Verbänden ein amerikanischer Verbindungsoffizier zugeordnet, ein gewisser „Mr. Stevens".[284] Die Militärregierung konzentrierte sich nach dem offiziellen Beginn ihrer Tätigkeit zunächst darauf, einen Überblick über die vorhandene Infrastruktur in der Besatzungszone zu gewinnen. Den Wasserwegen und der Industrie kamen dabei ebenso vorrangige Bedeutung zu wie der Frage nach den hygienischen Verhältnissen in der Bevölkerung – bekanntlich Themen, die den Aufgabenbereich der Emschergenossenschaft und des Lippeverbandes seit deren Gründung im Kern berührten.

Für die Briten waren die beiden Wasserverbände ohnehin keine unbekannten Größen. Wie im Deutschen Reich auch, waren in Großbritannien zu Beginn des 20. Jahrhunderts die gesundheitlichen Folgen ungenügender Abwasserklärung diskutiert worden. 1927 hatten das britische Gesundheits- und das Landwirtschaftsministerium einen gemeinsamen Ausschuss für die Untersuchung von Wasserverschmutzung gebildet, das Water Pollution Research Board. Dieses Gremium förderte in erster Linie die Forschung an britischen Universitäten und koordinierte Untersuchungen an einzelnen Flüssen. Es beobachtete aber auch technische Neuentwicklungen und wissenschaftliche Diskussionen über die Grenzen des Vereinigten Königreichs hinaus – unter anderem am Beispiel der deutschen Abwasserwirtschaft.[285] So reiste etwa der leitende Direktor des

Boards, Harry Thornton Calvert, im Juni 1939 – zwei Monate vor dem deutschen Überfall auf Polen – nach Stuttgart, um an einer Konferenz über Abwasserfragen teilzunehmen. Calvert äußerte sich enthusiastisch über die Tagung, auf der unter anderem auch die Nutzung von Abfallprodukten und die geplante Zusammenlegung der Wasserverbände diskutiert wurden – Themen also, die auch in der Geschichte der EGLV eine große Rolle spielten.[286]

Im Frühsommer 1945 stellte die Militärregierung zügig grundlegende Regeln für die Arbeit der Wasserverbände auf. In einem nur zweieinhalb Wochen nach der Berliner Erklärung verfassten Schreiben übergab sie die Verantwortung für die damit zusammenhängenden Aufgaben zunächst an Oberbaurat Wolle, der als Angestellter der Regierung Münster schon vor dem Krieg an den Vorstandssitzungen der Verbände teilgenommen hatte. Sie betraute Wolle damit, eine verlässliche Personalstruktur in den Verbänden zu etablieren und mit den Verantwortlichen einen kontinuierlichen Austausch aufzubauen. Dabei sollte er besonderes Augenmerk darauf legen, dass „alle Beamten der Wasserwirtschaft und Kanalisation, sowohl privat als auch öffentlich, geeignet für diesen Posten und gleichzeitig der Militärregierung angenehm" seien. Nicht zuletzt definierte sie in ihrem Schreiben die Rolle, die ihr selbst in Hinsicht auf die Wasserwirtschaft zukommen sollte: „Die Militärregierung *kontrolliert* die Wasserversorgung und Kanalisation, aber leitet sie nicht selbst, falls nicht ihre direkte Verwaltung notwendig wird."[287] Mit dieser Erklärung war also auch die Rolle der Emschergenossenschaft und des Lippeverbandes abgesteckt: Ihnen fielen dieselben Aufgaben zu wie vor dem Kriegsende.

Oberbaurat Wolle nahm schon bald mit den beiden Verbänden Kontakt auf. Eines seiner ersten Anliegen bestand darin, eine Zusammenstellung der wichtigsten Reparaturarbeiten in ihren jeweiligen Gebieten zu erhalten, eine Bitte, der die EGLV Ende Juli 1945 nachkam.[288] Wie zentral die Frage der Abwasserbehandlung aus britischer Sicht war, zeigt ein zusätzlicher Report, den das Joint Intelligence Bureau, ein Geheimdienst unter Führung des Verteidigungsministeriums, im Herbst 1945 vorlegte. Ausführlich schilderte der Bericht die industrielle Substanz der unterschiedlichen Regionen im Rhein-Ruhr-Gebiet und die jeweils zuständigen Körperschaften. Wenig überraschend fielen Emschergenossenschaft und Lippeverband in der Darstellung prominente Rollen zu. Der Report ging detailliert auf die vorhandene Infrastruktur ein – Kläranlagen, Pumpwerke und weitere Anlagen – und fasste ihre Leistungsfähigkeit zusammen.[289] Gegenüber den Berichten, die von den Verbänden selbst vorgelegt wurden, hatte aber die Zusammenstellung des Geheimdienstes einen entscheidenden Nachteil: Sie bezog sich größtenteils auf Dokumente aus den Jahren 1929 bis 1931 und konnte nichts darüber sagen, wie beeinträchtigt die Anlagen aktuell waren.[290] Derlei Detailwissen war in Ämtern und Behörden nicht zu finden, sondern nur in den Akten der Verbände gebündelt. Dort wiederum waren Dokumente an verschiedenen Orten gelagert, einen Überblick hatten nur die Mitarbeiter. Ihre Verfügungsgewalt über aktuelle technische Informationen war ein wesentlicher Grund für die Briten, eine gute Zusammenarbeit mit der EGLV anzustreben.

Das nur bei den Verbänden konservierte Wissen über ihre Anlagen zeigte sich auch in persönlichen Treffen mit Angehörigen der Militärregierung. Nachdem Emschergenossenschaft und Lippeverband auf ihr Geheiß die notwendigen Reparaturarbeiten an ihren Anlagen zusammengestellt hatten, suchte „der englische Zivilingenieur Wilkinson von der Regierung Arnsberg" die Emschergenossenschaft im Sommer 1946 mehrmals auf, wo er von Baudirektor Ramshorn empfangen wurde. Wilkinson wollte wissen, ob bereits ein Teil der beschriebenen Reparaturen erledigt worden sei. Ein besonderes Anliegen war ihm der Zustand der Pumpwerke, allerdings erwiesen sich seine eigenen Unterlagen als lückenhaft:

> Er trug die Lage der Pumpwerke in seine Karte ein. Da der Maßstab seines Planes aber zu klein war, erbat er noch Plan 1 und Plan 5 aus der Planmappe und erhielt ferner noch einen Durchschlag ‚der notwendigen Wiederherstellungsarbeiten der beiden Verbände' vom 25.6.1945, in welchem die einzelnen Bauvorhaben eingetragen sind.[291]

Obwohl Wilkinson Ramshorn formal übergeordnet war, zeigte diese kurze Begegnung, wie es um die tatsächliche Beziehung zwischen den beiden Männern bestellt war. Ohne die Dokumentation, das Fachwissen und die Ausstattung der Verbände hätte die Militärregierung beträchtliche Schwierigkeiten, einen umfassenden Überblick über die Lage der Abwasserwirtschaft zu erlangen.

Ramshorn nutzte die Besuche von Wilkinson darüber hinaus mindestens einmal, um auf dem kurzen Dienstweg konkrete Unterstützung zu erbitten. Nach einem Treffen im Juli 1946 vermerkte er: „Sodann übergab ich ihm einen ‚Antrag für den Ankauf eines Kraftfahrzeuges'. Es handelt sich um den für Dortmund vorgesehenen Opel-Wagen, für welchen die Fahrbereitschaft in Dortmund die notwendige Befürwortung nicht geben will." Wilkinson versprach Ramshorn, die Angelegenheit zu übernehmen.[292]

Diese Umkehr der Machtverhältnisse in einem Treffen, in dem eigentlich die Emschergenossenschaft in die Pflicht genommen werden sollte, zeigt ein Muster, das sich im Folgenden etablierte und bewährte. Die Vertreter der Verbände nutzten zunehmend den direkten Kontakt zu Angehörigen der Militärregierung, um die Abläufe für die eigenen Baustellen zu vereinfachen. Die gewährten Privilegien dienten schließlich immer auch den Zielen der Briten selbst – einem möglichst reibungslosen Wiederaufbau der Abwasserwirtschaft.

Auch strukturell verbesserte sich die Lage der Verbände in den folgenden Monaten. So wurde die Emschergenossenschaft zu Beginn des Jahres 1946 an die Versorgungszentrale des Deutschen Kohlebergbaus angeschlossen, eine im Sommer 1945 von der britischen Militärregierung installierte Vermittlungsinstanz in Essen-Heising, die sich um die bessere Verteilung der dringend benötigten Ressourcen kümmerte. Laut Ramshorn brachte dieser Schritt eine „außerordentliche Besserung in der Versorgung mit Bau- und Betriebsstoffen" mit sich.[293] Da die Anlagen der EGLV direkt den angeschlossenen Kommunen und Industrieunternehmen zugutekamen, wurde der Wiederaufbau teilweise auch direkt von diesen unterstützt. So sicherte der Gelsenkirchener Oberbürgermeister Robert Geritzmann der Emschergenossenschaft im Mai 1946 Eisen aus den Kontingenten der Stadt zu, damit diese eine Brücke in Gelsenkirchen-Horst reparieren und so die Zufahrt zur Kokerei Nordstern wiederherstellen könne. Auch Pfähle hatte der Oberbürgermeister bereits aus städtischen Beständen auf die Baustelle geliefert.[294]

Zehn Monate nach Kriegsende war in der Rheinprovinz trotzdem die Baustoffsituation noch immer stark eingeschränkt und der Mangel an Arbeitskräften weiterhin enorm. Militärregierung und lokale Politik wollten die Bauprojekte unter eine umfassende zentrale Lenkung stellen, um weitestgehend Zugriff auf die Verteilung der Arbeiter und Ressourcen zu erlangen. Nach Gesprächen mit der britischen Militärregierung ordnete der Oberpräsident der Nord-Rheinprovinz im März 1946 an, dass für alle Bauvorhaben, bei denen mehr als zwei Arbeitskräfte eingesetzt würden, beim zuständigen Regierungspräsidenten eine Genehmigung einzuholen sei. Bei Vorhaben, die sich auf Gebiete mehrerer Regierungsbezirke erstreckten, waren Genehmigungen aller zugehörigen Regierungspräsidenten notwendig. Nach dieser Anordnung durften Baumaterialien, genauer: „Mauerziegel, Zement, Kalk, Gips, Dachziegel, Dachpappe, Leichtbauplatten und Bauglas", zudem nur bei Vorlage eines Baubezugsscheins erworben oder gehandelt werden.[295]

Für die Wasserverbände war diese Anforderung mit einem erheblichen Verwaltungsaufwand verbunden, denn sie mussten den von ihnen beauftragten Baufirmen regelmäßig bescheinigen, dass ihre Arbeit tatsächlich notwendig war. Zudem bewirkte der langwierige Antragsprozess, dass sich der Beginn der Bauarbeiten verzögerte. Beide Aspekte lassen sich gut an folgendem Beispiel aus dem Frühjahr 1946 erkennen.

Im März beantragte der Bauunternehmer B. Kellerhaus aus Gelsenkirchen beim dortigen Arbeitsamt zwanzig Arbeiter, um die Kriegsschäden am Schwarzbach zu beseitigen. Dafür benötigte die Baufirma ein sogenanntes *Sponsoring Certificate for the Employment of Civil Labour*, also eine Bescheinigung darüber, dass der Einsatz der Arbeitskräfte tatsächlich begründet war. In einem ersten Schritt musste der Unternehmer in das Formular eintragen, welche Aufgaben konkret zu erledigen waren. Kellerhaus führte dazu aus: „Beseitigung von starken Kriegsschäden an Böschungen, Deichen und Sohlen des Schwarzbaches, Leither Baches und des Hauptkanals Gelsenkirchen“. Zusätzlich zu diesen Angaben hatte der Bauherr – in diesem Fall die Emschergenossenschaft – zu erklären, aus welchen Gründen die Arbeiten unumgänglich waren. Zu den geplanten Arbeiten am Schwarzbach enthielt das Dokument die folgenden Angaben: „Die Anforderung ist richtig. Die Bauarbeiten sind zur Sicherung der ungestörten Abwasser-Abführung aus dem Stadtgebiet Gelsenkirchen dringend erforderlich.“ Zuletzt war auf dem Formular ein Stempel des *Sponsors*, also der verantwortlichen Dienststelle der Militärregierung, vonnöten. Dabei handelte es sich um die *Public Utilities Branch*, die Abteilung für öffentliche Versorgungsunternehmen. Die Unterschrift leistete der bereits erwähnte, zuständige Verbindungsoffizier Stevens. Zwischen den Eintragungen von den unterschiedlichen Stellen vergingen allerdings knapp sechs Wochen: Nachdem Ramshorn für die Emschergenossenschaft am 27. März die Notwendigkeit der Arbeiten bestätigt hatte, datieren die Eintragungen der Militärregierung auf den 8. Mai.[296] Der Vorgang war nicht nur aufwendig, weil mehrere Akteure daran beteiligt waren – das Arbeitsamt in Gelsenkirchen musste schließlich auch noch auf die Bescheinigung reagieren –, er kostete auch viel Zeit. Zeit spielte jedoch bei den beantragten Maßnahmen immer eine wesentliche Rolle, schließlich konnten die Reparaturen eines Deiches nur so lange aufgeschoben werden, bis dieser dem Druck des Wassers nicht mehr standhielt und es zu Überflutungen kam.

Die nach Kriegsende erfolgte strukturelle Neugliederung des Emschergebietes hatte es zudem mit sich gebracht, dass dieses nicht länger einheitlich verwaltet wurde, sondern wieder in zwei Provinzialregierungen und drei Regierungsbezirksverwaltungen zerfiel. Dies versetzte die Abwasserwirtschaft in den Zustand, den sie vor der Gründung der Emschergenossenschaft gehabt hatte. Statt einer gemeinsamen wasserwirtschaftlichen Verwaltung für das Emschergebiet waren wieder einzelne Körperschaften für ihre Provinz oder ihren Bezirk zuständig. Zusätzlich zu der damit einhergehenden Vielfalt an Zuständigkeiten kamen unterschiedliche Dienststellen der britischen Besatzungsmacht ins Spiel, denen immer wieder zweisprachig Bericht erstattet werden musste.[297] Noch im zusammengefassten Jahresbericht der Jahre 1945–1947 äußerte sich Alexander

Ramshorn verstört: Ihm zufolge „erstickte“ die Emschergenossenschaft beinahe an der Korrespondenz mit den unterschiedlichen Adressaten.[298]

Zudem gestaltete sich die Zusammenarbeit mit dem amerikanischen Verbindungsoffizier Stevens nicht reibungslos. Berichte ehemaliger Mitarbeiter der Emschergenossenschaft deuten darauf hin, dass Stevens innerhalb der Organisation unbeliebt war. Unter anderem stieß auf Missbilligung, dass er die Maschinentechnische Abteilung aus den Baracken am Moltkeplatz ausquartierte, um zwei Büros dort selbst zu nutzen.[299]

Schließlich brachte der Mai 1946 für die Verbände eine entscheidende Zäsur. Die Versorgung mit Baumaterialien, Transportfahrzeugen und Arbeitern vereinfachte sich noch einmal deutlich. Auch Genehmigungsprozesse und Berichterstattungsabläufe verkürzten sich von jetzt an. Diese große Erleichterung für Emschergenossenschaft und Lippeverband ging im Wesentlichen auf eine Person zurück: Lieutenant Colonel Barttelot. Er war von der britischen Militärregierung als Verbindungsoffizier ernannt worden und ersetzte den ungeliebten Stevens. Barttelots Tätigkeit bei der Emschergenossenschaft dauerte vom Mai 1946 bis zum März 1947 an.[300] Auch nach seiner Berufung bestand allerdings noch Kontakt zwischen den Verbänden und Mr. Wilkinson, dem ersten fachkundigen Ansprechpartner in der Militärregierung: Er wurde einmal im Monat über die neuesten Entwicklungen informiert.[301]

Das düstere Bild, das Baudirektor Ramshorn in seinem ersten Jahresbericht der Nachkriegszeit von der Besatzung zeichnete, kontrastierte stark mit der Schilderung der Zeit ab Mai 1946. Laut Ramshorn gestaltete sich die Zusammenarbeit mit dem neuen Verbindungsoffizier außerordentlich positiv. Unter Barttelots Aufsicht wurde das Emschergebiet wieder unter der einheitlichen Leitung der Genossenschaft zusammengefasst und die Berichtspflicht gegenüber der Militärregierung reduziert. Barttelot verhalf den Genossen also auch zu einem Status, der ihren Wünschen und ihrem tradierten Selbstbild entsprach: das einer weitgehend autonomen Organisation, die ohne staatliche Einmischung einer gesellschaftlich wichtigen und technisch anspruchsvollen Tätigkeit nachging.

Gemeinsam mit Barttelot konnten die Verbände die Zahl der Arbeiter zwischen 1946 und 1948 mehr als verdoppeln.[302] Wenig überraschend war Ramshorn in seinem Bericht voll des Lobes für den Briten: Barttelot habe sich „außerordentlich“ für die „Belange“ der Genossenschaft eingesetzt, betonte der Baudirektor. Auch, nachdem er seinen Posten als Verbindungsoffizier verlassen hatte und in Düsseldorf eine übergeordnete Stellung übernahm, sei er „der Emschergenossenschaft [...] behilflich gewesen“ und habe „manche Schwierigkeiten aus dem Wege geräumt“.[303]

In der Tat erwirkte Barttelot bereits kurz nach seinem Dienstantritt weitere Privilegien für die Wasserverbände. Dafür führte er mit den vielen einzelnen Bauunternehmen, die für die EGLV arbeiteten, sogar einen Papierkrieg. Beispielsweise untersagte er der Baufirma Gebrüder Igel im Juni 1946, Arbeiter an das Arbeitsamt abzutreten, da diese für die Ausführung der Arbeiten an der Emscherverlegung eingeplant worden waren.[304] Auch die Mitarbeiter in der Verwaltung profitierten von Barttelot. So setzte sich dieser etwa im August 1946 dafür ein, dass Helmut Carp von einem Teil seiner Arbeit „entlastet" werde: „die von ihm zu bewältigenden Aufgaben" seien, so Barttelots Begründung laut einem internen Vermerk, „zu groß geworden". Carp wurde von der Zuständigkeit für die Emscherverlegung entbunden, ihm wurde lediglich aufgetragen, „sich [...] über den Ablauf der Bauarbeiten auf dem Laufenden" zu halten.[305]

Nun verfügten die Verbände mit Barttelot zwar über einen Ansprechpartner, mit dem sie auch auf kurzem Dienstweg kommunizieren konnten. Bei Gesuchen nach zusätzlichen Arbeitskräften oder Baustoffen war aber dennoch den Verwaltungsweg einzuhalten. In der Regel mussten die beteiligten Baufirmen die Emschergenossenschaft oder den Lippeverband zunächst über den Mangel informieren – wie auch zuvor unternahmen die Verbände Bau- oder Instandsetzungsarbeiten schließlich nicht selbst, sondern beauftragten für diese Aufgaben Spezialfirmen. Bauunternehmen wiederum konnten nicht als Antragsteller für Genehmigungen auftreten. So war es ihnen beispielsweise durch Anordnung des Oberregierungspräsidenten untersagt worden, selbstständig Baugenehmigungen einzuholen – diese Aufgabe oblag immer dem Bauherrn.[306]

Die Emschergenossenschaft machte von der guten Beziehung zur Militärregierung und ihrer eigenen hervorgehobenen Stellung durchaus selbstbewusst Gebrauch. Während sie sich nach wie vor den formalen Anforderungen unterwarf, fiel der Ton gegenüber den notwendigen Ansprechpartnern auf kommunaler Verwaltungsebene zunehmend fordernd aus. Im Juni 1946 schrieb etwa Helmut Carp an das Landwirtschaftsamt Düsseldorf. Er wollte eine Forderung der Baufirma Igel durchsetzen, die im Zuge der Emscherverlegung auf einem Gebiet von insgesamt 14 Kilometer Länge beschäftigt war. Die Firma hatte bereits selbstständig, aber erfolglos versucht, bei dem Amt die Zuteilung von 150 Paar Gummistiefeln für die Arbeiter an dieser Baustelle zu erwirken. Carp setzte die Dienststelle in Düsseldorf nun mit Hinweis auf den Status der Emschergenossenschaft unter Druck:

> Da die Arbeiten von der Militärregierung dringend befohlen sind, müsste die Emschergenossenschaft die aufgetretenen Schwierigkeiten pflichtgemäß dem der Emschergenossenschaft zugeteilten Verbindungsoffizier,

> der unmittelbar dem Hauptquartier Minden untersteht, melden. Nach Möglichkeit vermeidet die Emschergenosenschaft jedoch diesen Weg und wählt ihn erst, wenn alle Möglichkeiten erschöpft sind. Ich bitte daher, den Antrag der Firma Gebr. Igel zu unterstützen und ihr die benötigten 150 Paar Gummistiefel zuzuweisen.[307]

Die Beantragung von Gummistiefeln mag banal anmuten, angemessene Arbeitskleidung war und ist für das Fortkommen der Baumaßnahmen jedoch zentral. Im Oktober forderte auch die Firma August Heine dringend festes Schuhwerk für ihre Arbeitskräfte. Andernfalls sei „für die kommende Jahreszeit mit einem stärkeren Ausfall durch Erkältungen und dergleichen zu rechnen". Dabei sei zu erwarten, dass die Maßnahmen „deshalb große Verzögerungen erleiden" würden. Gegenüber der Emschergenossenschaft erklärte das Unternehmen, dass Ersuche bei den lokalen Verwaltungsstellen bislang ohne Erfolg geblieben waren, und bat darum, die enge Beziehung zu Barttelot zu nutzen, „um einen Weg zu finden, damit die auf der Baustelle eingesetzten Arbeitskräfte baldigst mit Schuhwerk und Berufskleidung versorgt werden."[308] Hier zeigt sich, dass sich schnell herumsprach, was die Personalie Barttelot bedeutete: Was die Führungsebene der Verbände begriffen hatte, war auch an den Bauunternehmern nicht vorbeigegangen.

Die Beziehung zwischen der Emschergenossenschaft und den britischen Besatzern war in der Regel deshalb gut, weil sie beiden Parteien dazu verhalf, die eigenen Ziele zu erreichen. Im alltäglichen Miteinander musste man sich jedoch zunächst aneinander gewöhnen. So beantwortete Barttelot ein Ansinnen von Ramshorn kurz nach seinem Amtsantritt schmallippig, indem er auf formale Mängel hinwies: „Ich benötige für die Antwort auf Ihren undatierten Brief ohne Aktenzeichen [...] noch weitere Informationen". Wenige Zeilen später betonte der Verbindungsoffizier erneut das Versäumnis und forderte Ramshorn auf, zukünftig sicherzustellen, „dass alle Briefe, die an mich adressiert sind, mit einem Aktenzeichen und einem Datum versehen sind".[309] Helmut Carp erinnerte sich noch 1961 daran, von Barttelot „geplagt" worden zu sein: „Mit unseren Terminplänen war er nie zufrieden."[310]

Hinter den Kulissen äußerten sich auch die britischen Militärbehörden teils missgelaunt über die EGLV. Wenig überraschend, war die Vorrangstellung der Wasserverbände teilweise ausgesprochen unbequem für die Besatzer. Noch 1947 monierte ein Bericht der Bauabteilung bei der Kontrollkommission den großen Umfang, in dem die Emscherverlegung Arbeitskräfte und Ressourcen band: „Dieses Projekt beansprucht in erheblichem Umfang Arbeitskräfte, Materialien und Anlagen und wird wahrscheinlich noch zwei Jahre andauern."

Eine Beschränkung der Zuwendungen an die Emschergenossenschaft stand jedoch nicht zur Debatte, denn es wurde befürchtet, dass „Bergwerke und andere Industrien im Ruhrgebiet leiden werden", wenn die Maßnahmen nicht rechtzeitig fertiggestellt würden.[311]

Außerdem befürchtete die Militärregierung auch 1947 noch den Ausbruch von ansteckenden Krankheiten, wenn die Abwasserproblematik nicht gelöst würde. Im Mai desselben Jahres warnte das *Public Health Department* der Militärregierung eindringlich, dass mit dem Beginn des Sommers auch der Ausbruch von Typhus eine ernste Gefahr darstellte. Abwasserfragen und der Zuteilung von Arbeitern und Material für Baustellen aus diesem Bereich sollte nach Einschätzung der Abteilung aus diesem Grund „eine sehr hohe Priorität" zukommen.[312]

Obwohl die Verbände derart privilegierte Akteure in der frühen Nachkriegszeit waren, mangelte es auch ihnen noch zwei Jahre nach Kriegsende empfindlich an Arbeitskräften. Auf der Vorstandssitzung der Emschergenossenschaft am 24. Oktober 1947 berichtete Ramshorn, dass lediglich „50 Prozent der erforderlichen Arbeitskräfte [...] auf den Baustellen" anzutreffen waren. Dazu kam, so der Baudirektor weiter, dass auch „die Leistung des Einzelnen [...] ständig infolge schlechter Ernährung und Bekleidung" sank. Aus diesen Gründen seien auch nach wie vor vier der Kläranlagen nicht im Betrieb. Ihr Ausfall führte dazu, dass nur 77 Prozent der Bevölkerung im Einzugsgebiet „an Kläranlagen angeschlossen" waren.[313] Auch drei Monate später war diese Zahl lediglich auf 80 Prozent angewachsen.[314]

Zusammenfassend lässt sich sagen, dass die enge Zusammenarbeit der Wasserverbände mit der Militärregierung für beide Seiten trotz aller Schwierigkeiten und Dissonanzen vorteilhaft war. So profitierten die Besatzer von der Expertise der Wasserverbände, während diese bei der Ressourcenzuteilung bevorzugt wurden. Die Militärregierung sicherte ab, dass mit der Abwasserentsorgung ein wesentlicher Aspekt der Infrastruktur funktionierte. Die EGLV konnte im Gegenzug vergleichsweise unbeeinträchtigt ihrer Tätigkeit nachgehen und wieder einmal die eigene Existenz erfolgreich legitimieren. Die Folgen dieser Wechselbeziehung waren jedoch am stärksten in einem anderen Aspekt sichtbar: dem Umgang mit dem Führungspersonal der Verbände im Kontext der „Entnazifizierung".

UNGEBROCHENE KARRIEREN? DAS FÜHRUNGSPERSONAL DER WASSERVERBÄNDE UND DIE „ENTNAZIFIZIERUNG"

Der politische Wandel, der mit dem Kriegsende im Mai 1945 einherging, bedeutete für alle Deutschen eine ungewisse Zukunft. Hatten sie der NSDAP oder nationalsozialistischen Organisationen angehört, stellte dies zusätzlich schwerwiegende persönliche und berufliche Folgen in Aussicht. Mit der Regierungsübernahme durch die Besatzungsmächte sollte auch ein strenger Umgang mit früheren Verantwortungsträgern einhergehen. In allen vier Besatzungszonen stellte die „Entnazifizierung" hierfür das prominenteste Beispiel dar, wenn auch die Maßnahmen sehr unterschiedlich ausfielen und mit unterschiedlicher Strenge durchgeführt wurden.

Die Grundlage für die Entnazifizierung war die Kontrollratsdirektive Nr. 38 vom 12. Oktober 1946. In der britischen Besatzungszone wurden Personen, die in der Wirtschaft, der Verwaltung oder im Militär leitende Posten bekleidet hatten, in ein Stufensystem eingeordnet, das von I (Hauptschuldige) bis V (Entlastete) reichte. Diese Stufen waren in weitere Kategorien unterteilt. War die Stufe I festgelegt worden, stand eine Entlassung bevor, außerdem wurde das Privatvermögen gesperrt. Bei Personen mit Stufe IV (Mitläufer) und V waren dagegen keine Einschränkungen in der Weiterbeschäftigung zu befürchten.[315]

Für die Wasserverbände galt in Hinsicht auf die Entnazifizierung, was schon während ihrer gesamten Geschichte gegolten hatte: Die Begriffe „Emschergenossenschaft" und „Lippeverband" konnten jeweils auf unterschiedliche Personengruppen verweisen. Einerseits setzten sich die Verbände bekanntlich aus denjenigen zusammen, die an der gemeinsamen Willensbildung beteiligt waren: den Vertretern der Genossen und Beteiligten. Andererseits verfügten sowohl Emschergenossenschaft als auch Lippeverband natürlich über direkt angestellte Mitarbeiter in der Verwaltung und in diversen technischen Abteilungen. Schließlich waren für die Umsetzung der Bau- und Unterhaltungsarbeiten wie geschildert viele verschiedene Baufirmen zuständig, die von den Verbänden beauftragt wurden. Für die Entnazifizierung dieser Gruppen waren verschiedene Stellen zuständig, weshalb die Prozedur auch unterschiedlich schnell vonstattenging.

Aufgrund der Organisationsstruktur der beiden Wasserverbände handelte es sich bei ihren Vorstandsmitgliedern vor allem um Bürgermeister und Vertreter des Bergbaus. Über ihre Einstufung wurde in unterschiedlichen Kommunal- oder berufsspezifischen Hauptausschüssen, teilweise auch in den entsprechenden Unterausschüssen verhandelt. Für Albert Bernhardt, der als Angestellter für Wirtschaftlichkeitsberichte der Gelsenkirchener Bergwerks-AG (GBAG) zwischen 1935 und 1936 an den Vorstandssitzungen der Emschergenossenschaft teilgenommen hatte, war etwa der Entnazifizierungsausschuss Kohlebergbau in Essen zuständig.[316] Um den Fall von Just Dillgardt, als ehemaliger Essener Oberbürgermeister auch langjähriges Mitglied im Vorstand der Emschergenossenschaft, kümmerte sich der Entnazifizierungs-Hauptausschuss für den Stadtkreis Essen.[317]

Für bestimmte Berufsgruppen und auch in großen Unternehmen waren eigens sogenannte „Entnazifizierungsausschüsse" etabliert worden. In diesen Gremien nahmen zunächst Angehörige der Firmen die Einstufungen ihrer Kollegen und Vorgesetzten vor, wenn für diese ohnehin eine Bewertung innerhalb der Stufen III (Minderbelastete) bis V (Entlastete) zu erwarten war. Personen, von denen zu erwarten war, dass sie in die Stufen I (Hauptschuldige) oder II (Belastete) gehören würden, wurden von den sogenannten Spruchkammern eingestuft. Die Vorschläge der Entnazifizierungsausschüsse in leichteren Fällen wurden in einem zweiten Schritt durch die Militärregierung überprüft, die sie entweder bestätigte oder anpasste.

Auch für die Entnazifizierung des Personals der Wasserverbände waren Entnazifizierungsausschüsse gegründet worden. Sie setzten sich folglich mit dem Personenkreis auseinander, dessen Einstufung als minder- oder unbelastet zu erwarten war. Für die Leitungsebene der EGLV übernahm die Militärregierung selbst die Einstufung. Während die Prozedur in anderen Fällen erst Jahre später abgeschlossen werden konnte, kamen diese Bewertungen sehr schnell zustande.

Aufgrund besonderer Umstände wurde jedoch teils auch über Personal, das direkt bei der Emschergenossenschaft und dem Lippeverband angestellt war, in unternehmensexternen Ausschüssen entschieden. Es kam etwa vor, dass Personen erst nach 1945 in die EGLV eingetreten waren, ihr Entnazifizierungsvorgang richtete sich dann nach ihrer früheren Beschäftigung. Im Fall von Wolfgang Tuerstig, der ab Dezember 1945 als Ingenieur in der Emschergenossenschaft angestellt war, entschied beispielsweise der Entnazifizierungs-Hauptausschuss Essen eine Einordnung in Stufe IV.[318]

Schon dieser kurze Abriss verdeutlicht: Versucht man einen Überblick über „die" Entnazifizierung bei den Verbänden zu gewinnen, wird ein chaotisches Geflecht unterschiedlicher Zuständigkeiten sichtbar. Wie so oft ist es schwierig, „die" EGLV zu greifen. Einige grundsätzliche Tendenzen lassen sich jedoch in allen unterschiedlichen Gruppen identifizieren.

Der Beginn der Entnazifizierung war von allen Betroffenen mit beträchtlicher Nervosität beobachtet worden. Im Emscher- und Lippegebiet hatte erst etwas mehr als ein halbes Jahr zuvor die Verhaftung der „Ruhrbarone" große

Aufmerksamkeit hervorgerufen: In einer konzertierten Aktion hatte die britische Militärregierung im November 1945 den Führungskreis der Ruhrgebietsindustrie verhaften lassen. Die großen Ruhrkonzerne waren zuvor beschlagnahmt worden. Diesen Personen wurde nicht eine Parteifunktion vorgeworfen, sondern dass „sie direkt oder indirekt zum Kriege verholfen und unerhörte persönliche Vorteile vor und während des Krieges erworben" hatten.[319] Nach ihrer Verhaftung wurden sie in ein Lager im niedersächsischen Bad Nenndorf gebracht, wo sie in den folgenden Monaten unter primitiven Verhältnissen lebten und immer wieder verhört wurden. Die Gefangenen waren von der Außenwelt isoliert und mussten sich enge Zellen teilen. Aufgrund von Mangelernährung, Kälte und körperlicher Arbeit verschlechterte sich bei vielen der Gesundheitszustand.[320] Die Presse beleuchtete die Lebensbedingungen im Lager ausführlich und nahm sie als Anlass zum Spott über die ehemals mächtige Wirtschaftselite. Der *Neue Hannoversche Kurier* berichtete etwa detailliert, wie es um die Versorgung bestellt war:

> Sie baten, dass ihnen zusätzliche Rationen ins Lager geschickt wurden, das wurde ihnen aber nicht gestattet (...). Ihr Frühstück besteht aus einer dicken Scheibe Schwarzbrot mit Margarine oder Butter und zum Mittag werden drei achtel Liter Suppe gefasst, und die Abendmahlzeit besteht wieder aus einer dicken Scheibe Brot, zu der es gewöhnlich ein Stück Wurst gibt.

Auch den Umstand, dass die Gefangenen trotz ihres früheren Status allen anderen Insassen gleichgestellt waren, hob der Artikel hervor: „Von Stinnes und seinen Komplizen wurden die üblichen Lichtbilder gemacht, um ihre Identität festzustellen." Die Behandlung im Bad Nenndorfer Lager habe das Auftreten der „Ruhrbarone" einschneidend verändert, so die Zeitung weiter:

> Ihr Standesdünkel und die Arroganz, mit der sie Menschen zu behandeln pflegten, sind verschwunden. Heute, so berichten die Lageraufseher, gehören sie zu den übelsten Kriechern. Sie reißen sich direkt darum, Dienstbotengeschäfte zu verrichten oder den Stacheldraht um ihr Lager zu verstärken, wenn es ihnen befohlen wird.[321]

Die Männer, über deren Entnazifizierung ab Sommer 1946 entschieden werden sollte, konnten sich ausrechnen, dass ihnen wohl kaum das Schicksal der Ruhrbarone drohte. Dennoch mag deren tiefer Fall vielen als furchterregendes Beispiel vorgeschwebt haben. Dies galt sicherlich für zwei prominente Vertreter der Emschergenossenschaft: Baudirektor Alexander Ramshorn und Helmut

Carp, Leiter des Vortflutdezernats. Über ihre Einstufung entschied die Militärregierung. Die Entnazifizierung begann auch bei Carp und Ramshorn im Juni 1946 mit einer ausführlichen Selbstauskunft. In einem speziellen Fragebogen der Militärregierung, den große Teile der Bevölkerung ausfüllen mussten, waren auch sie aufgefordert, Angaben zu ihrer privaten und professionellen Biographie zu machen und Mitgliedschaften in der NSDAP oder nationalsozialistischen Organisationen zu vermerken.[322]

Helmut Carp hatte in seinem Fragebogen die Mitgliedschaft in der NSDAP und der Sturmabteilung (SA) sowie seine Zugehörigkeit zu anderen Organisationen wie dem Stahlhelm und dem Reichsbund deutscher Beamten angegeben. Zusätzlich war er, so vermerkte er es in dem Dokument, Werkschutzleiter gewesen.[323] Wie problematisch eine Beurteilung darüber ist, inwiefern solche Mitgliedschaften und Positionen etwas darüber aussagen können, ob jemand „ein Nazi“ war, und welchen Konjunkturen derlei Einschätzungen unterliegen, beschäftigt Historiker und Historikerinnen noch heute.[324] Auch für die Zeitgenossen, die Carps Fall im Jahr 1946 begutachteten, ließ seine Vergangenheit durchaus unterschiedliche Lesarten zu. Der Betriebsrat der Emschergenossenschaft etwa ordnete die Mitgliedschaften in Partei und SA weniger als ideologisches Bekenntnis denn als eine Konsequenz seiner früheren Funktion ein: „Carp gehörte, wie fast alle höheren Beamten der Emschergenossenschaft, der Partei und darüber hinaus auch noch der S.A. an.“ Auch die Tätigkeit als Werkschutzleiter sprach für den Betriebsrat nicht für eine ernstzunehmende Belastung Carps. Er wertete Carps Verhalten in dieser Position im Gegenteil positiv: „Er hatte in dieser Stellung Gelegenheit für den Nationalsozialismus zu werben. Es kann aber gesagt werden, dass er dies nicht getan hat.“ Ebenfalls auf Grundlage von Carps Verhalten fand der Betriebsrat jedoch auch Gründe, die gegen ihn sprachen: „Dieser gute Eindruck wird leider dadurch verwischt, dass er in letzter Zeit noch frühere Nationalsozialisten zur Beförderung vorschlug.“[325]

Die Militärregierung nahm die Einschränkung im letzten Absatz der Stellungnahme durchaus ernst und baute ihre eigene Bewertung von Carp darauf auf. „C. ist ein extrem konservativer Mensch. (...) Der Betriebsrat der Emschergenossenschaft schätzt ihn als rechtsextremen Nationalisten ein, der immer noch die Nazis unterstützt.“ Hier überwogen letztendlich jedoch pragmatische Überlegungen. Aus Sicht der Militärregierung befand er sich „in einer Position, in der er kaum ersetzt werden kann“. Entsprechend lautete die Empfehlung zunächst, dass Carp in einer niedrigeren Stellung als zuvor weiterbeschäftigt werden solle, sodass er keine Möglichkeit habe, „Einfluss auf die Belegschaft“ auszuüben. In der abschließenden Entscheidung des Hauptausschusses wurde Carp schließlich sogar der Stufe V zugeordnet. Das entsprechende Formular in seinem Entnazifizierungsvorgang erhielt den Stempel „kann in der gegenwärtigen Position verbleiben“.[326] Seine Stelle behielt Carp bis 1958.[327] In seinem Erinnerungsbericht, den er 1961 auf Bitten der Verbände verfasste, erwähnt er die Entnazifizierung nicht: Zwar berichtet er ausführlich von der Zusammenarbeit mit Vertretern des amerikanischen und britischen Militärs, bricht seine Erzählung jedoch im Februar 1946 ab.[328] An anderer Stelle erklärte er lapidar, er habe das Vorflutdezernat „20 Jahre lang“ geleitet.[329]

Auch Alexander Ramshorns Fragebogen enthält eine ausführliche Auflistung nationalsozialistischer Organisationen, in denen der Baudirektor zusätzlich zur NSDAP Mitglied gewesen war. Im Nationalsozialistischen Kraftfahrkorps (NSKK) – einer paramilitärischen Unterorganisation der NSDAP – hatte Ramshorn überdies als Oberscharführer gewirkt.[330] Wie auch im Falle Carps wurden diese Fakten im Entnazifizierungsprozess vor allem im Kontext seiner beruflichen Tätigkeit betrachtet. Ramshorn hatte seinen Unterlagen zwei Leumundszeugnisse ehemals Verfolgter beigelegt, die seine Parteizugehörigkeit mit beruflichen Strategien begründeten und erklärten, keine ideologische Überzeugung beim Baudirektor festgestellt zu haben. Der Staatsanwalt Otto Boden, der als jüdisch verfolgt worden war, berichtete von „Familienverkehr“ mit Ramshorn.

> Nach meiner Überzeugung ist Dr. Ramshorn kein aktiver Nationalsozialist gewesen. Sein Beitritt zur NSDAP erfolgte erst nach der sog. Machtübernahme. Seine Mitgliedschaft bei der Partei war lediglich eine formale. Das geht auch daraus hervor, dass er sich jeder politischen Mitarbeit, zu welcher er bei seiner Stellung oft genug aufgefordert wurde, ferngehalten hat.

Boden versicherte, „dass ich bei Dr. Ramshorn keinerlei judenfeindliche Tendenzen beobachtet habe. Wären sie vorhanden gewesen, so wäre es zu einem persönlichen Verkehr mit mir als rassisch Geschädigtem nicht gekommen.“[331]

Ein zweites Leumundszeugnis stammte von Karl Imhoff, dem Erfinder der früher prominenten „Emscherbrunnen“. Als SPD-Mitglied war Imhoff 1934 von seinem Posten als Geschäftsführer des Ruhrverbands entlassen worden. Imhoff unterstrich in seinem Schreiben, dass Ramshorn nur auf dem Papier ein Nationalsozialist gewesen sei. Er sei, so seine Darstellung, lediglich im Interesse der Emschergenossenschaft in die NSDAP eingetreten. Er entsinne sich, so Imhoff, an ein Treffen zwischen Ruhrverbands- und Emschergenossenschaftsvertretern im Jahre 1933, bei dem „der Vertreter der Emschergenossenschaft sagte, seine Genossenschaft habe keine Schwierigkeiten, sie hätten einen ihrer leitenden Herren, nämlich Herrn Ramshorn in die Partei geschickt, damit sie dorthin Verbindung hätten“.[332]

Diese Zeugnisse stellten Ramshorns politische Aktivität als pragmatisch motiviert dar. Oberstes Ziel des Baudirektors sei es gewesen, sich für die Emschergenossenschaft einzusetzen. Die interne Deutung der Militärregierung auf dem entsprechenden Formular entsprach diesen Berichten in vielen Teilen und wertete Ramshorns Eifer für die Partei im Kontext seiner Stellung: „Als herausragender Vertreter der Emschergenossenschaft war er ein glühender Nazi. [...] Meiner Meinung nach ist er ein geradliniger, aufgeschlossener Mann, der ein mäßig aktiver Nazi war.“

Für die Einstufung Ramshorns wurde jedoch wie in Carps Fall nicht nur die politische Betätigung in der Vergangenheit herangezogen. Die Beurteilung ging außerdem auf sein fortgeschrittenes Alter ein: „Da er ein alter Mann von 58 Jahren ist, wäre es für ihn sehr hart, wenn er entlassen würde.“ Auch die Wirkung einer Entlassung auf die Moral innerhalb der Verbände wurde betont: „Es würde eine gewisse Verbitterung geben, wenn er seine Position verliert.“ Ebenso wie bei Carp lautete schließlich die Empfehlung, Ramshorn in einer untergeordneten Position weiterzubeschäftigen.[333] Auch bei ihm trägt das Formular den Stempel „kann in der gegenwärtigen Position verbleiben“. Ramshorn erhielt schließlich eine Einordung in Stufe IV. Ein weiterer Stempel begründete die Beurteilung damit, dass „§ 5 Direktive 24 erteilt“ wurde.[334] Hierbei handelte es sich um den „Milderungsparagraphen“, nach dem ein Amtsträger auf seiner Stelle verbleiben konnte, wenn seine Parteimitgliedschaft als lediglich nominell angesehen wurde.[335]

Bei beiden Männern zeigte sich die Militärregierung also bereit, die Zugehörigkeit zur NSDAP und anderen Gruppierungen mit Pragmatismus und Sachzwängen zu erklären. Carp und Ramshorn konnten infolge dieser Entscheidungen ihrer Tätigkeit weiterhin nachgehen. Der Umgang mit den beiden Abwasser-Managern stand stellvertretend für die grundsätzliche Haltung der Briten gegenüber Funktionsträgern, die sie als unverzichtbar ansahen. Auch Juristen waren beispielsweise häufig unbeschadet aus der Entnazifizierung hervorgegangen, weil die Besatzer andernfalls einen Mangel an ausgebildeten Richtern und anderem Justizpersonal befürchteten.[336]

In Hinblick auf die Abwasserwirtschaft deutete sich aus Sicht der Briten ebenfalls an, dass die Kündigung der bisherigen Funktionsträger mit empfindlichen Folgen einhergehen würde – eine Einschätzung, die nicht zuletzt auf die von den Verbänden geführte Kommunikation zu diesem Thema zurückging. Noch vor ihrer faktischen Regierungsübernahme hatte die britische Militärregierung ihre Wünsche für das Personal in der Leitungsebene der EGLV verdeutlicht: So hatte sie im Juni 1945 im Schreiben an Oberbaurat Wolle etwa für die Wasserwirtschaft der Provinz Westfalen angeordnet, dass kein „aktiver

Nazi oder glühender Anhänger der nationalsozialistischen Partei (...) den Posten eines Beamten bekleiden" dürfe.[337] In der Darstellung der Verbände war es jedoch ein Problem, den wie geschildert ebenfalls an Herrn Wolle gerichteten Wunsch, die Beamten der Wasserverbände sollten gleichzeitig fachlich kompetent und „angenehm" für die Militärregierung sein, zu erfüllen. Der gemeinsame Bericht der Emschergenossenschaft und des Lippeverbandes für den Monat Juni nahm hierzu ausführlich Stellung, obwohl die Entnazifizierung in den Verbänden gerade erst angelaufen war.

> Abgesehen von einigen Mitgliedern des Vorstandes und einigen anderen Angestellten, die aufgrund ihrer offensichtlichen Sympathien für das Nazi-Regime schon vor mehreren Monaten entlassen worden sind, beträgt die Anzahl der Entlassungen bis heute nur 6. Die Fragebögen sämtlicher Angestellter vom Vorarbeiter aufwärts sind in allen Einzelheiten geprüft worden und die infrage kommenden Leute wurden [...] in Düsseldorf verhört. [...] Wenn man nun das wirklich große und auch recht dringliche Arbeitsprogramm in Betracht zieht und dabei berücksichtigt, wie sehr der Stab der leitenden Fachleute und Ingenieure schon zusammengeschrumpft ist, dann muss man sagen, dass diese Entlassungen, falls sie gefordert werden sollten, eine Lage heraufbeschwören werden, die die Arbeitsfähigkeit dieser Organisation und auch die Ausführung der Arbeiten selbst in der von der Militärregierung geforderten Zeit ernsthaft gefährden würden. Solche Fälle werden deshalb sehr sorgfältig überprüft werden, bevor endgültige Entlassung erfolgen wird und Berufungsanträge werden dann eingeleitet werden, wenn die Weiterarbeit eines bestimmten Mannes als absolut notwendig angesehen werden sollte.[338]

Als Legitimation für einen konservativen Umgang auch mit Personen, die andernfalls als „belastet" betrachtet würden, zog man also die Fähigkeit der Verbände, ihre Aufgaben zu erfüllen, heran. Dieses Argument versprach sowohl gegenüber der Militärregierung wie auch nach „innen", also beim Entnazifizierungsausschuss selbst, Wirkung zu zeigen.

Die Überzeugung, der Mangel an geeigneten Arbeitskräften beschränke die Verbände in ihrer Leistungsfähigkeit, führte auch unabhängig von der Entnazifizierung zu improvisierten Maßnahmen. Mit einigen Angestellten handelte man etwa Vereinbarungen aus, nach denen diese auf ihren Posten verblieben, obwohl sie das Rentenalter schon erreicht hatten. Noch der Bericht der Vorstandssitzung der Emschergenossenschaft aus dem Dezember 1946 erwähnt solche Abmachungen mit zwei Angestellten, nämlich „Markscheider Keinhorst und Abteilungsleiter Preißner". Beide Männer sollten im Einvernehmen mit dem Vorstand ihre Aufgaben so lange weiter erledigen, „als es die Belange der Verwaltung erforderten".[339]

Für die pragmatische Handhabung der Entnazifizierung des Verbandspersonals spielte der Fachkräftemangel, wie man heute sagen würde, in der EGLV sowie der Militärregierung eine große Rolle – die Wiederherstellung der wasserwirtschaftlichen Infrastruktur war schließlich für den Wiederaufbau der Industrie einerseits, zur Abwehr von Epidemien andererseits ein zentrales Anliegen der Briten. Aus diesem Grund richtete im Dezember 1946 die Emschergenossenschaft in ihrem Monatsbericht an die *Public Utilities Branch* der Militärregierung auch ihre Aufmerksamkeit darauf, dass ein Gerichtsverfahren gegen die Baufirma Gebrüder Igel bekannt geworden war. Die beiden Brüder hatten in der Entnazifizierung angeblich fälschlich angegeben, nie Mitglied der NSDAP gewesen zu sein. Da die Firma den Erdaushub im Zuge der Emscherverlegung unternahm, sah der Bericht dort Schwierigkeiten voraus und legte nahe, nach Ersatz für das das längjährige Partnerunternehmen zu suchen.[340]

Für die Vorstände bei Emschergenossenschaft und Lippeverband wirkte sich der Pragmatismus der Militärregierung unterschiedlich stark aus. So fanden sich sieben von zehn Personen, die dem Vorstand der Emschergenossenschaft bereits 1944 angehört hatten, auch in der im April 1946 abgehaltenen Sitzung wieder. Alle vier Vertreter aus der Verwaltung, die 1944 im Vorstand vertreten waren, gehörten ihm auch im Frühjahr 1946 an.[341] Im Winter 1946 nahm ein weiteres Vorstandsmitglied aus dem Jahr 1944 wieder an der Sitzung teil, sodass nun acht von zehn Personen – also vier Fünftel des Gremiums – ihren Posten wieder eingenommen hatten.[342] Die Überlieferung des Lippeverbandes zeichnet ein anderes Bild: Von 23 Teilnehmern der Vorstandsversammlung aus dem Jahr 1944 fanden sich auf der Versammlung von 1946 lediglich sechs, also knapp zwei Drittel weniger, wieder.[343] Nur bei einer Person ist im Jahresbericht der Tod als Ausscheidungsgrund vermerkt,[344] bei einem weiteren Amtsträger handelte es sich um Oberbaurat Wolle, der nach Kriegsende wie geschildert von der Militärregierung anderweitig beschäftigt wurde. Ramshorn kommentierte diesen Zustand im ersten Jahresbericht nach Kriegsende selbst: „Eine große Zahl von Mitgliedern des Vorstands [...] hat infolge der Nachkriegsverhältnisse ihre Ämter verloren."[345] 1947 nahmen immerhin wieder neun Personen an der Sitzung des Vorstands teil, die auch 1944 aufgeführt waren – allerdings waren jetzt alle Angehörigen der Verwaltung, die 1944 aufgeführt waren, ebenfalls wieder eingeschlossen.[346] Während also die Mitglieder des Vorstands teilweise von ihren politischen Ämtern enthoben wurden (oder diese wegen anderer Gründe nicht mehr ausübten), lässt sich für beide Verbände bereits 1947 eine fast ungebrochene Kontinuität des hohen Verwaltungspersonals festhalten.

Die Einstufungen im Rahmen der Entnazifizierung waren nicht immer endgültig. Viele Betroffene nutzten den Rechtsweg, nachdem sie einer Kategorie zugewiesen worden waren. Der frühere Bergwerksdirektor der Zeche Emscher-Lippe in Datteln, Jacob Cloos, legte Beschwerde gegen seine Einordnung in Stufe III,1 ein, die der Entnazifizierungs-Hauptausschuss Kohlebergbau aufgrund sehr nachteiliger Berichte vorgenommen hatte. Mit ihr standen die Rentenansprüche von Cloos zur Disposition, wahrscheinlich war dies der Hauptgrund für seine Beschwerde. Vom ehemaligen Betriebsratsvorsitzenden der Zeche war ihm vorgeworfen worden, dass diese „sich zu einer Hochburg und zugleich Dienststelle der NSDAP entwickelt" habe. Zudem seien „Partei- und SA-Mitglieder [...] in sämtlichen Betriebspunkten unter- und über Tage eingesetzt worden, um die Belegschaft unter Druck zu setzen". Schließlich seien in der Zeche regelmäßig Kriegsgefangene schwer misshandelt worden. Nachdem Cloos sich energisch gegen die Vorwürfe aussprach, wurde die Einstufung in die Kategorie III,3 geändert, sodass ihm nun fünfzig Prozent seiner Rentenbezüge zustanden.[347] Andere Personen legten zwar Berufung ein, zogen den Antrag jedoch wieder zurück. Der frühere Landrat des Kreises Rees etwa, Otto Werder, sprach sich zunächst gegen seine Einstufung in Kategorie IV aus, nahm von der Berufung jedoch ein Jahr später Abstand.[348]

In anderen Fällen warnten Entnazifizierungsausschüsse davor, Personen zu positiv einzuschätzen, oder sie legten bei der Militärregierung sogar Einspruch ein – wie etwa bei Just Dillgardt. In einem Schreiben an den Sonderbeauftragten für die Entnazifizierung in Nordrhein-Westfalen führte der Hauptausschuss für den Stadtkreis Essen an, dass neue Informationen gegen Dillgardt sprächen. Eine davon bezog sich auf eine Begebenheit, die dem Leser vielleicht noch in Erinnerung ist: die Entlassung des Sozialdemokraten Josef Eulgem aus der Emschergenossenschaft. Ein Vorwurf gegen Dillgardt richtete sich nämlich dagegen, dass dieser „in seiner Eigenschaft als Mitarbeiter der Gauleitung (Terboven) Entlassungen von nationalsozialistischen Gegnern bei der Emschergenossenschaft veranlasst beziehungsweise bestätigt" habe. In der Personalakte für Eulgem findet sich auf einem Dokument der Vermerk: „Die Gauleitung schließt sich dem Antrage der NSBO* auf Entlassung ohne Pension

* Die Nationalsozialistische Betriebszellenorganisation (NSBO) war ein 1928 gegründeter Zusammenschluss von Betriebsgruppen, der in der Anfangszeit als gewerkschaftsähnliche Organisation der NSDAP fungierte und 1935 in der Deutschen Arbeitsfront (DAF) aufging.

an. gez. Dillgardt.“ Auch zwei weitere Personen, „die Bediensteten Schlafke und Risse“, seien auf diese Weise entlassen worden.[349]

Wie auch in den Verfahren selbst spielten Leumundszeugnisse in wieder aufgenommenen Prozessen eine wesentliche Rolle. In unterschiedlichen Entnazifizierungsakten, die wir für dieses Buch untersucht haben, tauchen die Namen einiger Personen mehrmals als Autoren solcher Dokumente auf. Bereits Ramshorn hatte ein Schreiben von Karl Imhoff zu seiner Entlastung anfügen können. Auch der frühere Vorstand der GBAG und Vorstandsvorsitzende des Ruhrverbandes, Gustav Knepper, machte sich die Verbindung zu Imhoff zunutze. Er war von den Besatzern als „Ruhrbaron“ verhaftet und ursprünglich in Kategorie III, bI eingestuft worden,[350] was man nach einem Berufungsantrag zu III,3 geändert hatte. Diese Anpassung wirkte sich also bereits vorteilhaft für Knepper aus, allerdings galt er immer noch als „minderbelastet“. In einem erneuten Berufungsantrag argumentierte Knepper mit dem Leumundszeugnis von Imhoff: Dieses legte dar, dass Knepper in der Leitung des Verbandes nie nach den Interessen der NSDAP gehandelt habe. Zudem habe Knepper Imhoff gegen Protest der NSDAP im Amt belassen.[351]

Auch Karl Oberste-Brink, der ehemalige Untergebene von Knepper bei der GBAG, äußerte sich schriftlich zu dessen Gunsten.[352] Oberste-Brink selbst war langjähriges stellvertretendes und ab 1941 ordentliches Mitglied im Vorstand der Emschergenossenschaft gewesen. Außerdem hatte er vor dem Krieg jahrelang an den Genossenschaftssitzungen des Lippeverbandes teilgenommen. Er selbst war als „erbitterter Feind des Nationalsozialismus“ mit „antifaschistischer Aktivität“ beurteilt und in Kategorie V eingestuft worden.[353] Im Fall Kneppers erklärte er in einem Leumundszeugnis, dieser habe in den Vereinigten Stahlwerken und in der GBAG nur technische Entscheidungen getroffen, in politische Entscheidungen sei er nicht involviert gewesen. Auch ihm gegenüber sei Knepper stets integer aufgetreten:

> Von mir war in der Hauptverwaltung der Gelsenkirchener Bergwerks-A.-G. bekannt, dass ich Parteigegner war, und ich habe auch in den Unterhaltungen mit Herrn Knepper aus dieser Einstellung keinen Hehl gemacht, obschon er mein Vorgesetzter war. Das hat mir nie geschadet.[354]

Knepper konnte auch weitere Zeugnisse von prominenten Bergwerksdirektoren, Unternehmern und Mitgliedern der Kommunalverwaltung erbringen – die Netzwerke des Ruhrgebiets hielten auch in der Nachkriegszeit. Zu den Leumundszeugen für Knepper gehörten neben dem Bergwerksdirektor Karl Wilke, früher ebenfalls bei der GBAG tätig, der Präsident der Industrie- und Handelskammer Theo Goldtschmid und der Direktor der Kohlenwertstoff AG in Bochum Otto Kurrer.[355] Der Berufungsausschuss Kohlebergbau in Essen änderte die Einstufung nach Kneppers zweitem Berufungsantrag schließlich in die Kategorie IV um.[356]

Einige Monate nach den Diskussionen über das Schicksal von Ramshorn und Carp wurde in der Emschergenossenschaft ein eigener Entnazifizierungsausschuss eingesetzt. Das Gremium tagte an einem dem Leser bereits vertrauten Ort: in einer der Bürobaracken auf dem Moltkeplatz. Ab Oktober 1946 fanden die Sitzungen des Ausschusses, der sich aus fünf Angestellten der Emschergenossenschaft zusammensetzte, montags in der Zeit zwischen 9 Uhr und 12 Uhr dort statt.[357] In einem auf September datierten Schreiben listete die Militärregierung die Mitglieder auf: „1. Fuchs, Josef, Betr.-Ing, 2. Termath, Albert, Maschinist, 3. Röhl, Otto, Ingenieur, 4. Schuster, Fritz, Maschinist, 5. Schreiber, Ernst, Dezernent".[358] Schreiber hatte das Büro am Moltkeplatz, in dem die Sitzungen der Gruppe stattfanden.[359] Ursprünglich war Karl Oberste-Brink ebenfalls als Mitglied für den Ausschuss vorgeschlagen worden, seine Berufung wurde jedoch durch die Militärregierung abgelehnt.[360] Alle Mitglieder wurden zur Geheimhaltung angewiesen und darüber aufgeklärt, dass sie sich bei einem Verstoß vor einem Militärgericht zu verantworten hätten.[361] Die Namen der Personen, die in das Stufensystem der Entnazifizierung eingeordnet werden sollten, erhielt das Gremium von der Militärregierung. Im Laufe der Arbeit stellte sich auch hier heraus, dass manche Personen nicht mehr bei der Emschergenossenschaft tätig und andere neu eingestellt worden waren, was Änderungen der Namenlisten mit sich zog.[362]

Die konkrete Arbeitspraxis und die Entscheidungen des Ausschusses sind nur rudimentär überliefert. Teilweise wurde die Arbeit des Gremiums als abstrus wahrgenommen, darauf deutet jedenfalls ein loser Zettel in der überlieferten Korrespondenz mit den Briten hin. Ob der Verfasser dem Ausschuss selbst oder aber der Militärregierung angehörte, ist unklar, die geäußerte Haltung scheint für beide Seiten gleichermaßen wahrscheinlich. Auf der Notiz fragt ein anonymer Autor: „Ist es notwendig, einen Klärmeister zu kategorisieren?"[363]

Diese Frage und die in ihr angelegte Kritik berührten das Selbstbild der Institution ebenso wie das Bild, das sich die Militärregierung von ihr machte. Auch wenn hier konkret von einer spezifischen Berufsgruppe die Rede war, stand diese gleichzeitig sinnbildlich für den Großteil der Angestellten in der EGLV – die Mehrheit von ihnen übte schließlich technische Berufe aus, die unmittelbar mit dem Arbeitsplatz des Klärmeisters in Zusammenhang standen. In der Notiz scheint eine Vorstellung auf, die in den Entnazifizierungsfragebögen, aber auch den britischen *work sheets* und den Leumundszeugnissen für das Management der EGLV immer wieder zu finden ist: Die Beschäftigung mit technischen Fragen in einem Gebiet, das für die funktionierende Infrastruktur einer Gesellschaft unverzichtbar war, ging für die Zeitgenossen entweder mit der Abwesenheit politischer Betätigung oder mit der allenfalls utilitaristischen Nutzung politischer Strukturen einher. Demzufolge seien, so die innere Logik, stets technische Überlegungen entscheidend für das Handeln der Betroffenen gewesen. Wurden politische Entscheidungen unter dem Primat der Technik getroffen, sollte folglich auch ein technischer und kein politischer Maßstab zur Beurteilung angelegt werden. Diese Vorstellung war für die Militärregierung und die Verbände gleichermaßen nützlich. Die EGLV konnte größtenteils so arbeiten wie immer, und beide Seiten konnten legitimieren, warum die Mitarbeiter nach dem Krieg überwiegend dieselben waren wie vor dem Krieg.

Die zugigen Baracken auf dem Moltkeplatz mochten für die Mitarbeiter der Emschergenossenschaft einen Abstieg gegenüber der prächtigen Zentrale in der Kronprinzenstraße darstellen. Dieser ungemütliche Ort wurde dennoch zum Symbol für die Beharrungskräfte beider Verbände. Die einfachen Holzhäuser waren schließlich ein Zeugnis der privilegierten Stellung der EGLV nach der Regierungsaufnahme der britischen Besatzer. Letztere nutzten die Räume am Moltkeplatz jedoch auch für Machtdemonstrationen, indem sie die Entnazifizierung der EGLV – in ihrem Charakter von der spezifischen Beziehung zwischen Militärregierung und den Verbänden geprägt – wie geschildert zum Teil in ihrem Räumen durchführten.

Die Behelfsunterkunft am Moltkeplatz verdeutlicht trotzdem die große Stärke der EGLV: Wie schon in früheren Jahrzehnten lag diese darin, ihre Unabdingbarkeit zu kommunizieren. Für die Besatzer bildete der Zugriff auf die Netzwerke und das gebündelte Wissen der Verbände einen Vorteil, für den sie im Gegenzug zu umfassenden Konzessionen bereit waren. So konnte die EGLV nicht nur in einem Umfang auf Ressourcen und Arbeitskräfte zugreifen, der für andere Unternehmen illusorisch gewesen wäre, sie war auch in der Lage, einen hohen Grad an Autonomie zurückzuerlangen. Im Gegensatz zu den meisten der 17 000 Wasser- und Bodenverbände, die 1937 unter ein neues Gesetz der Nationalsozialisten gestellt worden waren und dadurch in ihrer Verwaltungsautonomie beschnitten wurden, konnte die EGLV hier an ihr hohes Maß an Eigenständigkeit aus der Zeit des Nationalsozialismus anknüpfen.

Nicht zuletzt hatte die Selbsterhaltungskraft der Verbände auch Konsequenzen für ihr Personal. Während sich zwar die Struktur der Vorstandssitzungen änderte, weil Bürgermeister und Direktoren teilweise ihre Plätze räumen mussten, saß das Management der EGLV fest im Sattel. Die Entnazifizierung selbst trug sogar noch dazu bei, das Selbstbild der Verbände als politikferne Institutionen, die vor allem technischen Fragen verpflichtet seien, zu bestärken: Narrative von rein pragmatischer Zugehörigkeit zu Partei und anderen nationalsozialistischen Organisationen wurden schließlich in ihrem Kontext entworfen und akzeptiert.

In den ersten Jahren der Nachkriegszeit entfaltete die EGLV umfangreiche Mechanismen, um ihre eigene Existenz von Neuem zu legitimieren und verstetigen. Dabei kamen der Organisation genau die Eigenschaften zugute, die sie seit ihrer Gründung ausmachten. Statt eines radikalen Umbruches stellte das Kriegsende vielmehr ein Kapitel einer kontinuierlichen Erfolgsgeschichte dar.

Abb. 5 Trauer im Ruhrgebiet: Am 21. November 1954 wurde die Gedenktafel für die Kriegsgefallenen im Emscherhaus eingehweiht.

5. DIE MACHT DER KONTINUITÄT: DIE SELBSTVERORTUNG DER EGLV IN DEN JAHRZEHNTEN NACH 1945

Ende des Jahres 1959 erhielt eine Reihe betagter Männer und Frauen überraschend Post von der Emschergenossenschaft und dem Lippeverband. Die Wasserverbände hatten ein besonderes Anliegen: Der damalige Baudirektor Erich Knop, Nachfolger Ramshorns, bat die ehemaligen Mitarbeiter, Berichte über ihre berufliche Tätigkeit zu verfassen. Darin sollten neben subjektiven Erinnerungen insbesondere „Erlebnisse in Beziehung zu den Verbänden“ und „die Entwicklung der Verbände“ festgehalten werden. Der Tonfall des Schreibens war sicherlich für viele der Pensionäre schmeichelhaft:

> In den langen Jahren Ihrer verantwortungsvollen Tätigkeit bei der Emschergenossenschaft/beim Lippeverband haben Sie einen bewegten Abschnitt unserer Zeitgeschichte, die Auswirkung auf die allgemeine Wirtschaftsentwicklung und in der Folge auf die Entwicklung der beiden Verbände miterlebt. Sie haben dabei einen kostbaren Schatz von Erfahrungen sammeln können, der es wert ist, festgehalten zu werden.[364]

Hintergrund des Aufrufs war eine neue Entwicklung in der Organisationsstruktur der EGLV. Die Verbände hatten kürzlich ein eigenes Archiv begründet, dem die Aufzeichnungen zugefügt werden sollten. Probeweise war zunächst eine kleine Gruppe von Pensionären befragt worden, ehemalige Mitarbeiter der Personalentwicklung. Nachdem diese Männer „gute Unterlagen liefern konnten“, wie ein interner Vermerk freudig festhielt, lag es nahe, auch einen größeren Personenkreis um Auskunft zu bitten.[365] Die Verbände hatten es nun eilig: Der Vermerk führte nicht nur aus, dass die Männer „älter“ würden, er wies auch – mehr oder weniger subtil – darauf hin, dass lediglich „einige [...] auch heute noch geistig rege“ seien.[366]

Indem sie das Wissen ausgeschiedener Mitarbeiter in den Blick nahm, reflektierte die Verwaltung den Charakter der Verbände. Seit ihrer Entstehung ging die Stellung der EGLV schließlich maßgeblich auf die genaue Kenntnis technischer Entwicklungen, spezifischer Planungs- und Verwaltungsabläufe und informeller Netzwerke zurück: Sowohl im Nationalsozialismus als auch in der Nachkriegszeit hatte ein Wissensvorsprung dazu beigetragen, die relative Autonomie der Verbände zu erhalten. Jetzt lag es nahe, die Erinnerungen der Pensionäre einzuholen, denn die Prozessabläufe und informellen Netzwerke waren, obwohl für die tagtägliche Arbeit so zentral, in der bestehenden, rein technischen Dokumentation nicht überliefert. Unter dem Begriff „Wissensmanagement“ wird ein ähnliches Vorgehen seit einigen Jahrzehnten in vielen Unternehmen großgeschrieben. Gerade unter Ingenieuren hatten sich einfache Formen des Wissensmanagements jedoch bereits im 19. Jahrhundert eingespielt.[367]

Aus heutiger Perspektive mutet es bemerkenswert und befremdlich an, dass Personen, die während der Zeit des Nationalsozialismus verantwortungsvolle Posten bekleidet hatten, anscheinend unvoreingenommen als Zeitzeugen und Experten angesprochen und sogar umworben wurden. Weder für die Verbände noch für die Pensionäre schien der Aufruf jedoch eine Irritation dargestellt zu haben. Diese Wahrnehmung entsprach dem damaligen Zeitgeist: In den 1950er Jahren hatte sich in der bundesrepublikanischen Gesellschaft eine Sichtweise durchgesetzt, die eine Kollektivschuld aller Bürger an den Verbrechen des „Dritten Reiches" ablehnte.[368] Auch in den Behörden, wie etwa der Finanzverwaltung, wurde die individuelle Beteiligung der Mitarbeiter an Maßnahmen des „Dritten Reiches" lange nicht thematisiert.[369] Hatte also jemand in der Zeit ab 1933 „Karriere" gemacht oder war sogar Entscheidungsträger geworden, wirkte dies auf die Zeitgenossen in den 1950er Jahren weit weniger problematisch, als es uns heute erscheint. Dies ging nicht zuletzt darauf zurück, dass in vielen Bereichen ein Großteil derjenigen Personen in Lohn und Brot stand, die bereits im „Dritten Reich" berufstätig gewesen waren. Diese Gruppe hatte spätestens die Entnazifizierung als abschließende Auseinandersetzung mit der Vergangenheit angesehen.

Während die im vorherigen Kapitel geschilderte Vorstellung von Wasserverbänden als unpolitische Körperschaften einer genauen Betrachtung wie gezeigt keinesfalls standhält, konnte sich die Idee, dass ihre Arbeit über alle politischen Zäsuren hinweg Kontinuität aufweise, durchaus auf die Realität stützen. Die Politik der britischen Besatzer hatte dazu beigetragen, dass für die Organisation und die Arbeit der EGLV in vielen Bereichen tatsächlich weitestgehend eine Kontinuität zwischen den Jahren vor und nach 1945 bestand. Diese ging jedoch auch auf das Vorgehen der Verbände selbst zurück. Der Aufruf an die Pensionäre war dafür ein markantes, aber nicht das einzige Beispiel.

DER ALLTAG DER VERBÄNDE: DIE FORTFÜHRUNG DER BAUPROJEKTE

Beachtliche Kontinuität zeichnete etwa die konkrete Arbeit der EGLV auf den Baustellen und den Anlagen entlang von Emscher und Lippe sowie in den anliegenden Gemeinden und an den diversen kleinen Nebenflüssen aus. Baupläne, die auf die Zeit vor 1945 zurückgingen, setzten die Verbände größtenteils ohne Änderungen auch nach Kriegsende um. Wieder einmal bestimmten die langen Planungshorizonte, die in der Natur der Bauprojekte lagen, die Situation. Sie unterstrichen den Charakter von Kontinuität: Aus welchem Grund sollte man entgegen allen ökonomischen, ökologischen und hygienischen Erwägungen früher getroffene Entscheidungen umwerfen? Und tatsächlich: Was konnte in der Wahrnehmung der Zeitgenossen unpolitischer sein als ein Abwasserkanal?

Wie während des „Dritten Reiches" war auch in der Nachkriegszeit das prominenteste Projekt der Verbände die Emscherverlegung. Nachdem die Baumaßnahmen 1945 zum Erliegen gekommen waren, hatte die Militärregierung die Wiederaufnahme der Verlegung rasch ausdrücklich gefordert. Für die Arbeit der Emschergenossenschaft stellte es sich bald als Vorteil heraus, dass die Besatzer die Maßnahme als unabdingbar ansahen. In einem Schreiben, das sie im April 1946 für eine der beteiligten Baufirmen ausstellte, konnte sich die Emschergenossenschaft darauf berufen, dass die Briten die Emscherverlegung als „notwendige Vorbedingung für den Kohlebergbau anerkannt und zur Verhütung von Epidemien befohlen" hatte. Wie so oft hatte auch dieses Schreiben den Zweck, eine vordringliche Versorgung mit Baustoffen und Arbeitern zu gewährleisten.[370]

Auch in den nun folgenden Monaten und Jahren forderte die Emschergenossenschaft immer wieder Privilegien ein, wenn sie Ressourcen für die Emscherverlegung brauchte. Im August 1946 argumentierte sie in einem Schreiben für die Firma Harbott & Hoyer, dass es sich „um ein wichtiges Bauvorhaben" handele, „dessen beschleunigte Fertigstellung von der Militärregierung befohlen" sei.[371] Um für „den reibungslosen Ablauf" einen „betriebssicheren Personenkraftwagen" zu erhalten, attestierte sie über ein Jahr später der von ihr beauftragten Firma Rennert, dass die Emscherverlegung „auf Befehl der Militärregierung im Interesse einer gesteigerten Kohleförderung und zur Verhütung von Überschwemmungskatastrophen" umgesetzt werde.[372]

In der Tat war die Emscherverlegung ein großes und aufwendiges Projekt, das ein breites Spektrum an Tätigkeiten und mehrere aufeinander folgende Arbeitsschritte notwendig machte. Einiges davon wird dem Leser bereits bekannt vorkommen: Zunächst mussten neue Überführungen gebaut werden, damit die bestehenden Verkehrsverbindungen erhalten blieben. Neben Straßen umfassten diese Eisenbahn- und Straßenbahnschienen, eine Reichsautobahn, Fußgängerüberwege und Rohrleitungen. Auch eine Umgehungsstraße war geplant. Erst im Anschluss konnte in großem Umfang Erde ausgehoben werden. In einem weiteren Schritt musste schließlich das so entstandene Flussbett auf ganzer Strecke mit Bruchsteinen verkleidet werden. Auch der Transport dieser Steine von umliegenden Steinbrüchen war mit einem nicht unbeträchtlichen Aufwand verbunden. Damit der Fortschritt der Baustelle nicht schon im Frühstadium durch Wassereinbrüche gefährdet wurde, waren zudem Wasserhaltungsarbeiten notwendig.[373] Bis dies alles erledigt war, war es Herbst 1949 geworden. Am 4. Oktober wurde das neue Emscherbett durch den nordrhein-westfälischen Wirtschaftsminister Erik Nölting eingeweiht. Bei der festlichen Veranstaltung waren neben dem Vorstand und Mitgliedern der Berufungskommission auch zahlreiche Behördenvertreter anwesend.[374]

Auch der Umgang mit zerstörten und beschädigten Klärwerken, Pumpwerken, Deichen und anderen Anlagen war von großer Kontinuität geprägt. Aufräum-, Reparatur- und Aufbauarbeiten banden in den ersten Jahren nach Kriegsende einen Großteil der verfügbaren Arbeiter und Ressourcen. Die Kosten für die Beseitigung der Schäden beliefen sich im Lippegebiet auf etwa 2,5 Millionen Mark.* Sie wurden ungefähr zur Hälfte jeweils vom Land Nordrhein-Westfalen und dem Lippeverband getragen.[375] Bis zum Haushaltsjahr 1950, das laut Ramshorn das Ende der meisten Wiederherstellungsmaßnahmen markierte, hatten die Reparaturen der Emschergenossenschaft rund 19 Millionen Mark gekostet.[376] Während der Lippeverband bereits 1951 vermeldete, dass alle Kriegsschäden beseitigt seien, dauerten die letzten Maßnahmen im Emschergebiet bis 1954 an.[377]

Bei größeren Anlagen gestalteten sich die Arbeiten zwar langwierig, die meisten von ihnen waren jedoch Ende der 1940er Jahre wieder im gleichen Maße nutzbar wie vor ihrer Zerstörung. Den Betrieb der Kläranlage Dorsten beispielsweise, die durch Bombentreffer zu neunzig Prozent zerstört worden war, konnte der Lippeverband im Januar 1949 aufnehmen.[378] Sogar die Kläranlage in Dortmund-Kemminghausen, von der fast nichts mehr übrig geblieben war, war Anfang 1949 weitgehend einsatzbereit[379] und lief 1950 schließlich wieder mit voller Leistung.[380] Insgesamt konnte Ramshorn im Jahresbericht für 1949 vermelden, dass alle elf Kläranlagen des Verbandes nun wieder im Einsatz waren.[381]

Die drei zerstörten Entphenolungsanlagen des Lippeverbandes erlebten eine ähnlich rasche Wiederherstellung. Zwei von ihnen konnten bis Ende 1948 erneut in Betrieb gehen,[382] 1949 lief auch die dritte.[383] Im Ergebnis arbeiteten nun Anlagen wieder, die bereits lange vor dem Krieg errichtet worden waren. Dem ungeübten Beobachter war es von außen kaum ersichtlich, ob zwischendurch Teile zerstört oder außer Betrieb gesetzt worden waren. Noch wichtiger aber war: Wie stets seit ihrer Gründung wurden die Aufgaben der Verbände wieder verlässlich erledigt. Die angeschlossenen Gemeinden, Bergwerke und

* Da während der Jahre des Wiederaufbaus die Währung reformiert wurde, ist diese Angabe im Jahresbericht LV 1950 in „RM und DM" verzeichnet (siehe dort S. 6).

Unternehmen konnten sich ebenso selbstverständlich auf die EGLV verlassen, wie es in den Jahrzehnten zuvor der Fall gewesen war.[384]

Für das Selbstbild und die Außenwirkung beider Verbände war es entscheidend, die Verwaltungsgebäude wieder instand zu setzen. Am Gebäude der Emschergenossenschaft in der Essener Kronprinzenstraße errichtete man ab August 1950 einen Erweiterungsflügel, in den unter anderem das Vorflutdezernat einziehen sollte. Damit konnte die Abteilung schließlich die zugigen Räume in der Bürobaracke am Moltkeplatz verlassen.[385] Ein Jahr später packte auch die chemische Abteilung zusammen und zog zurück in die Kronprinzenstraße.[386] Der Hauptsitz des Lippeverbandes in Dortmund war im Frühjahr 1954 wieder vollständig nutzbar,[387] auch einige Abteilungen der Emschergenossenschaft zogen 1956 dort ein.[388]

Während die Emschergenossenschaft mit der Verlegung der Emscher ein gigantisches neues Bauprojekt realisierte, brachte auch der Lippeverband neue Bauvorhaben voran. Im April 1947 nahm er bei Rüthe Arbeiten auf: Es entstand ein etwa ein Kilometer langer und sechs Meter hoher Deich entlang einer Senkungsmulde an der Lippe. Ein neues Pumpwerk folgte. Bereits im zurückliegenden Sommer hatten in Herringen-Sundern die Arbeiten an einem anderen neuen Pumpwerk begonnen, und ab Anfang 1948 gab der Verband grünes Licht, um das Pumpwerk Hamm-Geinegge zu erweitern.[389]

Rasch gelang es zudem beiden Verbänden, im Bereich der Forschung an ihre frühere Relevanz anzuknüpfen. Um die Strömungsverhältnisse im neuen Emscherbett zu berechnen, führten sie Versuche im Ludwig-Franzius-Institut der Universität Hannover durch[390] – die Versuchsanlage der Emschergenossenschaft war im Krieg zerstört worden.[391] Ab Sommer 1947 unterzog der Lippeverband, so wie er es vor dem Krieg getan hatte, das Lippewasser wieder regelmäßigen Untersuchungen. Nachdem die Abwässer der Chemischen Werke Hüls den Fluss stark verschmutzt hatten, unternahm der Verband gemeinsam mit dem Werk Versuche, um ein Reinigungsverfahren zu entwickeln.[392] Ab 1949 bezog er auch den Rhein in seine Untersuchungen ein, um eventuell schädliche Einflüsse der Lippe zu identifizieren.[393]

Im Sommer 1949 konnte die Emschergenossenschaft besonders öffentlichkeitswirksam unterstreichen, dass sie nach wie vor als Forschungsinstitution ernst zu nehmen war. Im Juli war im Niederrhein ein ungewöhnlich großes Fischsterben aufgetreten. Eine gründliche Ursachenforschung war der Emschergenossenschaft schon allein deswegen wichtig, da zunächst die Emscher in Verdacht geriet, mit einem zu hohen Phenolanteil dafür verantwortlich zu sein – die Geschehnisse in den 1920er Jahren waren der EGLV noch deutlich vor Augen. Jetzt stand erneut der gute Ruf auf dem Spiel, auch wenn ein Jahr zuvor der Lippeverband – er hatte an der Ahse mit einer ähnlichen Situation zu kämpfen gehabt – aufgrund von Untersuchungen erfolgreich jede Schuld von sich hatte weisen können.[394]

Auch die Überprüfungen der Emschergenossenschaft konnten belegen, dass der Grund für das Fischsterben an einer anderen Stelle lag: Der Jahresbericht für 1949 klärte die Genossen darüber auf, „dass dem Rhein oberhalb der Emschermündung an vielen Stellen schädliches Abwasser zugeführt wird, darunter auch phenolhaltiges".[395] Das Wirtschaftsministerium reagierte und gab weitere aufwendige Versuche in Auftrag. Neben dem Landesamt für Gewässerkunde und der Limnologischen Station des Krefelder Kaiser-Wilhelm-Instituts war auch die Emschergenossenschaft an diesen Untersuchungen beteiligt.[396] Wieder einmal konnte sie sich somit als unverzichtbare Expertin präsentieren, deren Kompetenz auch im Bereich der allgemeinen Hydrologie lag – und damit aus der Not eine Tugend machen. Schon bald fand sie Wege, ihre Vorreiterrolle weiter auszubauen: Ab 1950 führte sie regelmäßig ein Verfahren durch, das die Durchlaufzeit von Wasser mithilfe von radioaktiven Substanzen maß – eine Methode, die der Lippeverband ein Jahr später übernahm.[397]

Die Verbände vermochten auf Grundlage ihrer technischen Möglichkeiten nicht nur ihr wissenschaftliches Profil zu verteidigen. Wie schon in den Jahren vor 1945 konnte sich die EGLV auch gegenüber Vertretern der Landwirtschaft als kompetenter Ansprechpartner präsentieren, der in der Lage war, gemeinsame Interessen durchzusetzen. In den frühen 1950er Jahren startete sie erste Versuche, um Klärschlamm anzureichern und als Düngemittel zu optimieren. Im Lippegebiet legte man zwei Versuchsfelder an, die regelmäßig von ausgewählten Bauern besucht werden konnten.[398]

Nachdem die Angestellten der EGLV in den späten 1940er Jahren kaum Publikationen zur Wasserwirtschaft und zur Hydrologie vorweisen konnten, steigerte sich der Output bald. Im Berichtszeitraum für das Jahr 1948 waren lediglich zwei neue wissenschaftliche Publikationen zur Abwasserreinigung erschienen, beide verfasst von Jan Husmann, dem Leiter der Abteilung Abwasserreinigung.[399] Bereits im Berichtsjahr 1952 konnten jedoch ganze 21 Aufsätze und andere Publikationen von verschiedenen Mitarbeitern, unter ihnen auch Baudezernent Helmut Carp und Baudirektor Alexander Ramshorn, vorgelegt werden.[400] Die Verbände hatten auch hier erfolgreich dafür gesorgt, rasch an ihre frühere Stellung anzuknüpfen.

LANGJÄHRIGE GESCHÄFTSPARTNER, HILFSARBEITER UND DIE EWIG GLEICHEN KONFLIKTE: DIE AUSSENBEZIEHUNGEN DER VERBÄNDE

Mit der Wiederaufnahme der Arbeit an den Anlagen und Baustellen der Verbände ging ein weiterer Aspekt von Kontinuität einher. Die EGLV arbeitete nämlich fast ausschließlich mit denselben Baufirmen zusammen, die auch schon vor 1945 von ihr beauftragt worden waren. Das Pflasterunternehmen August Klein aus Oberhausen beispielsweise hatte bereits in der ersten Phase der Emscherverlegung an Arbeiten zur Straßenbefestigung mitgewirkt. In den Kriegsjahren konnte sich die Firma besonders profilieren, weil sie über vergleichsweise große Arbeiterkontingente und viele Maschinen verfügte. Im Februar 1941 gewann sie – obwohl die Konkurrenz billiger war – aus diesem Grund den lukrativen Auftrag, die Reichsstraße 8 in Dinslaken umzuleiten.[401] Die gute Versorgung mit Arbeitern sollte dem Unternehmen auch weiterhin zum Vorteil gereichen und sicherte ihr im September 1942 zunächst die weitere Zusammenarbeit.[402] Als zwei Jahre später die Arbeiten aufgrund des Krieges eingestellt werden mussten, fiel für die Firma August Klein nicht nur ein Auftrag, sondern auch ein bewährt verlässlicher Auftraggeber weg. Kurz nach Kriegsende zeichnete sich für das Unternehmen jedoch ein Aufschwung ab: Die Emschergenossenschaft stellte ihm schon am 28. Mai 1945 eine der begehrten Bescheinigungen darüber aus, dass sie an den wieder aufgenommenen Arbeiten an der Emscherverelgung beteiligt war. In dem Dokument betonte sie wieder einmal, dass die Maßnahmen „auf Anordnung der Militärregierung" ausgeführt wurden. Und wieder einmal bat sie die verantwortlichen Stellen, der Firma „bei der Anforderung von Arbeitskräften und Beschaffung von Geräten und Baustoffen in jeder Weise behilflich" zu sein.[403] Das Unternehmen, das die Emschergenossenschaft ab Herbst 1946 wieder beschäftigte, hatte somit nicht nur eine voraussichtlich große Planungssicherheit erhalten. Weil es mit der Emscherverlegung eine zentrale Infrastrukturmaßnahme betreute, konnte es auch, wie es bereits früher der Fall gewesen war, eine hervorgehobene Stellung und Vorteile in der Ressourcenverteilung genießen.

Auch die dem Leser bereits gut bekannte Firma Gebrüder Igel aus Walsum – man denke an die Affäre um die 150 Paar Gummistiefel, für die sich der Dezernent Helmut Carp im Frühsommer 1946 persönlich beim Landwirtschaftsamt Düsseldorf eingesetzt hatte[404] – war schon an den Arbeiten zur Emscherverlegung in den frühen 1940er Jahren beteiligt gewesen.[405] Das auf Hoch- und Tiefbau spezialisierte Unternehmen wurde ebenfalls bald nach Kriegsende wieder beschäftigt. Im Umgang mit den Gebrüdern Igel kristallisierte sich die Haltung der EGLV gegenüber den Subunternehmern in der Nachkriegszeit besonders deutlich heraus. Wie wir bereits sehen konnten, war es der Leitungsebene der beiden Verbände nämlich keineswegs egal, ob Bauunternehmer als nationalsozialistisch „belastet" galten. Das Entnazifizierungsverfahren gegen die Eigentümer der Firma etwa hatte sie interessiert verfolgt. Gegenüber der Militärregierung hatte sie sogar wie geschildert angekündigt, sich auf die Suche nach einem Ersatz vorzubereiten.[406] Hintergrund waren hier wohl hauptsächlich strategische Überlegungen: Im Falle einer negativen Einstufung der Brüder Igel wäre die Firma möglicherweise nicht mehr arbeitsfähig gewesen. Für die Arbeit an der Emscherverlegung war es jedoch notwendig, dass alle beteiligten Unternehmen stets verfügbar blieben, damit die einzelnen Arbeitsschritte wie geplant ineinandergreifen konnten. Anzunehmen ist auch, dass der Fall Igel eine willkommene Möglichkeit darstellte, der Militärregierung zu demonstrieren, dass die EGLV ihre Politik unterstützte. Die Situation vereinfachte sich für die Emschergenossenschaft erst durch den Ausgang des Verfahrens, wonach die Brüder Igel weiter beschäftigt bleiben konnten. Damit erübrigte es sich, eine andere Baufirma auszuwählen, und die EGLV verstetigte stattdessen die Arbeitsbeziehung mit dem Unternehmen. In der Dokumentation der Emschergenossenschaft finden sich bis 1967 Nachweise für die Zusammenarbeit.[407]

Dass das Unternehmen seine Aufträge in den Kriegsjahren auch durch unfreie Arbeiter erledigen ließ, stand der über Jahrzehnte hinweg kontinuierlichen Arbeitsbeziehung mit den Gebrüdern Igel mitnichten im Wege. Wie bei vielen anderen Unternehmen – von der oben erwähnten Firma August Heine wusste sie spätestens seit 1942, dass sie Kriegsgefangene einsetzte[408] – ist auch für die Gebrüder Igel eindeutig belegt, dass die EGLV über diesen Umstand informiert war. Schließlich mussten die Betriebe in ihren Angeboten aufführen, über wie viele Arbeitskräfte sie verfügten und wie sich diese sowie die Kosten für die Belegschaft zusammensetzten. Auf dieser Grundlage konnten die Verbände die Machbarkeit und die Wirtschaftlichkeit der Baumaßnahmen berechnen und eine Entscheidung über die Auftragsvergabe treffen. So hatten sie schließlich Ende 1942 wie geschildert der Firma Igel den Zuschlag erteilt, nachdem diese angegeben hatte, dass nun auch französische Kriegsgefangene einen Teil der Arbeit erledigen würden.[409]

Die Vorliebe der Verbände für Baufirmen, mit denen sie bereits eine tradierte Zusammenarbeit pflegten, war offenbar in der gesamten Branche bekannt. Nachdem die Emschergenossenschaft im Sommer 1949 in der *Welt* eine Ausschreibung für Baumaßnahmen am Hellbach veröffentlicht hatte, erhielt sie Anschreiben zahlreicher Unternehmen. Wie es in diesen Verfahren üblich war, mussten interessierte Firmen die Verbände zunächst um die Zusendung von sogenannten Verdingungsunterlagen ersuchen. Auf Grundlage dieser Dokumente konnten sie dann Angebote erstellen, die sie wiederum bei der EGLV einreichten. Aufgrund des üblicherweise großen Umfangs der Maßnahmen waren die Wasserverbände äußerst attraktive Auftraggeber.

In der Form und im Tonfall der Anschreiben, in denen die Baufirmen die Verdingungsunterlagen anforderten, zeigen sich deutliche Unterschiede zwischen denjenigen, die schon einmal oder mehrmals für die Verbände tätig gewesen waren, und jenen, die diese Möglichkeit bislang nicht erhalten hatten. So erklärte die Firma Heinrich Rennert aus Neuss in ihrer Bitte um die Verdingungsunterlagen knapp, ihre „Leistungsfähigkeit" sei „aufgrund unserer ununterbrochenen Beschäftigung für die Emschergenossenschaft seit 1943 bekannt".[410] Auch der Bauunternehmer Th. Massenberg aus Essen nutzte die bisherige Zusammenarbeit als Argument: „Wie Ihnen bekannt, habe ich bereits in den früheren Jahren für die Emschergenossenschaft, den Lippeverband und den Ruhrverband größere Arbeiten dieser Art ausgeführt."[411]

Die Anschreiben von Unternehmen, die noch nie für die Verbände tätig waren, fielen dagegen häufig ausführlich aus und brachten zudem oft eine gewisse Bitterkeit zum Ausdruck. Der Bauunternehmer Otto Trebitz aus Duisburg etwa verhehlte seine Frustration über die Vergabepolitik der EGLV kaum:

> Vielleicht wird es Ihnen dieses Mal möglich sein, mir die Unterlagen zuzusenden, da ich bisher stets und ständig nicht berücksichtigt werden konnte. Über meine bisherigen Arbeiten dürften Sie aufgrund meiner wiederholten Anforderungsschreiben und den beigelegten Gerätelisten hinreichend informiert sein.[412]

Das Schreiben des Unternehmers Carl Junk aus Paderborn war im Tonfall geradezu anklagend. Er wolle, so der Inhaber Junk, dass „meine persönlichen und schriftlichen Bewerbungen an Ihre verschiedenen Dienststellen [...] doch einmal zum Erfolg führen". Dies sei jedoch „völlig unmöglich [...] wenn wir noch nicht einmal Ausschreibungsunterlagen zur Verfügung gestellt bekommen".[413] Auch im Brief der Firma Josef Stewering, sesshaft nahe Borken (Westfalen), klangen ähnliche Töne an:

> Wie ich bereits mehrfach schriftlich und mündlich erklärt habe, bin ich durchaus in der Lage, derartige Großaufträge zur vollsten Zufriedenheit der Auftraggeber durchzuführen. [...] Unter Hinweis auf meine früheren Bewerbungen bitte ich dringend um Übersendung der Verdingungsunterlagen.[414]

So laut der Unmut in der Korrespondenz auch herauszuhören ist, Konsequenzen blieben aus. Die Betrachtung der historischen Quellen zeigt deutlich, dass die EGLV bewährten Lösungen in Hinsicht auf die Zusammenarbeit mit Baufirmen klar den Vorrang gab.

Die Auftragsvergabe an Unternehmen, die bereits früher für die Verbände tätig gewesen waren, beruhte – wie so viele operative Entscheidungen der EGLV – hauptsächlich auf strategischen Überlegungen. Hier stand im Mittelpunkt, dass Firmen, die mit den üblichen Abläufen auf den Baustellen, den zuständigen Ansprechpartnern und den möglichen Problemen vertraut waren, aus Sicht der EGLV verlässliche Geschäftspartner darstellten. Für den Verlauf der Baumaßnahmen versprach die Zusammenarbeit mit ihnen Berechenbarkeit. Für die Beauftragung gleich mehrerer erfahrener Baufirmen galt dies umso mehr: Schließlich war es für den reibungslosen Ablauf auf den Baustellen vorteilhaft, wenn sich auch die Unternehmer gegenseitig kannten. Betriebswirtschaftlich betrachtet ist das Vorgehen auch aus heutiger Perspektive nachvollziehbar. In der Tat reduziert es Unwägbarkeiten, wenn Aufträge an diejenigen vergeben werden, die ihre Aufgaben auch in der Vergangenheit zur allgemeinen Zufriedenheit erledigt hatten. Da die EGLV mit der erfolgreichen Durchführung komplexer Projekte auch immer wieder ihre eigene Stellung legitimieren musste, hätte die Einbeziehung unbekannter Faktoren ein Risiko dargestellt. Dass sich auf diesem Wege eine Kontinuität von Aufgaben, Beziehungen und Abläufen in den Verbänden etablierte, ging also direkt auf eine erfolgreiche Verwaltungsstrategie zurück. Kontinuität war hier kein Ziel, auf das bewusst hingearbeitet wurde, sondern das Nebenprodukt einer Arbeitsweise, die sich unter immer wieder wechselnden Bedingungen an einem ökonomischen Primat orientierte.

Nicht nur die Baufirmen, auch die Arbeiter auf den Baustellen der EGLV standen in einem solchen Zusammenhang. Auch hier finden sich kontinuierliche Strukturen, die weniger auf eine ideologische Prägung denn auf pragmatische wirtschaftliche Entscheidungen in den Zentralen der Emschergenossenschaft und des Lippeverbandes zurückgingen. Für die Arbeiter selbst, die ihren Aufgaben oft unter schlechten Bedingungen nachgingen, mag dieser Unterschied freilich bedeutungslos gewesen sein. So verrichteten etwa nach wie vor ungelernte Arbeiter umfangreiche Aufgaben für die Verbände. Nachdem in den 1930er Jahren Arbeitslose körperlich anstrengende Tätigkeiten wie den Erdaushub erledigt hatten, wurden auch nach Kriegsende Personen ohne Beschäftigung an die Baustellen vermittelt. Vor allem finden sich in der Dokumentation für die Jahre nach 1945 Hinweise auf „Ostflüchtlinge" und ehemalige Soldaten. Aufgrund des immer noch anhaltenden Fachkräftemangels stellten solche Personen häufig sogar den Großteil der Mannschaften dar. Sie verrichteten die Aufgaben oftmals ohne die richtige Ausstattung, vielen mangelte es etwa an angemessener Kleidung. Die Firma August Heine erklärte gegenüber der Emschergenossenschaft, dass der Baufortschritt unter den schlechten Arbeitsbedingungen des Personals litt:

> Ein [...] Grund für die Minderleistung während der jetzigen Jahreszeit ist die mangelhafte Bekleidung der zum Teil berufsfremden Belegschaftsmitglieder. Der größte Teil von ihnen besteht aus Ostflüchtlingen und Militärentlassenen, welche an Kleidung nicht mehr besitzen, als sie zufällig auf dem Leibe tragen. Ist diese während der jetzigen Jahreszeit einmal nass geworden, so legen die Leute die Arbeit nieder und gehen heim, um vielleicht auch am nächsten Morgen noch nicht zur Arbeit zu erscheinen, weil mangels Heizmaterial der einzige Anzug eben nicht trocknen konnte.

Das Schreiben erwähnt noch einen anderen Mangelzustand:

> Weiter trägt auch die katastrophale und sich immer mehr verschlechternde Ernährungslage dazu bei, dass ein ganz beträchtlicher Teil der Belegschaft zeitweise von der Arbeit fernbleibt um sich, ganz gleich auf welche Art, irgendwelche Nahrungsmittel zu beschaffen.[415]

Zusätzlich zu ungelerntem Personal waren in den Baufirmen, die von der EGLV beauftragt wurden, auch weiterhin Gefangene als Arbeiter verpflichtet – jetzt anstelle von Kriegsgefangenen allerdings Strafgefangene, wie aus der Dokumentation hervorgeht. So beschäftigte die Firma Harbott & Hoyer im Herbst und Winter 1947 auf der Baustelle Sterkrade-Buschhausen täglich zwischen zehn und 18 Gefangene.[416] Im Winter 1947 schloss die Emschergenossenschaft selbst mit der Justizverwaltung in Nordrhein-Westfalen einen Vertrag über die Beschäftigung von Strafgefangenen. Darin wurden ihr für die Emscherverlegung insgesamt 164 Personen als Arbeitskräfte zugesichert. Im Gegenzug musste die Emschergenossenschaft die Unterkunft, die Verpflegung und die Gewährleistung hygienischer Verhältnisse für die Gefangenen übernehmen. Der konkrete Einsatz der Männer war abhängig davon, welche Verträge zu den einzelnen Baufirmen bestanden.[417]

Kontinuitäten in den Außenbeziehungen der Verbände lassen sich auch in einem anderen Bereich erkennen. Die EGLV hatte ihre Interessen schließlich immer auch gegen die Wünsche anderer durchzusetzen versucht. Konflikte mit Gemeinden, Einzelpersonen oder Unternehmen waren seit der Gründung von Emschergenossenschaft und Lippeverband an der Tagesordnung gewesen. Aus diesem Grund war die Arbeit der Verbände permanent von Aushandlungen mit diesen Akteuren begleitet.

Betrachtet man einzelne Auseinandersetzungen, wird schnell deutlich, dass auch in dieser Hinsicht das Kriegsende keine maßgebliche Zäsur darstellte. Der Lippeverband stand etwa seit Ende der 1920er Jahre im Gespräch mit der Provinzialheilanstalt Eickelborn. Zwar befand diese sich nicht im Verbandsgebiet, durch Zuflüsse war aber abzusehen, dass die Abwässer des Krankenhauses das Wasser im Lippegebiet verschmutzen würden.[418] Um die Belastung durch die Anstalt möglichst klein zu halten, war vereinbart worden, dass für ihre Bewirtschaftung Wasser aus der Lippe entnommen werden durfte. Zudem errichtete man vor Ort eine Kläranlage.[419] Weil dabei immer wieder Anpassungen an die Erfordernisse der Heilanstalt getroffen werden mussten und der Verband sichergehen wollte, dass seine Arbeit vorteilhaft vergütet wurde, korrespondierte der Lippeverband in dieser Angelegenheit regelmäßig mit unterschiedlichen politischen Entscheidungsträgern. In den Akten zeigt sich weder in der Sprache noch darin, welche Probleme thematisiert wurden, ein bemerkenswerter Unterschied zwischen Dokumenten aus den Jahren 1930 und 1949.[420]

Auch die Auseinandersetzung der Verbände mit den Pächtern, welche die an Emscher, Lippe und den zahlreichen Nebenflüssen liegenden Wiesen bewirtschafteten, verlief in der Nachkriegszeit im Wesentlichen wie in den 1930er Jahren. Häufig beantragten die Pächter Entschädigungszahlungen, weil Wiesen und Felder ausgetrocknet waren oder aber durch Hochwässer überflutet wurden. So forderte etwa der Landwirt Gerhard Christen aus Gladbeck im Herbst 1934 erfolgreich eine Zahlung als Ausgleich für Ausfälle ein.[421] Ähnliche Schreiben von Christen, in denen er weitere Entschädigungsleistungen forderte, und Vermerke der Emschergenossenschaft über Auszahlungen an den Pächter lassen sich bis ins Jahr 1948 finden.[422] Wiederholte Auseinandersetzungen zwischen der Familie des Landwirts Heinrich Groß-Hartman und der Emschergenossenschaft zogen sich sogar von 1912 bis 1973 hin.[423]

Dass sich in den Außenbeziehungen der Verbände schnell wieder Muster etablierten, die denen aus der Vorkriegszeit und aus den Jahrzehnten davor entsprachen, lag größtenteils im Charakter ihrer Tätigkeit begründet. Wie so oft prägten in erster Linie betriebswirtschaftliche und technische Überlegungen die Entscheidungen darüber, wie vorgegangen wurde und mit wem die Verbände auf welche Weise kommunizierten. Politische oder ideologische Erwägungen waren in diesem Zusammenhang nicht nur irrelevant, sie hätten sogar eine Störung funktionierender Prozessabläufe bedeutet. Auch Kontinuität stellte also gewissermaßen eine Folge verwaltungstechnischer Priorisierungen und Handlungslogiken dar. Für die interne Geschichtspolitik der Verbände war sie dennoch keine neutrale Größe: Im Gegenteil, Kontinuität selbst sollte in der Selbstreflexion der EGLV eine zunehmende Rolle spielen.

KONTINUITÄT ALS ARGUMENT: DAS GESCHICHTSBILD IN DER EGLV

Im November 1954 fand im ersten Stock des Emscherhauses in der Kronprinzenstraße ein Festakt statt. Anlass war die Enthüllung einer Gedenktafel, mit der der Angestellten gedacht wurde, die im Zweiten Weltkrieg verstorben waren oder als vermisst galten. Bei der Veranstaltung traten der verbandseigene Chor und das Streichquartett auf, man verlas Briefe und Gedichte von Soldaten.[424] Aufgrund der knappen Platzverhältnisse war es nicht möglich gewesen, alle Angestellten zu der Feier einzuladen, auch manche Angehörige der Gefallenen hatten nicht mehr berücksichtigt werden können. Die der Feier fernbleiben mussten, erhielten jedoch eine Festschrift mit einer Abbildung der Tafel.[425] In den Akten sind zahlreiche Schreiben der Empfänger überliefert, die sich angesichts der Drucksache tief bewegt zeigten.[426]

Die Erinnerung an Kriegsgefallene war in den 1950er Jahren ausgesprochen üblich. Narrative vom Schicksal jüdischer Mitmenschen und anderer Verfolgter als Opfer des Nationalsozialismus waren noch nicht verbreitet. Stattdessen konzentrierte sich die gesellschaftliche Auseinandersetzung auf diejenigen, die als Soldaten ums Leben gekommen waren oder Verletzungen davongetragen hatten. Die EGLV lag hier also, wie so oft, im allgemeinen Trend.

Mit dem Gedenken an die verstorbenen oder vermissten Angestellten rückte jedoch auch eine Diskontinuität der Arbeit der Verbände in den Blick. Der vermutliche oder sichere Tod zahlreicher männlicher Mitarbeiter hatte eine Lücke in der beständigen Geschichte der Verbände hinterlassen.

Die Gedenkveranstaltung im Emscherhaus stellte diese Lücke jedoch nicht in den Vordergrund. Im Gegenteil: Ausgerechnet mit der Veranstaltung, in der es im Kern um Diskontinuität ging, beschwor die Leitung explizit die Kontinuität der eigenen Geschichte. Gleich zu Beginn seiner Rede an die versammelten Zuhörer stellte Ramshorn, nach wie vor Baudirektor, die neue Gedenktafel in einen direkten Zusammenhang mit der Tradition der EGLV. Er verwies auf eine weitere Gedenktafel, die seit 1930 im zweiten Geschoss des Emscherhauses angebracht war: Sie erinnerte an die Gefallenen des Ersten Weltkrieges.[427] Wie diese Tafel war auch die jetzt präsentierte, so betonte Ramshorn ausdrücklich, von Joseph Enseling geschaffen worden.[428] Der Bildhauer genoss im Ruhrgebiet ausgesprochen hohes Ansehen, er hatte sich durch prominent platzierte Skulpturen einen Namen gemacht und war vielen Bürgern ein Begriff. 1928 etwa war mit dem Essener Baedekerhaus in der Burgstraße, der heutigen Kettwiger Straße, ein prunkvoller Neubau mit vier monumentalen Skulpturen aus seiner Werkstatt ausgestattet worden.[429] Enseling hatte überdies mehrere Gedenktafeln und -skulpturen für die Soldaten des Ersten Weltkriegs entworfen. So war 1937 auf der Zeche Constantin die Statue eines trauernden Bergmannes eingeweiht worden, mit der an die im Ersten Weltkrieg gefallenen Kumpel erinnert wurde.[430]

Ramshorn verknüpfte in seiner Rede die Tafel also mit früheren Gepflogenheiten, er überführte sie in eine Emscherhaustradition. Mit der bekundeten Beauftragung Enselings stellte er sie zudem in einen größeren Ruhrgebietskontext: Die Emschergenossenschaft trauerte, wie es sich im Revier etabliert hatte – unter Nutzung der Bildsprache und des Namens eines weithin bekannten und respektierten Künstlers. Auch die Praxis, überhaupt an gefallene Soldaten zu erinnern, bettete der Baudirektor in einen größeren Zusammenhang ein. Zwar räumte er ein, dass „in der deutschen Geschichte das Jahr 1945 den tiefsten Einschnitt" bedeutet habe. Die Ehrung der Toten jedoch stelle über alle Zäsuren hinweg ein „seit Menschengedenken oberstes Gebot" dar. Zur Illustration dieser überzeitlichen Qualität verwies Ramshorn selbstbewusst auf eine Rede des griechischen Staatsmannes Perikles, gehalten „etwa 450 vor Christus, also vor mehr als 2000 Jahren".[431]

Die Argumentation, die Ramshorn in der Gedenkrede wählte, war für die Rhetorik, die sich innerhalb der Verbände herausgebildet hatte, charakteristisch. Der Verweis darauf, dass das gegenwärtige Handeln in einem überzeitlichen Zusammenhang stand, legitimierte sowohl die aktuellen Entscheidungen als auch die EGLV als Ganze. Alexander Ramshorn selbst war einer der maßgeblichen Väter dieser Rhetorik. Er hatte schließlich nicht nur die jährlichen Berichte über die Arbeit der Emschergenossenschaft und des Lippeverbandes geschrieben, sondern auch drei Publikationen über die Geschichte der Verbände verfasst, die alle im Selbstverlag der EGLV herausgegeben wurden.[432] Besonders beispielhaft für das Geschichtsbild, das sich durch alle diese Darstellungen zieht, ist Ramshorns Beschreibung der Emscherverlegung in seinem letzten Buch *50 Jahre Emschergenossenschaft*. Die Entwicklung dieser Baumaßnahme, die, wie wir sehen konnten, im Zweiten Weltkrieg einige Jahre hatte ruhen müssen, liest sich hier als stetig und kontinuierlich, Ramshorn verschweigt den Baustopp. Die knappe Überschrift, die er für das Unterkapitel zur

Emscherverlegung wählte, legt ebenfalls eine ungebrochene Bauphase nahe: „Emscherverlegung 1938 bis 1949“.[433] Der Text suggeriert jedoch nicht nur, dass die Geschichte der Emscherverlegung kontinuierlich verlaufen sei, er stellt darüber hinaus Bezüge zu Plänen und Maßnahmen her, die viele Jahre zurücklagen. Einleitend wies Ramshorn darauf hin, dass „schon die Verlegung der Emschermündung von Alsum nach Walsum im Jahre 1909“ ein „bedeutendes Beispiel der Verlegung eines Wasserlaufes“ dargestellt habe. Pläne für die 1938 begonnenen Baumaßnahmen würden außerdem, so hob es der Text hervor, bereits auf das Jahr 1925 zurückgehen. Sogar die grundlegende Entscheidung, mit welcher Maßnahme man überhaupt auf die durch den ursprünglichen Lauf hervorgerufenen Probleme reagieren solle, stellte Ramshorn in eine lange Tradition:

> Bei der Entwurfsaufstellung stand man wie zu Anfang des Jahrhunderts vor der Frage, ob die ganze Emscher, da die Deiche nicht weiter erhöht werden konnten, unter Abschluss vom Rhein durch ein Pumpwerk in diesen gehoben werden oder ob die Verlegung der Mündungsstrecke weiter nach Norden gewählt werden sollte.

Die favorisierte Lösung präsentierte Ramshorn nicht nur als technisch überlegen, sondern darüber hinaus als historisch bewährt: „Sie war die gleiche wie damals: Verlegung.“[434] Ramshorn verweist sogar über den Zeithorizont der Fertigstellung im Jahr 1949 hinaus und findet Beispiele für spätere Rückgriffe auf tradiertes Wissen im Umgang mit der neuen Emschermündung. So beschrieb er, wie 1950 und 1951 neue Rohre von dort in den Rhein gelegt wurden, „[ä]hnlich wie 1921 an der damaligen Mündung der Emscher bei Walsum“.[435]

Auch wenn die Betonung langer Kontinuitätslinien in der Selbstdarstellung der Verbände eng mit Ramshorn verknüpft war, zeigte sich am Ende seiner langen Dienstzeit als Baudirektor nachdrücklich, dass sich das Sprechen von der EGLV als Hüterin kontinuierlicher Traditionen verstetigt hatte.

Mit dem Ausscheiden Ramshorns aus der EGLV ging das Amt des Baudirektors auf Erich Knop über. Knop war nach dem Krieg als Ingenieur in den Dienst der Emschergenossenschaft eingetreten und unter anderem an den bereits erwähnten Versuchen mit radioaktiven Isotopen der Verbände beteiligt gewesen. Seit 1955 stellvertretender Geschäftsführer des Lippeverbandes, wurde er 1957 zusätzlich stellvertretender Baudirektor der Emschergenossenschaft.[436] Am 25. April 1958 fanden anlässlich des Führungswechsels eine Feierstunde im Ruhrkohlehaus und ein anschließendes Festmahl im Essener Hof statt.[437] In seiner Ansprache zum Festakt hob Alfred Wimmelmann, Vorsitzender des Lippeverbandes, gleichermaßen Ramshorns Leistungen hervor und stellte die Arbeit seines Nachfolgers in die von ihm begründete Tradition:

> Ihr Vorgänger hat Ihnen in vielen Dingen bereits die Wege geebnet, und in seiner Schule sind Ihnen zahlreiche Kenntnisse und Fähigkeiten zugewachsen, die Ihnen die künftige Arbeit erleichtern werden.[438]

Nicht zuletzt war Ramshorns Erbe aber auch durch eine weitere Regelung abgesichert: Der frühere Baudirektor hatte sich bereit erklärt, auch im Ruhestand noch zwei Jahre lang als Berater für die Verbände zu wirken.[439]

Die Festveranstaltung diente nicht nur dem Abschied von Ramshorn und der Amtseinführung Knops. Der Landwirtschaftsminister von Nordrhein-Westfalen, Josef Effertz, nutzte den Anlass, um Ramshorn das Große Bundesverdienstkreuz zu verleihen.[440] Mit dem Essener Oberstadtdirektor Friedrich Wolff äußerte sich schließlich auch ein Vertreter der kommunalen Politik außerordentlich lobend über den scheidenden Baudirektor. Mit einem abgewandelten Zitat des amerikanischen Dichters Henry Longfellow zeigte er sich zuversichtlich, dass die von Ramshorn eingeführten Traditionen Bestand haben würden: „[d]ie Spuren Ihrer Taten werden nicht im Sande der Zeit verrinnen."[441]

Ramshorn wurde rasch selbst zu einem Element der Tradition, die er über so viele Jahrzehnte hinweg beschworen hatte. Bereits ein Jahr nach seiner Pensionierung erhielten die Abteilungsleiter und Dezernenten der EGLV die Einladung zu einer weiteren Feierstunde für den ehemaligen Baudirektor: dem 40-jährigen Betriebsjubiläum eines Mannes, der den Verbänden gar nicht mehr angehörte.[442] Wichtiger als eine genaue Berechnung der Dienstzeit war bereits jetzt die symbolische Bedeutung, die mit der Ehrung Ramshorns einherging.

Die Vorstellung von einer kontinuierlichen Tradition der EGLV prägte auch die Erinnerungsberichte, die die Verbände nach dem Aufruf an ihre Pensionäre erhielten. Wie viele Zusendungen die EGLV insgesamt erreichten, ist wie erwähnt nicht mehr zu rekonstruieren. In den Akten finden sich 18 eingesandte Texte, die sich in ihrer Form stark unterscheiden: Während der ehemalige Betriebsingenieur August Staschen stolze 69 Schreibmaschinen-Seiten präsentierte, beliefen sich die Aufzeichnungen von Wilhelm Rühl, früher im Innendienst der Betriebsabteilung tätig, auf vier handschriftliche Seiten.[443] Für ihre Mühen erhielten die Autoren Dankschreiben der Verbände. Je nachdem, wie umfangreich die Darstellungen eingereicht worden waren, fielen diese lediglich formell-höflich[444] oder aber regelrecht begeistert aus. Der ehemalige Baumeister Bernhard Schmalacker etwa erhielt ein enthusiastisches Dankschreiben von Erich Knop. In seinen Schilderungen war er nicht nur ausführlich auf verschiedene Bauprojekte eingegangen, sondern hatte auch detaillierte technische Zeichnungen beigelegt. Seine Informationen besäßen, so Knop, „nicht nur Archivwert", sondern seien „auch für den Nachwuchs von großer Bedeutung". Schmalackers Bericht wurde in das neu begründete Archiv eingepflegt und darüber hinaus auch in Kopie an einige Dezernate und Abteilungen verteilt.[445]

Bemerkenswert in diesem Zusammenhang sind die formalen Vorgaben, die die EGLV für die erbetenen Erwerbsbiographien aufgestellt hatte. Sie entwarfen einen zeitlichen Rahmen, der stark von Umbrüchen geprägt war. So formulierte das Anschreiben an die ehemaligen Angestellten die Erwartung, dass die Erinnerungen anhand der folgenden Zeiträume strukturiert werden sollten:

1. Von der Gründung der Emschergenossenschaft bis 1914
2. Erster Weltkrieg 1914–1918
3. Nachkriegszeit 1919–1932 (1926 Gründung des Lippeverbandes)
4. 1933–1945 (ohne Zweiten Weltkrieg)
5. Zweiter Weltkrieg 1939–1945
6. Nachkriegszeit ab 1945[446]

Diese Einteilung richtete sich also nicht nach Bauprojekten, technischen Innovationen oder Leitungswechseln in den Verbänden. Stattdessen übernahm sie politische Zäsuren. Obwohl die Pensionäre gebeten worden waren, technische Informationen in den Vordergrund zu stellen, war somit – wohl eher unbewusst als bewusst – eine narrative Struktur geschaffen worden, innerhalb der die Autoren sowohl ihre eigene als auch die Rolle der Verbände in unterschiedlichen politischen Umfeldern reflektieren konnten.

Obwohl der Großteil der Herren in ihren Berichten formal die vorgegebenen Zeitphasen übernahm, blieben ihre Erzählungen jedoch weitgehend unbeeindruckt von ihnen. Der ehemalige Ingenieur in der Pumpwerksabteilung Laurenz Kaufhold gab etwa gleich zu Beginn an, dass sein Dienst bei den Verbänden in zwei Perioden zerfiel: Die „Friedenszeit" vor dem Beginn des Ersten Weltkrieges und die Zeit ab 1914 – „die Jahre, in denen Krieg, Inflation, Deflation, Vorkriegszeit mit Aufrüstung, wieder Krieg und wieder Inflation mit allen ihren ungünstigen Auswirkungen einander abwechselten". Kaufhold war im September 1913 in die Emschergenossenschaft eingetreten, also im letzten Jahr der von ihm definierten ersten Zeitperiode.[447] Die 44 folgenden seiner 45 Dienstjahre fielen in seiner Betrachtung also in eine einzige, chaotische Epoche, die sich von 1914 bis in die Nachkriegszeit erstreckte. Dementsprechend bewertete Kaufhold die Auswirkungen des Jahres 1933 auf die Arbeit der Emschergenossenschaft als gering: Ihm zufolge „verlief der sogenannte Umbruch, infolge ihrer [d. i. die Emschergenossenschaft, Anm. d. Autoren] überkommunalen Stellung und bis dahin ohne eine betonte politische Richtung, im Gegensatz zu anderen Verwaltungen [...] nicht sehr turbulent". Lediglich „gelegentliche Aktionen einiger" seien der „guten Zusammenarbeit aller Beteiligten" abträglich gewesen.[448]

Anders als die nationalsozialistische Machtübernahme stellte der Kriegsausbruch 1939 für Kaufhold durchaus eine wesentliche Zäsur dar. Dennoch hob er auch hier die Beständigkeit der tagtäglichen Arbeit hervor: In seiner Schilderung waren die Verbände ununterbrochen damit beschäftigt, die Folgen dieser externen Einwirkungen zu beseitigen und ihre Anlagen zum Wohle der Bevölkerung zu erhalten. Als sein Vorgesetzter im März 1945 aus gesundheitlichen Gründen den Dienst quittierte, empfand Kaufhold es sogar als „eine Verpflichtung", dessen Aufgaben zu übernehmen.[449]

Im Bericht von Friedrich von Bülow, ehemals als Ingenieur beim Lippeverband angestellt, spielen die politischen Zäsuren ebenfalls keine Rolle. In seiner stichpunktartigen Schilderung folgt auf das Jahr 1928, das er wegen eines in Karlsruhe besuchten Vortrags erwähnt, direkt das Jahr 1937. Ohne politische Veränderungen zu kommentierten, dokumentiert von Bülow hier den Entwurf zur Emscherverlegung, der „von Herrn Baudirektor Helbing und mir aufgestellt" wurde.[450]

Auch die Erinnerungen des Ingenieurs Hermann Wegmann sind von Bezügen auf Baustellen und technische Planungen geprägt. Wegmann hatte für seinen Bericht einen tabellarischen Stil gewählt, in dem er die einzelnen Abteilungen, ihre Mitarbeiter und deren Arbeitsgebiete beschrieb. Zusätzlich enthielt seine Darstellung eine Auflistung aller Bauprojekte der Verbände. Diese war zwar in unterschiedliche Zeitphasen untergliedert, welche jedoch nicht mit politischen Zäsuren korrespondierten. So enthielt der Bericht etwa einen Abschnitt „Bau von Entphenolungsanlagen von 1926 bis Ende 1937" und einen weiteren „Bau von Entphenolungsanlagen 1938 bis 1958".[451]

Für die früheren Mitarbeiter war, so scheint es, im Rückblick entscheidend, wie technische Fragen gelöst wurden. An diesen Aspekt passten sie sowohl ihre Chronologien an als auch den Blickwinkel, aus dem heraus sie die Vergangenheit bewerteten. In dieser Logik ist auch der Bericht von Ernst Schaller zu verstehen. Der frühere Streckenmeister hatte zwar das Rheinhochwasser des Jahres 1920 als ein „besonderes Ereignis" aufgeführt, gab dagegen aber „[k]eine besonderen Vorkommnisse während Hitlers Machtergreifung" an.[452] Aufgrund der Gliederung seines Textes und der Vorgaben der Verbände ist anzunehmen, dass die Formulierung „Hitlers Machtergreifung" in Schallers Erinnerungen stellvertretend für die gesamte Zeit des Nationalsozialismus steht. Im Gegensatz zum Rheinhochwasser, das für ihn eine berufliche Herausforderung dargestellt hatte, ging die politische Veränderung laut seiner Zusammenfassung mit keinerlei Auswirkungen auf Schallers Tagewerk einher – in seinen Notizen war diese Zeitphase also weder für ihn selbst noch für die EGLV von Bedeutung.

Der starke Fokus der Pensionäre auf dem Umgang mit technischen Anforderungen ging sicherlich zum Teil auf die Erwartungshaltung zurück, die sich aus der Formulierung im Anschreiben der Verbände entnehmen ließ. Dort war ihnen schließlich gerade für ihre berufliche – und somit, in der Regel, technische – Kompetenz Anerkennung ausgesprochen worden. Entsprechend lag es nahe, diese Kompetenz auch zum Ausgangspunkt der Darstellung zu machen. Äußere Ereignisse wie das Rheinhochwasser und die Weltkriege spielten insofern in den Berichten erst eine Rolle, wenn sie mit Auswirkungen auf die Projekte der EGLV einhergingen. Ebenso wie die Jahresberichte und Chroniken von Alexander Ramshorn entwarfen die früheren Mitarbeiter eine Deutung der Verbände, die eine starke Kontinuität betonte. In ihren Darstellungen fußte diese maßgeblich auf der zentralen Aufgabe ihrer Arbeitgeber: die Auseinandersetzung mit technischen Herausforderungen.

Für die ehemaligen Mitarbeiter stellte der Aufruf der Verbände eine Anerkennung ihrer Berufsbiographien dar. Die in den Berichten praktizierte Beschwörung der EGLV als überzeitliche, traditionsreiche und stets unverzichtbare Körperschaft im Ruhrgebiet trug dazu bei, der eigenen Arbeit im Rückblick zusätzlich Sinn zu verleihen. Ein weiterer Nebeneffekt dieser Sichtweise war es, dass auch die gesamte eigene Biographie in diesen Kontext gestellt werden konnte. Die Kohärenz des individuellen Lebenslaufs – also sein innerer Zusammenhang – konnte implizit mit der Kontinuität der Organisation verwoben und bestärkt werden. Die Frage nach der eigenen Positionierung gegenüber den verschiedenen politischen Systemen der letzten Jahrzehnte stellte sich vor diesem Hintergrund ebenso wenig wie die nach der politischen Verortung der EGLV. Die Lesart von der großen Kontinuität der Wasserverbände war also gleichermaßen für die Verbände wie auch für die Pensionäre selbst so befriedigend wie strapazierfähig.

Die EGLV reihte sich mit dem Gedenken an die Gefallenen des Zweiten Weltkrieges nahtlos in den Zeitgeist der 1950er und frühen 1960er Jahre ein. Dass sie ihre Pensionäre so pragmatisch in den Versuch einbanden, Fachwissen zu generieren, war ebenfalls nicht ungewöhnlich: Auch abseits der Wasserverbände wurden die gesamtgesellschaftliche Bedeutung des „Dritten Reiches“ und die mögliche Verstrickung von Zeitgenossen im Rückblick auf die jüngere Vergangenheit ausgeklammert. Der Rückgriff auf „Tradition“ bot in diesem Zusammenhang eine einträgliche Möglichkeit, der Vergangenheit – und damit in vielen Fällen der eigenen Biographie – Achtung zu zollen, ohne Verantwortung für die politischen Entwicklungen der letzten Jahrzehnte übernehmen zu müssen.

Im Fall der Wasserverbände war diese Dynamik ein wichtiger Bestandteil ihrer Selbsterhaltungsstrategie. Nachdem die EGLV in den 1930er und 1940er Jahren bereits ihre eigene Existenz durch Verweise auf ihre technische Kompetenz legitimieren konnte, entwickelte sie in der frühen Bundesrepublik einen zweiten narrativer Strang, um ihre Stellung zu verteidigen. In einer Epoche, in der die Zeitgenossen mehrere politische Umbrüche erlebt hatten, fiel das Konzept der Kontinuität auf fruchtbaren Boden. Emschergenossenschaft und Lippeverband etablierten sich in der öffentlichen Wahrnehmung als verlässliche Instanzen, deren Gleichförmigkeit über politische Übergänge hinweg nicht Opportunismus war, sondern ihre Unabdingbarkeit unterstrich. Das politische Handeln in der Vergangenheit hatte gemeinsam mit geschickter Kommunikation dazu geführt, dass die EGLV so wahrgenommen wurde, wie es ihren Zwecken dienlich war: als genuin unpolitische Organisation, die pflichtbewusst für die Belange des Ruhrgebiets einstand.

FAZIT: NAZIS, NAZI-JÄGER UND DER NATIONALSOZIALISMUS

Als wir uns zu Beginn unserer Recherchen im Sommer 2017 zum ersten Mal auf den Weg in die Essener Zentrale der EGLV machten und mit einiger Bewunderung das imposante Hauptgebäude an der Kronprinzenstraße betraten, kam es zu einem Moment der Irritation. Dieser rührte weniger aus der Diskrepanz zwischen der subjektiv empfundenen Unsichtbarkeit der Tätigkeiten der EGLV und ihrem herrschaftlichen Hauptsitz. Er lag in der Art und Weise, wie wir begrüßt wurden: Freundlich wie freudig empfingen uns die zuständigen Mitarbeiterinnen und Mitarbeitern auf der Vorstandsetage als „Nazi-Jäger". Nachdem unser Vorhaben im Haus bekannt geworden war, so erfuhren wir, hatte sich dieser Beiname schnell verbreitet. Die saloppe und nicht ganz ironiefrei gebrauchte Nominierung war alles andere als abwertend gemeint. Vielmehr drückten sich in der Formel eine große Offenheit für unsere Arbeit und eine gespannte Erwartungshaltung an unsere Ergebnisse aus.

Häufig sprachen uns Angestellte der EGLV in der Teeküche oder der Kantine auf unser Projekt an und fragten, was wir bereits herausgefunden hätten. Besonders bekannte Protagonisten wie der frühere Baudirektor Alexander Ramshorn, dessen Konterfei die Mitarbeiterinnen und Mitarbeiter täglich in der Ahnengalerie im Eingangsbereich der Hauptverwaltung begrüßt, lösten großes Interesse unter den Beschäftigten aus: Wie genau waren die Würdenträger in die Verbrechen des Nationalsozialismus verstrickt gewesen? Wie nah hatten sie dem System gestanden? Und auch in Hinblick auf die Opfer des „Dritten Reiches" erreichten uns Nachfragen: Wie viele Personen hatten wir bereits gefunden, wie lauteten ihre Namen und wie war ihr Schicksal verlaufen? Hatte es jüdische Beschäftigte in den Verbänden gegeben und was war mir ihnen zur Zeit des Nationalsozialismus geschehen? Während wir uns über die interessierten Nachfragen freuten, hatten wir dennoch Schwierigkeiten, sie zufriedenstellend zu beantworten – was auch an der geschilderten Überlieferungssituation lag. Zudem fiel es uns auch nach einigen Wochen noch schwer, uns an den Spitznamen zu gewöhnen, mit dem wir weiterhin freundlich bedacht wurden. Worin genau das Problem an ihm lag, reflektierten wir damals nicht weiter – wir machten uns stattdessen eifrig an die Durchsicht der zahlreichen Akten und wurden nur bei neuerlichen Begrüßungen an unser diffuses Unbehagen erinnert.

Auch im weiteren Verlauf der Arbeit veranlasste uns die Erwartungshaltung der Mitarbeiter gelegentlich, innezuhalten. Auf einem Geschichtstag etwa, den wir im Oktober 2017 ausrichteten, um Gespräche mit Pensionären über ihre Erinnerungen an die Geschichte der EGLV zu führen, kam diese Irritation erneut auf. Dennoch begannen wir besser zu verstehen, worin die Spannung zwischen uns und den Vorstellungen der Mitarbeiter lag.

Für uns war besonders interessant, welche Blickwinkel die drei anwesenden Herren – mehr Zeitzeugen konnten aus gesundheitlichen oder terminlichen Gründen leider nicht an unserem Geschichtstag teilnehmen – wählten, um über die Zeit des Nationalsozialismus zu sprechen. Zwar erklärten sie uns übereinstimmend, dass diese Epoche im Haus generell mit Schweigen bedacht wurde. Von Zeit zu Zeit hatten die damals jungen Ingenieure aber von ihren Vorgesetzten oder älteren Kollegen doch Anekdoten aus der Zeit des „Dritten Reiches" gehört. Diese Berichte drehten sich stets um einzelne Personen: So wurde beispielsweise Alexander Ramshorn als strammer wie aktiver Nationalsozialist gezeichnet, der explizit Begeisterung angesichts der Zerstörung der Essener Synagoge vom 9. November 1938 geäußert haben soll. Ein anderer Abteilungsleiter sei in einer Parteiuniform gesichtet worden. Auch Hermann Bach, der jüdische Leiter der Chemischen Abteilung, kam in den Erzählungen vor. Er sei nicht nur entlassen, sondern auch unter demütigenden Umständen geradezu von seinem Arbeitsplatz verjagt worden, so hatte es einer der drei Zeitzeugen gehört.

Diese Berichte machten erneut deutlich, was auch schon in den Begegnungen mit einzelnen Mitarbeitern angeklungen war und wir zu Beginn des Buchs geschildert haben: Erzählungen über den Nationalsozialismus orientierten sich häufig an den extremen Schicksalen einzelner Personen – sowohl auf der Täterseite wie auch seitens der Opfer. Obwohl wir die Erinnerungen der Zeitzeugen selbstverständlich sehr ernst nahmen, stellten wir zunehmend fest, dass unsere Quellen ein anderes Bild zeichneten. Beispiele brutaler und vor aller Augen stattfindender Gewalt waren, wenn überhaupt, die Ausnahme in der Geschichte der EGLV zwischen 1933 und 1945. Sadistische und ideologisch überzeugte Entscheidungsträger begegneten uns nicht – weder in den Dokumenten aus dem „Dritten Reich" noch in denen, die die Entnazifizierung nach 1945 abbildeten. Stattdessen zeichnete sich das Handeln der Verbände durch Entscheidungen aus, die so banal wie alltäglich anmuten. Wie die Quellen offenbarten, standen diese Entscheidungen trotzdem in enger Verbindung mit der Entfaltung des Nationalsozialismus.

Häufig bemerkten wir bei unseren Zuhörern eine gewisse Enttäuschung, wenn wir hausintern erste Ergebnisse vorstellten, konnten wir doch die oftmals erwarteten Verbrechen nur in einigen Fällen nachweisen. Teilweise drohten diese Vorstellungen über die Rolle bestimmter Protagonisten im Nationalsozialismus sogar den Blick darauf zu verstellen, worin tatsächlich die Beteiligung der Verbände an der Politik des „Dritten Reiches“ lag. Zentral an der Rolle Ramshorns etwa im Kontext der Ausbeutung von Zwangsarbeitern war nicht in erster Linie eine bösartige oder rassistische Absicht. Stattdessen wirkte sich gerade ein nüchterner betriebswirtschaftlicher Pragmatismus folgenschwer aus. Unabhängig davon, ob Ramshorn tatsächlich eine ideologische Nähe zum Nationalsozialismus verspürt hatte oder nicht: Eine unserer wesentlichen Erkenntnisse lag darin, dass immer wieder eine Verbindung zwischen scheinbar banalen technischen Entscheidungen und negativen Folgen für diskriminierte Personengruppen hervortraten. Auch im Fall von Hermann Bach sind es weniger die konkreten Umstände seines letzten Arbeitstages, die helfen, um dem Wesen der Verbände näherzukommen. Viel aufschlussreicher sind die hinter seiner Entlassung stehenden Zusammenhänge. Die Emschergenossenschaft akzeptierte sein Karriereende aus Opportunismus und nutzte die Gelegenheit, um anhand der Kündigung eilfertig zu demonstrieren, dass sie Gesetze des Reiches gewissenhaft umsetzte.

Statt zwei polarer Gruppen – „Nazis“ wie etwa Ramshorn und „Opfer“ wie Bach – trat im Verlauf unserer Arbeit immer mehr die ganze Organisation EGLV samt ihrer Belegschaft in den Fokus. Hier konnten wir sechs Dimensionen identifizieren, die den alltäglichen Nationalsozialismus und den internen Umgang damit nach 1945 in der EGLV ausmachten und die wir im Folgenden kurz beschreiben. Die einzelnen Schicksale von Angestellten der Emschergenossenschaft und des Lippeverbandes sind dabei beides: ein wichtiger Anknüpfungspunkt für die erinnerungskulturelle Aneignung – also des Umgang des Einzelnen und der Gesellschaft mit ihrer jeweiligen Geschichte. Aber sie sind auch ein zentraler Ausgangspunkt, um die größeren Zusammenhänge zu verstehen, mit denen diese Lebensläufe verwoben sind.

PERSÖNLICHES SCHICKSAL

Auf individueller Ebene ließ sich vor allem das von den Zeitzeugen erwähnte, zunächst erfolgreiche, dann von Verfolgung, Entbehrung und Gewalt geprägte Schicksal Hermann Bachs aus den Dokumenten detailliert nachvollziehen. Während Bach auf den ersten Blick als Opfer der EGLV erscheint, zeigte sich, dass die Kausalitäten in seinem Fall kompliziert gelagert waren. Zwar hatte sein Arbeitgeber, die Emschergenossenschaft, Bach entlassen und damit beruflich und sozial ausgegrenzt. Seine physische Verfolgung durch die Gestapo und seine spätere Ermordung gingen jedoch auf Maßnahmen spezifischer Einrichtungen des nationalsozialistischen Staates zurück. Dies relativiert nicht die Verantwortung der EGLV, legt aber eine genaue Betrachtung der historischen Handlungsräume nahe. So kann der Umgang mit Hermann Bach als Beispiel antisemitischer Gewalt dienen, die jenseits physischer Gewaltexzesse der SA stattfand: Für Bach wurde es zum Verhängnis, dass sich scheinbar banale Verwaltungsentscheidungen und trockene ökonomische Berechnungen auf sein Schicksal auswirkten – den Wasserverbänden erschien es vorteilhafter, sich an nationalsozialistische Politik anzupassen, als sich für den Chemiker einzusetzen. Im Gegensatz zu Pogromen, körperlicher Gewalt oder augenscheinlicher Propaganda war diese Art von Beteiligung am Nationalsozialismus weniger gut sichtbar – aber äußerst wirkungsvoll.

Anhand der Karriere Bachs lässt sich aber auch eine weitere Anpassungsstrategie der Verbände an die neuen politischen Verhältnisse erkennen. Nachdem sie die von Bach jahrelang betriebene Forschung zur Entphenolung vor 1933 größtenteils ignoriert hatten, positionierte sich im „Dritten Reich" vor allem die Emschergenossenschaft als Vorreiterin dieser Technologie. Diese Neuausrichtung ging auf eine schnelle und präzise Analyse der veränderten Situation und der sich daraus ergebenden Möglichkeiten zurück: Vor dem Hintergrund der Autarkiebestrebungen des NS-Regimes hatte dieses Anreizstrukturen und Förderungsmöglichkeiten etabliert, die die EGLV geschickt nutzte. Die Spezialisierung im Bereich der Entphenolung diente ihr gleichzeitig als Argument für die eigene Existenzberechtigung und Selbstverwaltung.

INTERAKTION ZWISCHEN EGLV UND NS-SYSTEM

Der Fall Bach deutet bereits an, dass das Verhalten der Verbände im Nationalsozialismus nicht in erster Linie ideologisch motiviert, sondern vielmehr von einem Selbsterhaltungsinteresse getrieben war. Gerade dieses Interesse stützte verlässlich die rassistische und gewalttätige Politik des „Dritten Reiches".

Ein weiteres markantes Beispiel für dieses Wechselspiel ist der Umgang mit anderen Personen, die das NS-Regime als unliebsam klassifizierte: Nach der Machtübernahme der Nationalsozialisten 1933 wurden auch im Ruhrgebiet die Spitzen der Stadtverwaltungen mit systemnahen Oberbürgermeistern besetzt, was unweigerlich zu personalen Veränderung innerhalb der Vorstände von Emschergenossenschaft und Lippeverband führte. Hier sei vor allem auf den Bochumer Oberbürgermeister Otto Ruer verwiesen, der Anfang 1933 von den neuen Machthabern diffamiert und aus dem Amt gedrängt wurde. Nachdem er vergebens um seine Rehabilitierung gekämpft hatte, nahm sich Ruer im Juli 1933 das Leben. Die Emschergenossenschaft hatte zwar keinen direkten Einfluss auf seine Absetzung gehabt, sich allerdings auch nicht vor ihr Vorstandsmitglied Otto Ruer gestellt.

Noch deutlicher als in seinem Fall lässt sich die freiwillige Anpassung an das NS-System am Umgang mit den eigenen Mitarbeitern ablesen. Neben Hermann Bach verloren mindestens fünf von zweihundert Mitarbeitern der Emschergenossenschaft* 1933 aufgrund ihrer politischen Überzeugungen als Sozialdemokraten oder ihrer Tätigkeit als Gewerkschafter ihre Anstellung. Aber auch hier entzieht sich das Handeln der EGLV einer einfachen Kategorisierung. Ihre Verantwortung liegt im diffusen Bereich zwischen der Anwendung geltenden Rechts und einem Vorgehen, das sich als „vorauseilender Gehorsam" beschreiben lässt. In jedem dieser Fälle passte sich die EGLV ohne zusätzlichen direkten Zwang an das nationalsozialistische System an. Sie demonstrierte damit auf einfache, aber nachdrückliche Weise ihre grundsätzliche Systemtreue und brachte sich in Position, die Handlungsräume des neuen politischen Systems zum eigenen Vorteil zu nutzen.

Ein anderes Beispiel hierfür stellt die Auszeichnung der Emschergenossenschaft mit dem „Gaudiplom für hervorragende Leistungen" dar, einer Vorstufe der Ehrung als „NS-Musterbetrieb", welche die EGLV laut den Erinnerungen unserer Zeitzeugen und laut einem Vorstandssitzungsprotokoll von 1941 erhalten hatte. Solche Urkunden wurden nicht wahllos vergeben, Betriebe mussten sich aktiv um sie bewerben. Unverkennbar passte sich also die Emschergenossenschaft auf diesem Wege den Bedürfnissen des Systems an. Während die Nationalsozialisten und ihre kriegswirtschaftlichen Pläne somit von einem reibungslosen Abwassermanagement im Ruhrgebiet profitierten, konnte sich die EGLV als systemloyal präsentieren, ohne ihre Eigenständigkeit aufgeben zu müssen.

ZWANGSMASSNAHMEN

Die im nationalsozialistischen System üblichen Zwangsmaßnahmen verdeutlichen den Zusammenhang zwischen scheinbar „unpolitischem" Pragmatismus und nationalsozialistischer Gewalt besonders augenfällig. Wie geschildert, wurden mindestens hundert Fremdarbeiter an den Baustellen der Verbände an

* Die Mitarbeiterzahl des Lippeverbandes im Jahr 1933 ist leider nicht überliefert.

der Emscher und am Radbodsee beschäftigt. Darüber hinaus konnten in den bruchstückhaften Überlieferungen ähnliche Arbeitseinsätze am Erlenbach, dem Holtener Mühlenbach, am Wattenscheider Bach und der Seseke zweifelsfrei nachvollzogen werden. Dass sich keine weiteren Belege in den oftmals unvollständigen Akten der einzelnen Baumaßnahmen der 1930er und 1940er Jahre finden lassen, bedeutet nicht, dass sich der Zwangsarbeitereinsatz darauf begrenzte.

Die Funktionsmechanismen und Strukturen, die hinter dem Einsatz von Kriegsgefangen standen, offenbaren, dass die EGLV sich unterschiedlicher Rationalitäten bediente: Einerseits fehlten nach Ausbruch des Krieges geeignete Arbeitskräfte. Andererseits machte das Regime – unter anderem durch die anfänglich erfolgreichen Eroberungen der Wehrmacht – unfreie Arbeiter nun relativ leicht und meist recht günstig verfügbar. Wesentlich ist jedoch: Trotz aller Widrigkeiten und Anreize hatten die Verbände als Auftraggeber – sie beschäftigten die eingesetzten Kriegsgefangenen ja nicht selbst – die Wahl, welche Bauunternehmen sie für Baumaßnahmen wie die Emscherverlegung, die Vertiefung der Seseke oder die Erhöhung von Deichen an Bächen und Flüssen heranzogen: Solche, die offen mit der Verfügbarkeit von Zwangsarbeitern warben, oder eben solche, die ohne auskamen. Kriegsgefangene einzusetzen erlaubte eine gewisse Planungssicherheit für die Ausführung der Arbeiten, da diese Personen nicht zum Frontdienst eingezogen werden konnten. Dass die EGLV Aufgaben zuverlässig und pragmatisch zu erledigen hatte, kann die Entscheidungen für den mittelbaren Zwangsarbeitereinsatz somit zwar erklären. Dass dahinter wirtschaftliche Rationalitäten standen, entbindet die Verbände jedoch nicht von der Verantwortung, zum ausbeuterischen und teilweise tödlichen Zwangsarbeitereinsatz beigetragen zu haben.

MOTIVATION

Es ist immer wieder bemerkenswert, wie wenig die operativen Entscheidungen der Wasserverbände davon abhingen, ob die EGLV eine ideologische Nähe zum nationalsozialistischen System aufbaute oder nicht. Dies verdeutlicht – neben dem (vor allem wirtschaftlich motivierten) Einsatz von unfreien Arbeitern – exemplarisch die Geschichte des Staatskommissars Harry Vosberg. Seine erfolglose Tätigkeit bei der EGLV und insbesondere seine unzeremonielle Absetzung nach nur einem Jahr zeigten, dass die Verbände Teil des Systems sein konnten, auch ohne sich strukturell von den NS-Machthabern vereinnahmen zu lassen. Im Gegensatz zu anderen Wasserverbänden blieben Emschergenossenschaft und Lippeverband selbstverwaltet. Ihr Streben nach Autonomie sollte jedoch nicht mit Widerstand gegen das System verwechselt werden. Es lässt sich vielmehr mit dem doppelten Interesse der Verbände an ihrer Selbsterhaltung und Selbstverwaltung erklären.

SELBSTDARSTELLUNG

Die erfolglose Einsetzung eines Staatskommissars an der Spitze der EGLV verweist aber auch auf einen vermeintlich selbstevidenten Topos, den die Verbände immer wieder zu ihrem Vorteil zu nutzen wussten: So inszenierte sich die EGLV über alle politischen Zäsuren hinweg als rein technische und damit unpolitische Körperschaft. Durch Verweise auf ihre gebündelte fachwissenschaftliche Expertise und den vermeintlich neutralen Charakter von Infrastrukturen, die allein schon aufgrund ihrer langfristigen Lebensdauer als überpolitisch und dem Gemeinwohl verpflichtet wahrgenommen wurden und werden,[453] konnte die EGLV ihren Wesenskern stets als unpolitisch darstellen. Gerade in der Betonung dieser Eigenschaften lag deshalb auch der Kern der Anpassungsstrategien. In der Auseinandersetzung mit politischen Instanzen konnten die Verbände die Machtkonstellation oftmals einfach umdrehen: Emschergenossenschaft und Lippeverband waren nur bedingt auf politische Systeme angewiesen, was auch für das NS-Regime galt. Umgekehrt waren aber alle politischen Systeme auf die technische Expertise dieser Verbände zur Vermeidung von Überflutungen und hygienischer Probleme angewiesen.

Konsequenterweise führte gerade diese zeitgenössisch etablierte Sichtweise auf den als unpolitisch erachteten Charakter der EGLV dazu, dass die beiden Wasserverbände auch unter radikal veränderten politischen Rahmenbedingungen nach 1945 ihre Aufgaben und Arbeiten weiterführten: Neben der dringlichen Beseitigung der Bombenschäden an den Anlagen der Abwasserverbände mussten, so waren sich die berufenen Experten der britischen Militärregierung einig, gerade die zur Zeit des Nationalsozialismus begonnenen Projekte von den hydrologischen Expertenorganisationen weitergeführt werden. Der Fokus auf den Expertenstatus der Wasserverbände führte nicht nur dazu, dass sie weiterhin selbstverwaltetet agieren konnten, sondern hatte auch positive Auswirkungen auf die Zuteilung von Arbeitskräften und Ressourcen. Darüber hinaus war das Narrativ von der fachlich unübertroffenen und somit unverzichtbaren EGLV ein wesentlicher Grund dafür, dass die Entnazifizierung in den beiden Wasserverbänden außerordentlich wenige Veränderungen in der Führungsriege herbeiführte. Das immer wieder reproduzierte

Selbstbild der Wasserwirtschaft als eine technische und somit genuin unpolitische Branche stützte den festen Sitz von Personen wie Alexander Ramshorn und Helmut Carp.

ERINNERUNG

Auf der Ebene der Erinnerung nach 1945 steht gerade die Personalie Ramshorns, der als Baudirektor maßgeblich die Geschicke der Abwasserverbände von 1934 bis 1958 lenkte, exemplarisch für ihre permanente Anpassung an die aktuellen politischen Gegebenheiten. Dass Ramshorns ungebrochene Karriere nach heutigen Maßstäben ein Versagen interner Geschichtsaufarbeitung darstellt, zeigt sich im aktuellen kritischen internen Umgang mit der Personalie, bei dem seine Laufbahn als Skandal wahrgenommen wird. Vor dem Hintergrund der allgemein großen Elitenkontinuität in der Bundesrepublik war sie jedoch zeitgenössisch eher der Normalfall. Dies soll ihre Bewertung nicht relativieren, verdeutlicht jedoch abermals, wie wichtig es ist, Einzelnes differenziert in den Blick zu nehmen. Wie in anderen Episoden auch, verzahnt sich in der Geschichte Alexander Ramshorns die gesellschaftliche Breitenwirkung des Nationalsozialismus mit den besonderen Eigenschaften der Wasserverbände. Die Strategien, die sie erfolgreich anwandten, um die Körperschaften selbst immer wieder zu legitimieren, halfen auch ihrem Führungspersonal.

Die Verbände rechneten auch in der unmittelbaren Nachkriegszeit damit, dass unter den Bedingungen alliierter politischer Säuberung belastende Vorgänge zum Vorschein kommen könnten. Dies deutet ein Zufallsfund während unserer Recherchen an: Bei der Durchsicht aller potentiell relevanten Akten war uns ein Schreiben aufgefallen, das säuberlich zusammengefaltet und somit gut versteckt an der Rückseite einer Bauakte klebte. In diesem Dokument fanden wir den einzigen Hinweis auf den Einsatz jüdischer Arbeiter auf Baustellen der Verbände, in diesem Fall am Erlenbach. Vermutlich hatte das einschlägige Schreiben versteckt gezielte Säuberungen der Akten überdauert. Die Beschäftigung von Juden auf Baustellen stellte also offenbar auch in der Nachkriegszeit ein Thema dar, über das man ungern Rechenschaft ablegen wollte. Für Säuberungsmaßnahmen in der internen Dokumentation nach 1945 spricht auch die Unwucht der Aufnahmen im Fotoarchiv der EGLV: Verfügen die Verbände für die Jahre vor 1933 und nach 1945 über jährlich weit mehr als hundert Aufnahmen der Anlagen und Baufortschritte, finden sich für die zwölf Jahre des Nationalsozialismus insgesamt gerade einmal gut siebzig Aufnahmen – die zumeist auch „unproblematisch“, also ohne allzu eindeutige NS-Bezüge sind.

Wenn wir auf die Frage zurückkommen, wie sich das Zusammenspiel von Gesellschaft und nationalsozialistischem System im Beispiel der EGLV verhielt, verweist die Antwort in ein komplexes, wechselvolles und ambivalentes Beziehungsgefüge. Mit dem politischen Systemwechsel ergaben sich für die Wasserverbände schnell neue Handlungsräume, die die EGLV erkannte: Der Nutzung neuer, vorteilhafter Optionen standen weder Loyalitäten zu langgedienten Mitarbeitern noch moralische Bedenken gegenüber. Damit wurde die EGLV Teil des nationalsozialistischen Systems. Gleichzeitig erscheint das Handeln der Verbände aber unabhängig von ideologischen Motiven – im Zentrum stand das Streben nach Selbsterhalt und Autonomie. Die Argumentation in der Nachkriegszeit, es habe sich um unpolitische Körperschaften gehandelt, greift diesen Topos auf. Das „Dritte Reich" bot der EGLV nicht in erster Linie Anknüpfungspunkte aufgrund etwa seiner rassistischen Ideologie, sondern auf Grundlage neuer Opportunitätsstrukturen, in die die Verbände sich mittels ihrer spezifischen amorphen Strukturen besonders erfolgreich einfügen konnten. Entscheidend dafür war aber eine Perspektive auf die eigene Aufgabe, die jegliche (moralische) Verantwortung für politische Entwicklungen von sich weisen konnte. Abseits der Frage ideologischer Überschneidungen trugen die EGLV und der Nationalsozialismus über zwölf Jahre zum gegenseitigen Gelingen und Überleben bei.

Dass Emschergenossenschaft und Lippeverband heute mit ganz anderen Fragen an ihre Vergangenheit in der Zeit des „Dritten Reichs" herantreten, verweist auf eine veränderte gesellschaftliche Sichtweise auf den Nationalsozialismus und dessen Aufarbeitung. Diese zeigte sich nicht zuletzt am großen Interesse der Mitarbeiterinnen und Mitarbeiter an unseren Forschungsergebnissen, an die sich auch erinnerungskulturelle Aktivitäten wie die Benennung des Chemischen Labors nach Hermann Bach und eine Gedenktafel für die im Nationalsozialismus geschassten Mitarbeiter am Eingang zum Hauptgebäude der EGLV in Essen anschlossen.

Gerade in der Beschäftigung mit ihrer eigenen Verbindung zum ausgrenzenden und mörderischen System des „Dritten Reiches" zeigt sich aber gleichzeitig die Eigenschaft der beiden Verbände, sich immer wieder an veränderte gesellschaftliche Vorstellungen und Bedürfnisse anzupassen. Obwohl nach wie vor in der Außendarstellung der Verbände ihr technisches Expertentum im Mittelpunkt steht, zeichnet sich die EGLV auch heute durch ein feines Sensorium für ihre gesellschaftliche und politische Umwelt aus. Diese Kompetenz ermöglicht den Verbänden nun seit über 120 Jahren erfolgreiche Anpassungsleistungen zwischen Beharrung und Neuerfindung ihrer Aufgaben, wie sie sich heutzutage beispielsweise in der Renaturierung von Emscher und Lippe zeigen. Welche Folgen eine solche Anpassung aber mitunter nach sich ziehen kann, hat beispielsweise der Einsatz von jüdischen Zwangsarbeitern auf den Baustellen der EGLV zu Zeiten des Nationalsozialismus gezeigt.

Die EGLV war und ist somit alles andere als eine unpolitische Organisation. Indem dieses Buch auf die Verbindungen eines „ganz normalen" Arbeitgebers und Infrastrukturdienstleisters zum Gesamtzusammenhang des „Dritten Reichs" schaut und nicht nur „Nazis jagt", kann es hoffentlich überzeugend darlegen, dass hier nicht einfach nur vergangenheitspolitisches Kapital für eine Organisation geschaffen werden soll – derartige Vorwürfe wurden angesichts der Vielzahl von Studien zur NS-Belastungen deutscher Unternehmen, Ministerien und Behörden ja wiederholt erhoben.[454] Vielmehr möchte dieses Buch dazu beitragen, dass Menschen auch in der Gegenwart komplizierte Fragen nach Beteiligung und Verantwortung von Organisationen für politische und gesellschaftliche Angelegenheiten stellen. Es will für aktuelle Veränderungen des vergangenheitspolitischen und gesellschaftlichen Klimas sensibilisieren.

Auch über den Nationalsozialismus hinaus bleibt die EGLV als historischer Untersuchungsgegenstand interessant. Denn wenn die Wellen der aktuellen Aufarbeitungskonjunktur verebben, werden Emscher und Lippe gemächlich weiter fließen. Hochwässer werden vermieden und das Brauchwasser wird geklärt werden müssen. Die EGLV wird also voraussichtlich noch viele Alltage in der Region gestalten.

ANHANG

DANK

Ein Buch ist fast nie nur das Ergebnis der Arbeit einer Autorin oder eines Autors. Es ist eine Gemeinschaftsarbeit. Wir möchten uns an dieser Stelle bei all denjenigen bedanken, die dieses Buch möglich gemacht haben.

An erster Stelle danken wir unserem Projektleiter Constantin Goschler, Professor für Zeitgeschichte an der Ruhr-Universität Bochum, der das Projekt nicht nur in Gang gebracht, sondern uns dessen Durchführung anvertraut hat. Für unsere inhaltlichen und konzeptionellen Fragen hatte er bis zum Ende des Buches immer wieder nicht nur ein offenes Ohr, sondern suchte gemeinsam mit uns nach Lösungen.

Dank gebührt auch unserem Kollegen Dr. Marcus Böick, der die Vorstudie zu diesem Projekt gestaltet hat, mit zähem Verhandlungsgeschick alle bürokratischen Hürden aus dem Weg räumte und viele wertvolle Ideen beisteuerte. Victoria Junkernheinrich, die sich immer wieder mit großer Geduld und weiser Voraussicht organisatorischer Fragen annahm, danken wir herzlich.

Großer Dank gilt auch den studentischen und wissenschaftlichen Hilfskräften Tobias Kreiten, Thorben Pieper, Sally Woggon und Felix Siekmann, die uns bei der aufwendigen Aktensichtung in den verschiedenen Archiven, der Literaturrecherche und der Organisation der Veranstaltungen um das Projekt sehr geholfen haben. Zudem möchten wir uns bei unseren Kollegen an der Professur für viele methodische und praktische Hinweise bedanken: Julia Reus, Marlene Friedrich, Marcel Schmeer und Daniel Trabalski. Auch Jan Kellershohn vom Institut für soziale Bewegungen begutachtete unsere ersten Entwürfe kritisch und konstruktiv. Dr. Janosch Steuwer an der Universität Zürich hat mit seiner Kompetenz und außerordentlichen Kenntnis zur Gesellschaftsgeschichte des Nationalsozialismus das Projekt sehr bereichert.

Herzlich bedanken möchten wir uns auch bei der Emschergenossenschaft und dem Lippeverband, sowohl für das Vertrauen als auch die Freiheit, die uns in den letzten Monaten zugestanden wurde. Hier möchten wir namentlich den Vorstandsvorsitzenden Prof. Dr. Ulrich Paetzel und seine Vorstandskollegen Dr. Emanuel Grün und Raimund Echterhoff nennen. Als wichtigsten Ansprechpartnerinnen und Ansprechpartnern danken wir sehr herzlich Dr. Ulrike Abeling, Elena Burges und Thomas Bückmann, die uns unermüdlich mit

Rat und Tat zu allen Fragen der Abwasserwirtschaft zur Seite standen. Großer Dank gilt auch den Mitarbeiterinnen und Mitarbeitern aus der Registratur: Das Team um Sabine Roeske, namentlich seien hier Ingo Franke, Andreas Mrotzek und Manfred Schenckel genannt, brachte uns die Logik des EGLV-Archivs näher, gab uns hilfreiche Recherchehinweise und versorgte uns beständig mit unzähligem (Akten-)Material. Petra Baumers vom Photoarchiv der EGLV gilt unser Dank dafür, dass sie unsere Abbildungswünsche für dieses Buch kurzfristig erfüllte. Dorothee Becker, Katharina Fesser und Louis Burmann danken wir außerdem herzlich für die Unterstützung bei allen Fragen der Arbeitsorganisation vor Ort.

Im Frühjahr 2019 stellten wir unsere Ergebnisse im Kulturwissenschaftlichen Institut Essen (KWI) vor und diskutierten diese mit Fachkolleginnen und Fachkollegen. Unser Dank gilt allen Referenten für die anregenden Vorträge und Diskussionen. Für die Organisation des Symposiums danken wir dem KWI herzlich, vor allem Prof. Dr. Julika Griem und Britta Weber. Großer Dank für den gelungenen Ablauf der Veranstaltung gilt auch Marie Charlotte Kickelbick von der EGLV.

Unserer Lektorin Tanja Ruzicska gebührt unser herzlicher Dank für ihren unermüdlichen Einsatz bei der umfassenden Überarbeitung des Manuskripts. Schließlich danken wir dem Klartext Verlag für die Produktion des Buches und insbesondere Wanda Schmidt und Stefanie Döring für die angenehme Zusammenarbeit.

BIOGRAMME

Hermann Bach

Hermann Bach[455] wurde 1875 in Lwów/Lemberg im damaligen Galizien geboren.[456] Er studierte in Würzburg und Breslau Chemie, 1901 wurde er promoviert. Zunächst an der Universität Breslau tätig, übernahm er unterschiedliche Posten in der Zuckerindustrie und in kommunalen Laboratorien. Unter anderem war er im städtischen Untersuchungsamt Mannheim angestellt,[457] bis er 1907 seine Tätigkeit als Chemiker bei der Emschergenossenschaft aufnahm.[458]

Im Ersten Weltkrieg diente Bach zunächst als Oberleutnant, dann als Rittmeister.[459] Ab 1919 leitete er die Chemische Abteilung der Emschergenossenschaft.[460] Er war Gründungsmitglied der Fachgruppe Wasserchemie und Herausgeber ihrer Publikation *Vom Wasser*.[461] In zahlreichen Publikationen widmete er sich Themen der Abwasserreinigung, insbesondere der Entphenolung.[462]

Aufgrund seiner jüdischen Herkunft wurde Bach 1935 im Alter von 60 Jahren vorzeitig in den Ruhestand entlassen, seine publizistische Tätigkeit endete kurz darauf. Bach siedelte in den Berliner Stadtteil Wilmersdorf über.[463] Zu diesem Zeitpunkt lebte er von seiner nicht-jüdischen Frau getrennt, um die drei gemeinsamen Töchter vor der Verfolgung zu schützen. Hermann Bach verstarb unter nicht geklärten Umständen am 7.1.1944 im Sammellager in der Großen Hamburger Straße.[464]

Helmut Carp

Helmut Carp wurde 1892 in Wesel am Niederrhein geboren. Er studierte Bauingenieurwesen und Wasserbau und legte, nachdem er am Ersten Weltkrieg teilgenommen hatte, 1920 seine Staatsprüfung ab. Im Anschluss wurde er zum Doktor-Ingenieur promoviert, ehe er 1925 aus dem Reichsverkehrsministerium in Berlin zur Emschergenossenschaft wechselte. Zunächst beschäftigte sich Carp mit dem Entwurf und dem Bau der Emscherflusskläranlage bei Karnap und Bottrop. Nachdem er sich den Fragen der Abwassertechnik zugewandt hatte, wechselte er zu Beginn der 1930er Jahre zum Vorflutdezernat, dessen Vorsitz er 1938 übernahm und bis 1958 behielt.[465] Während seiner Zeit bei der Emschergenossenschaft publizierte Carp zudem zahlreiche eigene wissenschaftliche Aufsätze.[466]

Ab 1937 war Helmut Carp Mitglied der NSDAP und gehörte zudem einigen anderen NS-Unterorganisationen an, etwa dem Reichsbund deutscher Beamten (ab 1934), dem Volksbund für das Deutschtum im Ausland (ab 1939) sowie dem Nationalsozialistischen Bund deutscher Technik (ab 1937). 1937 war er zudem für zwei Monate Mitglied der SA, aus welcher er sich nach eigener Darstellung in seinem Entnazifizierungsfragebogen aufgrund von „Interesselosigkeit" jedoch schnell wieder entfernte. Von 1931 bis 1937 gehörte er dem Stahlhelm, dem Bund der Frontsoldaten, an. Aufgrund einer Verletzung aus dem Ersten Weltkrieg ausgemustert, übernahm er während des Zweiten Weltkrieges die Position des Werkluftschutzleiters bei der Emschergenossenschaft.[467]

Im Entnazifizierungsverfahren wurde er seitens der britischen Militärregierung als „extrem konservativer Mensch" eingeschätzt, „der immer noch die Nazis unterstützt". Etwas anders betrachtete der Betriebsrat der Emschergenossenschaft Carps Handeln während des Nationalsozialismus. Dieser schrieb in seiner Stellungnahme vom 11.6.1946, dass Carp seine Position als Werkschutzleiter nicht dafür ausgenutzt habe, für den Nationalsozialismus zu werben. Allerdings habe er aber „in letzter Zeit noch frühere Nationalsozialisten zur Beförderung"[468] vorgeschlagen. Trotzdem wurde Carp in letztendlicher

Entscheidung des Hauptausschusses in Stufe V (Entlastete) eingeordnet, sodass er bis 1958 in seiner Stellung blieb. Er verstarb am 11. Dezember 1961.[469]

Karl Imhoff

Karl Imhoff zählt zu den prägenden Pionieren der Abwassertechnik. Er wurde am 7. April 1876 in Mannheim geboren und studierte Bauingenieurwesen in München und Karlsruhe. Nach Stationen beim badischen Staatsdienst sowie bei der Preußischen Versuchs- und Prüfungsanstalt für Wasserversorgung und Abwasserbeseitigung wurde Imhoff 1906 Leiter des Abwasseramtes und stellvertretender Baudirektor der noch jungen Emschergenossenschaft. Zuvor wurde er an der Technischen Hochschule Dresden über *Die biologische Abwasserreinigung in Deutschland* promoviert. Von 1922 bis 1934 war Imhoff Baudirektor des Ruhrverbandes, an dessen Gründung er maßgeblich beteiligt war.[470]

Während seiner Tätigkeiten bei der Emschergenossenschaft und dem Ruhrverband entwickelte Imhoff einige neue Methodiken. Von ihm stammt etwa der 1907 konzipierte und später berühmte gewordene „Emscherbrunnen". Diese Klärmethode sorgte dafür, dass der Schlamm durch sein Eigengewicht unter das Wasserbecken rutscht, von wo er schließlich abtransportiert werden kann.[471] Imhoffs sehr erfolgreiches *Taschenbuch der Stadtentwässerung* wurde in 20 Sprachen übersetzt.[472]

1934 musste Imhoff seinen Posten als Geschäftsführer des Ruhrverbandes aufgrund seiner SPD-Mitgliedschaft niederlegen. Nach dem Zweiten Weltkrieg stellte er dem Baudirektor der Emschergenossenschaft, Alexander Ramshorn, und dem früheren Vorstand der GBAG, Gustav Knepper, Leumundszeugnisse aus, welche diese in den Entnazifizierungsverfahren teilweise entlasteten.

Für seine Verdienste im Bereich der Wasserwirtschaft, insbesondere in der Abwasserhygiene, erhielt Imhoff das Große Verdienstkreuz der Bundesrepublik Deutschland. Auch heute erinnern der von der Abwassertechnischen Vereinigung (heute Deutsche Vereinigung für Wasserwirtschaft, Abwasser und Abfall – DWA) verliehene Karl-Imhoff-Preis sowie mehrere Straßennamen an den ehemaligen Leiter des Abwasseramtes der Emschergenossenschaft, der am 28. September 1965 verstarb.[473]

Alexander Ramshorn

Alexander Ramshorn wurde 1889 im damals schlesischen Görlitz geboren. Er studierte an der Technischen Universität Berlin Bauingenieurwesen und schloss das Studium 1913 ab. Nach einer Beschäftigung bei der Kieler Hafenaufsichtsbehörde trat er in den 1920er Jahren in die Emschergenossenschaft ein, wo er 1934 zum Baudirektor befördert wurde.[474] In dieser Position führte er nicht nur die Geschäfte der Organisation, er verfasste auch ihre Jahresberichte. Zusätzlich publizierte Ramshorn mehrere Bücher, in denen er die Geschichte der EGLV und ihre wichtigsten Bauprojekte vorstellte.

Ramshorn trat 1933 in die NSDAP ein. Er war Mitglied in diversen NS-Unterorganisationen wie dem Nationalsozialistischen Beamtenbund und dem Rechtswahrer-Bund, der Berufsorganisation der Juristen im „Dritten Reich".[475] Im Entnazifizierungsverfahren wurde Ramshorn zwar als belastet angesehen, aber aus strategischen Gründen von den britischen Besatzern für die weitere Tätigkeit in den Verbänden freigestellt.[476] Bis zu seiner Verrentung 1958 war er als Baudirektor bei den Verbänden tätig und verpasste in dieser Position keine einzige Vorstandssitzung.[477] Im selben Jahr erhielt er das Große Verdienstkreuz der Bundesrepublik.[478]

Nach seinem Ausscheiden war er weiterhin als Berater für die EGLV tätig[479] und verstarb 1980 in Kronberg im Taunus.[480]

Josef Eulgem

Josef Eulgem wurde am 23. Oktober 1883 in Mayen bei Koblenz geboren. Nach seiner Ausbildung zum Vermessungstechniker war er zunächst in verschiedenen öffentlichen Verwaltungen tätig, ehe er 1906 eine Stelle bei der Emschergenossenschaft antrat. Während des Ersten Weltkrieges arbeitete Eulgem zwischen 1915 und 1918 als militärischer Vermessungstechniker im Rahmen der Befestigung der Stadt Köln. Nach Kriegsende nahm er wieder seine frühere Tätigkeit bei der Emschergenossenschaft auf. In dieser Position verblieb er bis zu seiner Entlassung im Mai 1933.

Als Mitglied des gewerkschaftsnahen Bundes der technischen Angestellten trat Eulgem 1919 in die SPD ein. Im Verlauf der 1920er Jahre wurde er in den Betriebsrat der Emschergenossenschaft gewählt und später auch dessen Vorsitzender.[481] Gegenüber der Verwaltung der Emschergenossenschaft vertrat Eulgem in dieser Rolle die Interessen der Angestellten und Beamten der Genossenschaft. Auf Grundlage des „Gesetzes zur Wiederherstellung des Berufsbeamtentums" wurde Eulgem im Mai 1933 aus der Emschergenossenschaft entlassen.

Aus der Entlassung Eulgems resultierte ein intensiv ausgetragener Rechtsstreit, in dem Eulgem 1935 dem EGLV-Justitiar Stöve sowie dem neuen Baudirektor Ramshorn Amtsmissbrauch und mangelnde Eignung für ihre jeweiligen Posten unterstellte. Im Zuge des Konfliktes stoppte die Emschergenossenschaft auch die bis dahin an Eulgem getätigten Pensionszahlungen. Erst nach Kriegsende, im August 1945, nahm die Emschergenossenschaft die Zahlungen wieder auf.

In einem Weihnachtsgruß aus dem Jahre 1959 erklärte der Pensionär Eulgem seine Bereitschaft zur Mitarbeit an einem EGLV-Archiv und signalisierte damit seine weiterhin bestehende Verbundenheit zur Organisation.[482] Nur wenige Monate später – im März 1960 – verstarb Eulgem 86-jährig.[483]

Harry Vosberg

Harry Vosberg wurde 1875 im schlesischen Gleiwitz geboren. Nach dem Studium der Rechts- und Staatswissenschaften in Breslau wurde er 1898 in Erlangen zum Doktor der Rechtswissenschaften promoviert. Bis in die 1920er Jahre war Vosberg bei der Potsdamer Handelskammer beschäftigt. Ab 1921 hatte er das Amt des Vorstands im Zweckverband des Überlandwerkes Edertalsperre inne, zwei Jahre später wurde er Mitbegründer des Elektrozweckverbandes Mitteldeutschland. Neben seiner Tätigkeit als Lobbyist war Vosberg Autor mehrerer Bücher und Bühnenstücke.

In Kontakt mit der Emschergenossenschaft kam Vosberg 1934. Im Zuge der Zentralisierung infrastruktureller Aufgaben im Nationalsozialismus sollte Vosberg die Zusammenführung der drei rheinisch-westfälischen Wasserverbände – der Emschergenossenschaft, des Ruhrverbandes und des Ruhrtalsperrenverbandes – als sogenannter Staatskommissar vorantreiben. Zuvor hatte er bereits die Vereinigten Elektrizitätswerke Westfalen in Dortmund erfolgreich neu aufgestellt.[484]

Vosberg stieß bei den Wasserverbänden auf signifikanten internen Widerstand: So äußerte der von ihm abgelöste Vorstand der Emschergenossenschaft gegenüber dem zuständigen preußischen Ministerpräsidenten erhebliche Zweifel an der Eignung Vosbergs sowie an der Zweckmäßigkeit einer Zusammenführung der drei Wasserverbände. Während Vosbergs Aufgabe nach nur einem Jahr Arbeit „für erledigt erklärt“ wurde, nahm sein Vorgänger bei der Emschergenossenschaft seine Arbeit als Vorstand auf Geheiß des preußischen Ministerpräsidenten bereits 1935 wieder auf.[485]

Im Anschluss an diesen eher stillen Rückzug bei der Emschergenossenschaft geriet Vosbergs bis dahin steil verlaufene Karriere ins Stocken. Noch vor Kriegsende – im Januar 1945 – verstarb Vosberg in Breitbrunn am Chiemsee.

QUELLEN

Abkürzungen

Archive

BAB	Bundesarchiv Berlin
CJA	Stiftung Neue Synagoge, Centrum Judaicum, Berlin
EGLV	Archiv der Emschergenossenschaft und des Lippeverbandes, Essen/Bottrop
GStA	Geheimes Staatsarchiv Preußischer Kulturbesitz, Berlin
LAB	Landesarchiv Berlin
LAD	Landesarchiv Nordrhein-Westfalen, Abteilung Rheinland, Duisburg
LAM	Landesarchiv Nordrhein-Westfalen, Abteilung Westfalen, Münster
RWWA	Stiftung Rheinisch-Westfälisches Wirtschaftsarchiv zu Köln
TNA	The National Archives, London

Sonstige

DAF	Deutsche Arbeitsfront
EG	Emschergenossenschaft
EGLV	Emschergenossenschaft und Lippeverband
GBAG	Gelsenkirchener Bergwerks-AG
KWI	Kulturwissenschaftliches Institut Essen
LV	Lippeverband
NS	Nationalsozialismus
NSBO	Nationalsozialistische Betriebszellenorganisation
NSDAP	Nationalsozialistische Deutsche Arbeiterpartei
NSKK	Nationalsozialistisches Kraftfahrkorps
RAD	Reichsarbeitsdienst
RM	Reichsmark
RTV	Ruhrtalsperrenverein
SA	Sturmabteilung
SPD	Sozialdemokratische Partei Deutschlands

Archive der EGLV

Archiv der Emschergenossenschaft und des Lippeverbandes (EGLV), Essen/ Bottrop
Photographisches Archiv der Emschergenossenschaft und des Lippeverbandes, Essen

Serielle Quellen
Jahresberichte Emschergenossenschaft
Jahresberichte Lippeverband
Niederschriften der Vorstandssitzungen der Emschergenossenschaft
Niederschriften der Vorstandssitzungen des Lippeverbandes
Protokolle der Genossenschaftsversammlungen des Lippeverbandes

Externe Archive

Bundesarchiv Berlin (BAB)
NS 5 VI (Deutsche Arbeitsfront - Zentralbüro, Arbeitswissenschaftliches Institut)
R 154 (Reichsanstalt für Wasser- und Luftgüte)
R 9361/I (Personenbezogene Unterlagen der NSDAP)

Geheimes Staatsarchiv Preußischer Kulturbesitz (GStA)
I HA Rep. 90 A (Staatsministerium, jüngere Registratur 1714-1945)

Landesarchiv Berlin (LAB)
P Rep. 840 (Standesamt Berlin-Mitte)

Landesarchiv NRW, Abteilung Rheinland, Duisburg (LAD)
NW 1004 (Der Sonderbeauftragte für die Entnazifizierung in NRW, Hauptausschuss Duisburg)
NW 1005 (Der Sonderbeauftragte für die Entnazifizierung in NRW, Hauptausschuss Essen)
NW 1036 (Der Sonderbeauftragte für die Entnazifizierung in NRW, Berufungsausschuss für den Bergbau)
NW 1037 (Der Sonderbeauftragte für die Entnazifizierung in NRW, der Sonderbeauftragte im Lande NW)
RW 0050-0053 (Rheinische Gemeindeverbände)

Landesarchiv NRW, Abteilung Westfalen, Münster (LAM)
K 001 (Oberpräsidium Münster)

The National Archives, London (TNA)
AY (Records of Various Research Institutes and Councils)
FO (Foreign Office)
WO (War Office, Armed Forces, Judge Advocate General, and related bodies)

Stiftung Neue Synagoge – Centrum Judaicum, Berlin (CJA)
4.1. (Kartei jüdischer Antragsteller auf eine Anerkennung als „Opfer des Faschismus" in Berlin 1945–1948)

Stiftung Rheinisch-Westfälisches Wirtschaftsarchiv zu Köln (RWWA)
Abt. 130 (Gutehoffnungshütte Aktienverein, Oberhausen)
Abt. 20 (Zweckverband der Niederrheinischen Industrie- und Handelskammern)

LITERATUR

Assmann, Aleida: Der lange Schatten der Vergangenheit. Erinnerungskultur und Geschichtspolitik, München 2006.

Bachem-Rehm, Michaela: Die katholischen Arbeitervereine im Ruhrgebiet 1870-1914. Katholisches Arbeitermilieu zwischen Tradition und Emanzipation, Stuttgart 2004.

Bajohr, Frank: Die Zustimmungsdiktatur. Grundzüge nationalsozialistischer Herrschaft in Hamburg, in: Forschungsstelle für Zeitgeschichte in Hamburg (Hg.): Hamburg im „Dritten Reich", Göttingen 2005, S. 69–121.

Balz, Eva/Kirchberg, Christopher: Fluss in Sicht. Methodisch-konzeptionelle Herausforderungen und Möglichkeiten einer Organisationsgeschichte der Emschergenossenschaft und des Lippeverbandes, in: Marcus Böick/Marcel Schmeer (Hg.): Im Kreuzfeuer der Kritik. Umstrittene Organisationen im 20. Jahrhundert, Frankfurt/Main 2020, S. 241–262.

Baumann, Zygmunt: Wir Lebenskünstler. Aus dem Englischen von Frank Jakubzik, Berlin 2010

Benz, Wolfgang (Hg.): Deutschland unter alliierter Besatzung 1945–1949. Ein Handbuch, Berlin 1999.

Benz, Wolfgang: Geschichte des Dritten Reiches, München 2000.

Berg, Anne: The Nazi Rag-Pickers and their Wine. The Politics of Waste and Recycling in Nazi Germany, in: Social History 40, 4 (2015), S. 446–472.

Berghoff, Hartmut: Moderne Unternehmensgeschichte. Eine themen- und theorieorientierte Einführung, Berlin 2016.

Bleidick, Dietmar: Preußisches Wasserrecht versus Industrialisierung – Steuerung des Modernisierungsprozesses oder Rechtsbeugung im Interesse der Wirtschaft?, in: Stefan Goch/Lutz Heidemann (Hg.): 100 Jahre Bismarck. Ein Stadtteil „mit besonderem Erneuerungsbedarf" (Schriften des Instituts für Stadtgeschichte, Bd. 9), Essen 2001, S. 135–148.

Blotevogel, Hans Heinrich: Die Region Ruhrgebiet zwischen Konstruktion und Dekonstruktion, in: Westfälische Forschungen 52 (2002), S. 453–488.

Böick, Marcus/Schmeer, Marcel (Hg.): Im Kreuzfeuer der Kritik. Umstrittene Organisationen im 20. Jahrhundert, Frankfurt/Main 2020.

Botzet, Christiane: Ministeramt, Sondergewalten und Privatwirtschaft. Der Generalbevollmächtigte für die Regelung der Bauwirtschaft, in: Rüdiger Hachtmann/Winfried Süß (Hg.): Hitlers Kommissare. Sondergewalten in der nationalsozialistischen Diktatur (Beiträge zur Geschichte des Nationalsozialismus 22), Göttingen 2006, S. 115–137.

Bourmer, Achim: Reiseführer Ruhrgebiet, Ostfildern 2009.

Brüggemeier, Franz-Josef/Rommelspacher, Thomas: Blauer Himmel über der Ruhr. Geschichte der Umwelt im Ruhrgebiet 1840–1990, Essen 1992.

Brünger, Sebastian: Geschichte und Gewinn. Der Umgang deutscher Konzerne mit ihrer NS-Vergangenheit (Geschichte der Gegenwart 15), Göttingen 2017.

Buggeln, Marc/Wildt, Michael (Hg.): Arbeit im Nationalsozialismus, München 2014.

Buggeln, Marc: Unfreie Arbeit im Nationalsozialismus, in: ders./Michael Wildt (Hg.): Arbeit im Nationalsozialismus, München 2014, S. 231–252.

Collin, Peter: Regulierte Selbstregulierung in rechtshistorischer Perspektive. Studien und Materialien, in: Max Planck Institute for European Legal History Research Paper Series No. 5 (2018), S. 646–653.

Dienel, Hans-Liudger: Schreiben, Zeichnen, Erinnern: Persönliches Wissensmanagement im Ingenieurberuf seit 1850, in: Werner Rammet/Cornelius Schubert (Hg.): Technografie. Zur Mikrosoziologie der Technik, Frankfurt/Main 2006, S. 397–425.

Eichholtz, Dietrich: Vierjahresplan, in: Wolfgang Benz/Hermann Weiß (Hg.): Enzyklopädie des Nationalsozialismus (5. Auflage), München 2007, S. 851–852.

Emschergenossenschaft (Hg.): Emschergenossenschaft 75 Jahre, Essen 1977.

Emschergenossenschaft (Hg.): 100 Jahre Wasserwirtschaft im Revier. Die Emschergenossenschaft 1899–1999, Essen 1999.

Emschergenossenschaft (Hg.): Das Emscherhaus. Ein Rundgang mit Geschichte und Geschichten, Essen 2013.

Engels, Jens Ivo: Machtfragen. Aktuelle Entwicklungen und Perspektiven der Infrastrukturgeschichte, in: Neue Politische Literatur 55 (2010), S. 51–70.

Faust, Helmut: Geschichte der Genossenschaftsbewegung. Ursprung und Aufbruch der Genossenschaftsbewegung in England, Frankreich und Deutschland sowie ihre weitere Entwicklung im deutschen Sprachraum, Frankfurt/Main 1977.

Fischer, Torben/Lorenz, Matthias N. (Hg.): Lexikon der „Vergangenheitsbewältigung" in Deutschland. Debatten- und Diskursgeschichte des Nationalsozialismus nach 1945, Bielefeld 2015.

Fleiter, Rüdiger: Stadtverwaltung im Dritten Reich. Verfolgungspolitik auf kommunaler Ebene am Beispiel Hannovers (Hannoversche Studien. Schriftenreihe des Stadtarchivs Hannover 10), Hannover 2006.

Forschungsstelle für Zeitgeschichte in Hamburg (Hg.): Hamburg im „Dritten Reich", Göttingen 2005.

Gawehn, Gunnar/Rudzinski, Marco: Industrielle Revolution und Entstehung des Ruhrgebiets, in: Klaus Tenfelde/Thomas Urban (Hg.): Das Ruhrgebiet. Ein historisches Lesebuch, Essen 2010, S. 177–226.

Goschler, Constantin: Rudolf Virchow. Mediziner – Anthropologe – Politiker, Köln u. a. 2002.

Goschler, Constantin/Ther, Philipp (Hg.): Raub und Restitution. „Arisierung" und Rückerstattung des jüdischen Eigentums in Europa (Die Zeit des Nationalsozialismus 15738), Frankfurt/Main 2003.

Goschler, Constantin: Infrastruktur-Liberalismus. Rudolf Virchow als Berliner Kommunalpolitiker, in: Jahrbuch für Liberalismusforschung 18 (2006), S. 45–58.

Gotto, Bernhard: Nationalsozialistische Kommunalpolitik. Administrative Normalität und Systemstabilisierung durch die Augsburger Stadtverwaltung 1933–1945 (Studien zur Zeitgeschichte 71), München 2006.

Grebing, Helga: Geschichte der deutschen Arbeiterbewegung. Von der Revolution 1848 bis ins 21. Jahrhundert, Berlin 2007.

Gruner, Wolf: Der geschlossene Arbeitseinsatz deutscher Juden. Zur Zwangsarbeit als Element der Verfolgung 1938–1943, Berlin 1997.

Hachtmann, Rüdiger/Süß, Winfried: Kommissare im NS-Herrschaftssystem. Probleme und Perspektiven der Forschung, in: dies (Hg.): Hitlers Kommissare. Sondergewalten in der nationalsozialistischen Diktatur. Göttingen 2006, S. 9–27.

Harrison, John: Owen and the Owenites in Britain and America. The Quest for a New Modern World, London 2009 (Routledge Revival, zuerst 1969 veröffentlicht).

Hegel, Georg Wilhelm Friedrich: Grundlinien der Philosophie des Rechts, Frankfurt/Main 1986.

Heim, Susanne: Einleitung, in: dies. (Hg.): Autarkie und Ostexpansion. Pflanzenzucht und Agrarforschung im Nationalsozialismus, Göttingen 2002, S. 7–13.

Helbing, Heinrich (Hg.): 25 Jahre Emschergenossenschaft 1900–1925, Essen 1925.

Herbst, Ludolf: Das nationalsozialistische Deutschland 1933–1945. Die Entfesselung der Gewalt. Rassismus und Krieg, Frankfurt/Main 1996.

Humann, Detlev: ‚Arbeitsschlacht'. Arbeitsbeschaffung und Propaganda in der NS-Zeit 1933–1939, Göttingen 2011.

Jah, Akim: Vom Altenheim zum Sammellager. Die Große Hamburger Straße 26, die Deportation der Berliner Juden und das Personal der Stapoleitstelle Berlin, in: Therezin Studies and Documents 14 (2007), S. 176–219.

Jah, Akim: Die Deportation der Juden aus Berlin – die nationalsozialistische Vernichtungspolitik und das Sammellager Große Hamburger Straße, Berlin 2013.

Junge, Matthias/Kron, Thomas: Zygmunt Bauman. Soziologie zwischen Postmoderne und Ethik, Wiesbaden 2014.

Kenkmann, Alfons: Erinnern an die eigene Verstrickung während des „Dritten Reiches" – Das Beispiel der Finanzverwaltung in Westfalen, in: Westfälische Forschungen 51 (2001), S. 395–406.

Königseder, Angelika: Das Ende der NSDAP. Die Entnazifizierung, in: Wolfgang Benz (Hg.): Wie wurde man Parteigenosse?, Frankfurt/Main 2009, S. 151–166.

Krüger, Wolfgang: Entnazifiziert. Zur Praxis der politischen Säuberung in Nordrhein-Westfalen, Wuppertal 1982.

Kühl, Stefan: Organisationen. Eine sehr kurze Einführung, Wiesbaden 2011.

Kühl, Stefan: Ganz normale Organisationen. Zur Soziologie des Holocaust, Berlin 2015.

Laak, Dirk van: Infra-Strukturgeschichte, in: Geschichte und Gesellschaft 27 (2001), S. 367–393.

Laak, Dirk van: Archäologie des Alltags. Köln und seine Infrastruktur, Köln 2017.

Laak, Dirk van: Alles im Fluss. Die Lebensadern unserer Gesellschaft – Geschichte und Zukunft der Infrastruktur, Frankfurt/Main 2018.

Leßau, Hanne: Entnazifizierungsgeschichten. Die Auseinandersetzung mit der eigenen NS-Vergangenheit in der frühen Nachkriegszeit, Göttingen 2020.

Mason, Timothy: Sozialpolitik im Dritten Reich. Arbeiterklasse und Volksgemeinschaft, Opladen 1977.

Matzerath, Horst: Nationalsozialismus und kommunale Selbstverwaltung, Stuttgart 1970.

Mecking, Sabine/Wirsching Andreas (Hg.): Stadtverwaltung im Nationalsozialismus. Systemstabilisierende Dimensionen kommunaler Herrschaft (Forschungen zur Regionalgeschichte 53), Paderborn 2005.

Meskill, David: Optimizing the German Workforce. Labor Administration from Bismarck to the Economic Miracle, New York/Oxford 2010.

Miquel, Marc von: Ahnden oder amnestieren? Westdeutsche Justiz und Vergangenheitspolitik in den sechziger Jahren (Beiträge zur Geschichte des 20. Jahrhunderts), Göttingen 2004.

Mittag, Jürgen: Vom Dorf zur Großstadt: Industrialisierung, Bevölkerungswachstum und Eingemeindungen in Bochum und dem Ruhrgebiet, in: ders./Ingrid Wölk (Hg.): Bochum und das Ruhrgebiet. Großstadtbildung im 20. Jahrhundert, Essen 2005, S. 25–78.

Mohajeri, Shahrooz: 100 Jahre Berliner Wasserversorgung und Abwasserversorgung 1840–1940, München 2005.

Nickel, Karl-Heinz u. a.: Kurzbiographien, in: Georg Wannagat (Hg.): Kassel als Stadt der Juristen (Juristinnen) und der Gerichte in ihrer tausendjährigen Geschichte, Köln u. a. 1990, S. 526.

Niethammer, Lutz: Entnazifizierung in Bayern. Säuberung und Rehabilitierung unter amerikanischer Besatzung, Frankfurt/Main 1972.

Nützenadel, Alexander (Hg.): Das Reichsarbeitsministerium im Nationalsozialismus. Verwaltung – Politik – Verbrechen, Göttingen 2017.

Olmer, Beate: Wasser. Historisch – Zur Bedeutung und Belastung des Umweltmediums im Ruhrgebiet 1870–1930, Frankfurt/Main 1998.

Patel, Kiran Klaus: ‚Soldaten der Arbeit'. Arbeitsdienste in Deutschland und den USA 1933–1945, Göttingen 2003.

Peemüller, Volker H.: Genossenschaften als ‚historische' und moderne Form der Kooperation, in: Joachim Zentes/Bernhard Swoboda (Hg.): Kooperationen, Allianzen und Netzwerke: Grundlagen – Ansätze – Perspektiven, Wiesbaden 2005, S. 405–427.

Pelzer-Reith, Birgit/Reith, Reinhold: Die ‚Eiweißlücke' und die biotechnologische Eiweißsynthese. Synthetische Nahrungsmittel in der nationalsozialistischen Autarkiepolitik, in: Technikgeschichte 79, 4 (2012) S. 303–340.

Peters, Ralf: 100 Jahre Wasserwirtschaft im Revier. Die EG 1899–1999, Essen/Bottrop 1999.

Petzina, Dietmar: Von der Gewerberegion zum rheinisch-westfälischen Industriegebiet: Das Land an Rhein und Ruhr im 19. Jahrhundert, in: Hein Hoebink (Hg.): Staat und Wirtschaft an Rhein und Ruhr. 175 Jahre Regierungsbezirk Düsseldorf, Essen 1992, S. 35–50.

Petzina, Dietmar: Autarkiepolitik im Dritten Reich. Der nationalsozialistische Vierjahresplan, Berlin 2010.

Plieg, Ernst-Albrecht: Dr. Otto Ruer. Oberbürgermeister von Bochum 1925–1933, Berlin 2013.

Ramshorn, Alexander (Hg.): Fünfzig Jahre Emschergenossenschaft 1906–1956, Essen 1957.

Reeken, Dietmar von/Thießen, Malte (Hg.), „Volksgemeinschaft" als soziale Praxis. Neue Forschungen zur NS-Gesellschaft vor Ort, Paderborn/München u. a. 2013.

Reichardt, Sven/Seibel, Wolfgang: Radikalität und Stabilität. Herrschen und Verwalten im Nationalsozialismus, in: dies. (Hg.): Der prekäre Staat. Herrschen und Verwalten im Nationalsozialismus, Frankfurt/Main 2011, S. 7–28.

Reulecke, Jürgen: Die Fahne mit dem goldenen Zahnrad. Der „Leistungskampf der deutschen Betriebe" 1937–1939. in: Detlev Peukert/ders. (Hg.): Die Reihen fast geschlossen. Beiträge zur Geschichte des Alltags unterm Nationalsozialismus, Wuppertal 1981, S. 245–272.

Reulecke, Jürgen: Das Ruhrgebiet als städtischer Lebensraum, in: Wolfgang Köllmann u. a. (Hg.): Das Ruhrgebiet im Industriezeitalter, Düsseldorf 1990, S. 67–120.

Rottleuthner, Hubert: Karrieren und Kontinuitäten deutscher Justizjuristen vor und nach 1945, Berlin 2010.

Scheler, Dieter: Von der Alten Welt zum Bergbauland, in: Klaus Tenfelde/Thomas Urban (Hg.): Das Ruhrgebiet. Ein historisches Lesebuch, Essen 2010, S. 51–124.

Schoch, Rolf: Stationen und Episoden aus meinem Leben, Teil 1 (1924 bis zur Heirat 1951), Essen 1997.

Seibel, Wolfgang: Verwaltung verstehen. Eine theoriegeschichtliche Einführung, Frankfurt/Main 2016.

Seidel, Hans-Christoph/Tenfelde, Klaus (Hg.): Zwangsarbeit im Bergwerk. Der Arbeitseinsatz im Kohlenbergbau des Deutschen Reiches und der besetzten Gebiete im Ersten und Zweiten Weltkrieg, Essen 2005.

Seidel, Hans-Christoph: Der Ruhrbergbau im Zweiten Weltkrieg. Zechen – Bergarbeiter – Zwangsarbeiter, Essen 2010.

Stadtverwaltung Essen (Hg.): Chronik der Stadt Essen 1937, Essen 1937.

Steuwer, Janosch: Was meint und nützt das Sprechen von der „Volksgemeinschaft"? Neuere Literatur zur Gesellschaftsgeschichte des Nationalsozialismus, in: Archiv für Sozialgeschichte 53 (2013), S. 487–534.

Steuwer, Janosch/Leßau, Hanne: „Wer ist ein Nazi? Wie erkennt man ihn?" Zur zeitgenössischen und zeitgeschichtlichen Differenzierung von Nationalsozialisten und Anderen, in: Mittelweg 36, 23.1 (2014), S. 30–51.

Strupp, Christoph: Nahverkehr und Nationalsozialismus. Die Hamburger Hochbahn AG im „Dritten Reich", Hamburg/München 2010.

Templin, David: Wasser für die Volksgemeinschaft. Wasserwerke und Stadtentwässerung in Hamburg im „Dritten Reich", Hamburg/München 2016.

Tenfelde, Klaus: Bergbau und Stadtentwicklung im Ruhrgebiet im 19. und 20. Jahrhundert, Sonderdruck, Köln u. a. 2004.

Tooze, Adam: The Wages of Destruction. The Making and Breaking of the Nazi Economy, New York 2006.

Türk, Klaus: Arbeiterskulpturen, Bd. 2. Die Sammlung Wener Bibl, Essen 2011.

Urban, Thomas/Tenfelde, Klaus: Das Ruhrgebiet. Raum – Zeit – Quellen (Einleitung), in: dies. (Hg.): Das Ruhrgebiet. Ein historisches Lesebuch, Bd. 1, Essen 2010, S. 9–22.

Wember, Heiner: Umerziehung im Lager. Internierung und Bestrafung von Nationalsozialisten in der britischen Besatzungszone (Düsseldorfer Schriften zur neueren Landesgeschichte und Geschichte Nordrhein-Westfalens 30), Essen 1991.

Wildt, Michael: Volksgemeinschaft als Selbstermächtigung. Gewalt gegen Juden in der deutschen Provinz 1919 bis 1939, Hamburg 2007.

Wildt, Michael: Die Ambivalenz des Volkes: Der Nationalsozialismus als Gesellschaftsgeschichte, Berlin 2019.

Wölk, Ingrid: Vom Kuhhirten zum Kuhhirten-Denkmal: Bochum auf dem Weg zur Großstadt, in: Jürgen Mittag/dies. (Hg.): Bochum und das Ruhrgebiet. Großstadtbildung im 20. Jahrhundert, Essen 2005, S. 79–122.

ANMERKUNGEN

1 Eine ausgezeichnete Einführung zur Kontroverse um den „Volksgemeinschafts"-Begriff liefert Janosch Steuwer: Was meint und nützt das Sprechen von der „Volksgemeinschaft"? Neuere Literatur zur Gesellschaftsgeschichte des Nationalsozialismus, in: Archiv für Sozialgeschichte 53 (2013), S. 487–534.

2 Wie sich diese wechselseitige Beziehung auswirkte, wurde in der Forschung bereits verschieden interpretiert. Siehe dazu etwa: mit Fokus auf die Einbindung verschiedener Klassen in den Nationalsozialismus Timothy Mason, Sozialpolitik im Dritten Reich. Arbeiterklasse und Volksgemeinschaft, Opladen 1977; zur Beschreibung als „Zustimmungsdiktatur": Frank Bajohr: Die Zustimmungsdiktatur. Grundzüge nationalsozialistischer Herrschaft in Hamburg, in: Forschungsstelle für Zeitgeschichte in Hamburg (Hg.): Hamburg im „Dritten Reich". Göttingen 2005; mit Betonung des nationalsozialistischen Rassenantagonismus als gesellschaftsordnendem Faktor: Michael Wildt, Die Ambivalenz des Volkes: Der Nationalsozialismus als Gesellschaftsgeschichte, Berlin 2019.

3 Vgl. als Grundlagenwerk zur Alltagsgeschichte: Alf Lüdtke: Alltagsgeschichte, Frankfurt/Main 1989. Zusammenfassend zu dieser Strömung: Wolfgang Zorn: Alltagsgeschichte, Konjunkturen und bleibende Aufgaben, in: Günther Schulz, Christoph Buchheim, Gerhard Fourquet u. a. (Hg.): Sozial- und Wirtschaftsgeschichte. Arbeitsgebiete – Probleme – Perspektiven, Stuttgart 2005, S. 325–344. Siehe auch Christopher Browning: Ganz normale Männer. Das Reserve-Polizeibataillon 101 und die ‚Endlösung' in Polen, Hamburg 1999 und Janosch Steuwer: ‚Ein Drittes Reich, wie ich es auffasse': Politik, Gesellschaft und privates Leben in Tagebüchern 1933–1939, Göttingen 2017.

4 Vgl. dazu grundlegend Michael Wildt: Volksgemeinschaft als Selbstermächtigung. Gewalt gegen Juden in der deutschen Provinz 1919 bis 1939, Hamburg 2007. Ebenso: Dietmar von Reeken/Malte Thießen (Hg.): ‚Volksgemeinschaft' als soziale Praxis. Neue Forschungen zur NS-Gesellschaft vor Ort, Paderborn 2013. Mehrfach wurde zudem anhand kommunaler Behörden gezeigt, wie sich seit 1933 die geltenden Normen sukzessive verschoben und sich trotz einer hohen administrativen Normalität den Zielen und Methoden der nationalsozialistischen Ideologie öffneten. Siehe etwa Bernhard Gotto: Nationalsozialistische Kommunalpolitik. Administrative Normalität und Systemstabilisierung durch die Augsburger Stadtverwaltung 1933–1945 (Studien zur Zeitgeschichte 71), München 2006; Rüdiger Fleiter: Stadtverwaltung im Dritten Reich. Verfolgungspolitik auf kommunaler Ebene am Beispiel Hannovers (Hannoversche Studien. Schriftenreihe des Stadtarchivs Hannover 10), Hannover 2006; Sabine Mecking/Andreas Wirsching: Stadtverwaltung im Nationalsozialismus. Systemstabilisierende Dimensionen kommunaler Herrschaft, Paderborn 2005; Forschungsstelle für Zeitgeschichte in Hamburg: Hamburg im „Dritten Reich".

5 Jens Ivo Engels: Machtfragen. Aktuelle Entwicklungen und Perspektiven der Infrastrukturgeschichte, in: Neue Politische Literatur 55 (2010), S. 51–70. Dirk van Laak: Alles im Fluss. Die Lebensadern unserer Gesellschaft – Geschichte und Zukunft der Infrastruktur, Frankfurt/Main 2018. Wir greifen den Impuls dieser Arbeiten auf und möchten die gewonnenen Erkenntnisse durch den Fokus auf einen vermeintlich unpolitischen Infrastrukturdienstleister erweitern.

6 Vgl. vor allem das Forschungsprojekt „Die Rolle der Münchner Stadtverwaltung im Nationalsozialismus" an der Ludwig-Maximilians-Universität München oder auch die Untersuchung von David Templin zu Wasser und Stadtentwässerung in Hamburg im Nationalsozialismus, siehe: David Templin: Wasser für die Volksgemeinschaft. Wasserwerke und Stadtentwässerung in Hamburg im „Dritten Reich", Hamburg/München 2016 oder,

ebenfalls für Hamburg: Christoph Strupp: Nahverkehr und Nationalsozialismus. Die Hamburger Hochbahn AG im „Dritten Reich", Hamburg und München 2010.

7 Stefan Kühl: Organisationen. Eine sehr kurze Einführung, Wiesbaden 2011 und ders.: Ganz normale Organisationen. Zur Soziologie des Holocaust. Berlin 2015. In Anlehnung an Kühl arbeitete etwa die unabhängige Historikerkommission zur Geschichte des Reichsarbeitsministeriums 1933–1945 an der Humboldt-Universität zu Berlin. Siehe auch Marcus Böick/Marcel Schmeer (Hg.): Im Kreuzfeuer der Kritik. Umstrittene Organisationen im 20. Jahrhundert, Frankfurt/Main 2020.

8 Vgl. Eva Balz/Christopher Kirchberg: Fluss in Sicht. Methodisch-konzeptionelle Herausforderungen und Möglichkeiten einer Organisationsgeschichte der Emschergenossenschaft und des Lippeverbandes, in: Böick/Schmeer: Organisationen.

9 Vgl. Vorstandssitzung EG vom 19.1.1944. Siehe hierzu Kapitel 3, S. 81.

10 Zur Frage des Konstruktionscharakters des Ruhrgebiets siehe etwa Hans Heinrich Blotevogel: Die Region Ruhrgebiet zwischen Konstruktion und Dekonstruktion, in: Westfälische Forschungen 52 (2002), S. 453–488.

11 Vgl. Dieter Scheler: Von der Alten Welt zum Bergbauland, in: Klaus Tenfelde/Thomas Urban (Hg.): Das Ruhrgebiet. Ein historisches Lesebuch, Essen 2010, S. 51–124, S. 53. Siehe auch: Jürgen Reulecke: Das Ruhrgebiet als städtischer Lebensraum, in: Wolfgang Köllmann u. a. (Hg.): Das Ruhrgebiet im Industriezeitalter, Düsseldorf 1990, S. 67–120, S. 70.

12 Vgl.: Klaus Tenfelde/Thomas Urban: Das Ruhrgebiet. Raum – Zeit – Quellen (Einleitung), in: dies. (Hg.): Das Ruhrgebiet. Ein historisches Lesebuch, Bd. 1, Essen 2010, S. 9–22.

13 Vgl. Michaela Bachem-Rehm: Die katholischen Arbeitervereine im Ruhrgebiet 1870-1914. Katholisches Arbeitermilieu zwischen Tradition und Emanzipation, Stuttgart 2004, S. 20; Reulecke: Ruhrgebiet, S. 71.

14 Vgl. Reulecke: Ruhrgebiet, S. 71.

15 Vgl. Gunnar Gawehn/Marco Rudzinski: Industrielle Revolution und Entstehung des Ruhrgebiets, in: Klaus Tenfelde/Thomas Urban (Hg.): Das Ruhrgebiet. Ein historisches Lesebuch, Essen 2010, S. 177–226, S. 177.

16 Vgl. Dietmar Petzina: Von der Gewerberegion zum rheinisch-westfälischen Industriegebiet: Das Land an Rhein und Ruhr im 19. Jahrhundert, in: Hein Hoebink (Hg.): Staat und Wirtschaft an Rhein und Ruhr. 175 Jahre Regierungsbezirk Düsseldorf, Essen 1992, S. 35–50, S. 42.

17 Vgl. Tenfelde/Urban: Einleitung, S. 10.

18 Vgl. Gawehn/Rudzinski: Industrielle Revolution, S. 178.

19 Vgl. Klaus Tenfelde: Bergbau und Stadtentwicklung im Ruhrgebiet im 19. und 20. Jahrhundert, Sonderdruck, Köln u. a. 2004, S. 130.

20 Vgl. Jürgen Mittag: Vom Dorf zur Großstadt: Industrialisierung, Bevölkerungswachstum und Eingemeindungen in Bochum und dem Ruhrgebiet, in: ders./Ingrid Wölk (Hg.): Bochum und das Ruhrgebiet. Großstadtbildung im 20. Jahrhundert, Essen 2005, S. 25–78, S. 65.

21 Vgl. Jürgen Mittag/Ingrid Wölk: Einleitung: Bochum und das Ruhrgebiet, in: ebd., S. 9–24, S. 15.

22 Zur Geschichte der Arbeiterbewegung siehe zum Beispiel Helga Grebing: Geschichte der deutschen Arbeiterbewegung. Von der Revolution 1848 bis ins 21. Jahrhundert, Berlin 2007.

23 Vgl. Beate Olmer: Wasser. Historisch. Zu Bedeutung und Belastung des Umweltmediums im Ruhrgebiet 1870–1930, Frankfurt/Main 1998, S. 35.

24 Vgl. ebd., S. 35f.

25 Zitiert nach: ebd., S. 36. Zur Einordnung Rudolf Virchows und seiner Ansichten zwischen politischem Liberalismus und Wissenschaft siehe Constantin Goschler: Rudolf Virchow: Mediziner – Anthropologe – Politiker, Köln u. a. 2002.

26 Vgl. Constantin Goschler: Infrastruktur-Liberalismus. Rudolf Virchow als Berliner Kommunalpolitiker, in: Jahrbuch für Liberalismusforschung 18 (2006), S. 45–58, S. 55.
27 Zur Geschichte der Berliner (Ab-)Wasserversorgung siehe: Shahrooz Mohajeri: 100 Jahre Berliner Wasserversorgung und Abwasserversorgung 1840–1940, München 2005; zur Entstehung des zentralisierten Frisch- bzw. Abwassersystems, das bis heute prägend ist, vgl. Olmer: Wasser, S. 94.
28 Vgl. Ingrid Wölk: Vom Kuhhirten zum Kuhhirten-Denkmal: Bochum auf dem Weg zur Großstadt, in: Jürgen Mittag/dies. (Hg.): Bochum und das Ruhrgebiet. Großstadtbildung im 20. Jahrhundert, Essen 2005, S. 79–122, S. 102. Für Konflikte zwischen städtischer Selbstverwaltung und Staatsverwaltung, die aus der Entscheidung für die Schwimmkanalisation folgten, siehe Olmer: Wasser, S. 94f.
29 Vgl. u.a. Franz-Josef Brüggemeier/Thomas Rommelspacher: Blauer Himmel über der Ruhr. Geschichte der Umwelt im Ruhrgebiet 1840–1990, Essen 1992, S. 91.
30 Zur Frage der Fäkalienverwertung auf Rieselfeldern vgl. Olmer: Wasser, S. 46f.
31 Vgl. Dietmar Bleidick: Preußisches Wasserrecht versus Industrialisierung – Steuerung des Modernisierungsprozesses oder Rechtsbeugung im Interesse der Wirtschaft?, in: Stefan Goch/Lutz Heidemann (Hg.): 100 Jahre Bismarck. Ein Stadtteil „mit besonderem Erneuerungsbedarf" (Schriften des Instituts für Stadtgeschichte, Bd. 9), Essen 2001, S. 135–148, S. 135f.
32 Vgl.: Emschergenossenschaft (Hg.): 100 Jahre Wasserwirtschaft im Revier. Die Emschergenossenschaft 1899–1999, Essen 1999, S. 79.
33 Vgl. ebd., S. 84.
34 Vgl. Volker H. Peemüller: Genossenschaften als ‚historische' und moderne Form der Kooperation, in: Joachim Zentes/Bernhard Swoboda (Hg.): Kooperationen, Allianzen und Netzwerke. Grundlagen – Ansätze – Perspektiven, Wiesbaden 2005, S. 405–427, S. 408.
35 Vgl. ebd., S. 410.
36 Vgl. Helmut Faust: Geschichte der Genossenschaftsbewegung. Ursprung und Aufbruch der Genossenschaftsbewegung in England, Frankreich und Deutschland sowie ihre weitere Entwicklung im deutschen Sprachraum, Frankfurt/Main 1977, S. 19.
37 Vgl. ebd., S. 25.
38 Vgl. ebd., S. 30f.
39 John Harrison: Owen and the Owenites in Britain and America. The Quest for a New Modern World, London 2009 (Routledge Revival, zuerst 1969 veröffentlicht), S. 128f.
40 Vgl. ebd., S. 2.
41 Vgl. zu Raiffeisen: Faust: Genossenschaftsbewegung, S. 268–306.
42 Vgl. Georg Wilhelm Friedrich Hegel: Grundlinien der Philosophie des Rechts, hier Frankfurt/Main 1986, S. 339–398.
43 Vgl. die Paragraphen 56–59, Gesetz über die Benutzung der Privatflüsse vom 28. Februar 1843.
44 Vgl. Wassergenossenschaftsgesetz vom 1. April 1879. Vergleichende Diskussion zwischen den Gesetzen von 1843 und 1879 in Peter Collin: Regulierte Selbstregulierung in rechtshistorischer Perspektive. Studien und Materialien. Max Planck Institute for European Legal History Research Paper Series No. 2018–05, S. 648f.
45 Vgl. ebd., S. 646.
46 Vgl. 100 Jahre Wasserwirtschaft, S. 76.
47 Vgl. ebd., S. 78.
48 Vgl. ebd., S. 84.
49 Vgl. 25 Jahre Emschergenossenschaft, S. 5.
50 Vgl. ebd., S. 6f.
51 Vgl. 70 Jahre Emschergenossenschaft, S. 87.

52 Vgl. 100 Jahre Wasserwirtschaft, S. 94.
53 Vgl. 25 Jahre EG, S. 7.
54 Vgl. ebd., S. 6f.
55 Vgl. Emschergenossenschaft (Hg.): Das Emscherhaus. Ein Rundgang mit Geschichte und Geschichten, S. 7.
56 van Laak: Alles im Fluss, S. 59.
57 Vgl. 25 Jahre EG, S. 11.
58 Vgl. ebd., S. 7.
59 Vgl. Amtliche Mittheilungen, in: Centralblatt der Bauverwaltung, 21. Jahrgang, Nr. 27 (6.4.1901), S. 165.
60 Vgl. 25 Jahre EG, S. 105f.
61 Vgl. 100 Jahre Wasserwirtschaft, S. 98.
62 Vgl. 25 Jahre EG, S. 9.
63 Vgl. Emschergenossenschaft: 100 Jahre Wasserwirtschaft, S.103.
64 Vgl. 25 Jahre EG, S. 40.
65 Vgl. Olmer: Wasser, S. 423. Dagegen erhöhte sich die veranschlagte Summe für die Nebenläufe um ein Vielfaches. Vgl. 100 Jahre Wasserwirtschaft, S. 96.
66 Vgl. 25 Jahre EG, S. 89.
67 Vgl. 50 Jahre EGLV, S. 43.
68 Vgl. z. B. 25 Jahre EG, S. 11.
69 Vgl. BAB R 154 74.
70 Vgl. Kapitel III.
71 Vgl. 100 Jahre Wasserwirtschaft, S. 108.
72 Vgl. ebd.
73 Vgl. bspw. 25 Jahre EG, S. 135.
74 Vgl. 25 Jahre EG, S. 137.
75 Vgl. ebd.
76 Vgl. ebd., S. 144.
77 Vgl. Olmer: Wasser, S. 467.
78 Vgl. Abbildung 21a in Jahresbericht EG 1936, S. 12.
79 Jahresbericht EG 1936, S. 10f.
80 Vgl. Stadtverwaltung Essen (Hg.): Chronik der Stadt Essen 1937, Essen 1937, S. 132.
81 Vgl. 100 Jahre Wasserwirtschaft, S. 66.
82 Vgl. Stadtverwaltung Essen (Hg.): Chronik der Stadt Essen 1937, S. 132.
83 Vgl. Emil Hablützel: Gas als Treibstoff für Automobile, in: Schweizerische Bauzeitung 115/116, Heft 16 (1940), S. 179ff, S. 179.
84 Vgl. rückblickend: Wilhelm Husmann: Verwertung häuslicher und industrieller Abwässer, in: Zeitschrift des Vereines deutscher Ingenieure 84, Nr. 36 (7.9.1940), Zeitungsausschnittsammlung, BAB NS 5 VI 20177 (unpaginiert).
85 Vgl. Jahresbericht EG 1936, S. 10.
86 Vgl. hierzu Dietmar Petzina: Autarkiepolitik im Dritten Reich. Der nationalsozialistische Vierjahresplan, Berlin 2010, S. 20f.
87 Vgl. Susanne Heim: Einleitung, in: dies. (Hg.): Autarkie und Ostexpansion. Pflanzenzucht und Agrarforschung im Nationalsozialismus, Göttingen 2002, S. 7–13, S. 7.
88 Vgl. Birgit Pelzer-Reith/Reinhold Reith: Die ‚Eiweißlücke' und die biotechnologische Eiweißsynthese. Synthetische Nahrungsmittel in der nationalsozialistischen Autarkiepolitik, in: Technikgeschichte 79, 4 (2012), S. 303–340.
89 Vgl. Anne Berg: The Nazi Rag-Pickers and their Wine. The Politics of Waste and Recycling in Nazi Germany, in: Social History 40, 4 (2015), S. 446–472.
90 Ramshorn EG 1957, S. 8.

91 Die identische Formulierung findet sich in Vorstandssitzung EG vom 17.7.1930 (unpaginiert) und Vorstandsitzung LV vom 8.7.1930.
92 Vgl. 100 Jahre Wasserwirtschaft, S. 114.
93 Vgl. Vorstandssitzung EG vom 17.7.1930 (unpaginiert).
94 Vgl. 50 Jahre LV, S. 33.
95 Vgl. 75 Jahre EG, S. 16.
96 Vgl. 100 Jahre Wasserwirtschaft, S. 114.
97 Vgl. Vermerk des Lippeverbandes vom 23.9.1930, EGLV LV 1.161093 (unpaginiert).
98 Vgl. 50 Jahre LV, S. 32.
99 Vgl. interner Vermerk des Lippeverbandes ohne Datum, EGLV LV 1.161093 (unpaginiert).
100 Vgl. 75 Jahre EG, S. 16.
101 Vgl. 100 Jahre Wasserwirtschaft, S. 114.
102 Erst 1941 wurde die nächste Kläranlage eröffnet. Vgl. 50 Jahre LV, S. 33.
103 Schreiben der Fa. E. Posseyer an „Herrn Dr. Hermes“, Reichslandwirtschaftsministerium vom 24.10.1921, BAB R 154 74 (unpaginiert).
104 Vgl. Hermann Bach: Kolorimetrische Bestimmung von Phenolen im Abwasser. Mitteilung aus dem Chemischen Laboratorium der Emschergenossenschaft in Essen – Ruhr, in: Zeitschrift für analytische Chemie 50, 12 (1911), S. 736-740.
105 Vgl. Hermann Bach: Phenolhaltige Abwässer und ihre Reinigungsmöglichkeit, in: Angewandte Chemie 39, 37 (1926), S. 1093-1098.
106 Vgl. den Auszug aus Bachs Publikationsverzeichnis in Nachruf Hermann Bach, Vom Wasser 17 (1949), S. IX-XII, S. X–XII.
107 Vgl. 75 Jahre EG, S. 14f.
108 Vgl. Jahresbericht EG 1930, S. 3.
109 Jahresbericht EG 1931, S. 6.
110 Vgl. Jahresbericht EG 1932, S. 15.
111 Vgl. Jahresbericht EG 1933, S. 16.
112 Vgl. Vorstandssitzung LV vom 27.1.1930 (unpaginiert).
113 Vgl. Vorstandssitzung LV vom 8.7.1930 (unpaginiert).
114 Jahresbericht EG 1933, S. 16.
115 Vgl. Vorstandssitzung EG vom 8.9.1933 (unpaginiert) und Vorstandssitzung EG vom 20.12.1933 (unpaginiert).
116 Vgl. Detlev Humann: ‚Arbeitsschlacht‘. Arbeitsbeschaffung und Propaganda in der NS-Zeit 1933–1939, Göttingen 2011, S. 81f.
117 Jahresbericht EG 1934, S. 14.
118 Vgl. Dietrich Eichholtz: Vierjahresplan, in: Wolfgang Benz/Hermann Weiß (Hg.): Enzyklopädie des Nationalsozialismus (5. Auflage), München 2007, S. 851f.
119 Jahresbericht EG 1936, S. 11.
120 Ebd., S. 12.
121 Vgl. ebd.
122 Vgl. ebd.
123 Vgl. Jahresbericht EG 1937, S. 11.
124 „Die wasserwirtschaftlichen Verbände. 4,3 Mill. Mark Bauten für Emscher und Lippe“, in: Kölnische Zeitung vom 19.5.1937, Nr. 246, Zeitungsausschnitt, RWWA 20-1256, Nr. 864.
125 Vgl. Jahresbericht EG 1938, S. 11.
126 Vgl. z. B. Schreiben der Emschergenossenschaft an den Reichsminister für Ernährung und Landwirtschaft vom 10.8.1939, in BAB 154 74 (unpaginiert).
127 D. Wiegmann: Zehn Jahre Phenolgewinnung aus dem Gaswasser der Kokereien im Rheinisch-Westfälischen Industriegebiet, in: Glückauf Nr. 51 (1939), S. 965.
128 Vgl. Jahresberichte EG 1938, S. 11; 1939, S. 8; 1940, S. 8.

129 Vgl. Jahresbericht EG 1937, S. 13.
130 Vgl. z. B. Aufruf zur Unterbringung arbeitsloser Angehöriger der nationalen Wehrverbände vom 2.2.1934, LAD RW 0050-0053, Nr. 474 (unpaginiert).
131 Vgl. Jahresbericht EG, S. 5.
132 Vgl. 100 Jahre Wasserwirtschaft, S. 119.
133 Vgl. Vermerk des Bauamts Essen vom 23.1.1934, EGLV LV 1.161093 (unpaginiert).
134 Vgl. Vermerk des Lippeverbandes vom 13.11.1934, EGLV LV 1.161093 (unpaginiert).
135 Vgl. Schreiben des Lippeverbandes an den Regierungspräsidenten in Arnsberg vom 6.10.1934, EGLV LV 1.064092 (unpaginiert).
136 Vgl. ausführlich zum RAD: Kiran Klaus Patel: ‚Soldaten der Arbeit'. Arbeitsdienste in Deutschland und den USA 1933–1945, Göttingen 2003.
137 Vgl. N.N., Tätigkeit des Lippeverbandes, in: Rheinisch-Westfälische Zeitung vom 4.9.1936, Nr. 448 (Morgen), S. unbekannt, Zeitungsausschnitt in Sammlung der niederrheinischen IHK Duisburg Wesel, RWWA 20-1256-4, Nr. 864 (unpaginiert).
138 Vermerk vom 21.3.1936, EGLV LV 1.064092 (unpaginiert).
139 Vgl. Erfolgreiche Arbeit des Lippeverbandes. Die Pläne für 1937, in: Rheinisch-Westfälische Zeitung vom 27.1.1937, Nr. 47, S. unbekannt, Zeitungsausschnitt in Sammlung der niederrheinischen IHK Duisburg Wesel, RWWA 20-1256-4, Nr. 864 (unpaginiert).
140 Vgl. Wolfgang Benz: Geschichte des Dritten Reiches, München 2000, S. 28f.
141 Vgl. Vorstandssitzung EG vom 10.2.1933 (unpaginiert).
142 Vgl. Beschluss des Gaugerichts vom 18.11.1935, BAB R 9361-I/30907, S. 72.
143 Vgl. Schreiben von Alexander Ramshorn an das Gaugericht Essen vom 7.11.1935, BAB R 9361-I/30907, S. 55.
144 Vgl. Vorstandssitzung EG vom 9.6.1933 (unpaginiert).
145 Vgl. Schreiben von Alexander Ramshorn an das Gaugericht Essen vom 7.11.1935, BAB R 9361-I/30907, S. 55.
146 Vgl. Jahresbericht EG 1933, S. 2.
147 Den Unterschied zwischen Ruers persönlichem Schicksal und dem pragmatischen Stil im Jahresbericht hoben bereits Peters/Bleidick hervor: Vgl. 100 Jahre Wasserwirtschaft, S. 117. Zu Ruer vgl. knapp Station 6 auf https://www.bochum.de/leidenswege, aufgerufen am 31.7.2018. Ausführlich: Ernst-Albrecht Plieg: Dr. Otto Ruer. Oberbürgermeister von Bochum 1925-1933, Berlin 2013.
148 Es handelte sich um die ehemaligen Vorstandsmitglieder Frühling und Schenker sowie um ihre Stellvertreter Victor und Münch. Vgl. Jahresbericht EG 1933, S. 3. Laut Bleidick und Peters wurden sie durch „gefolgschaftstreue" Personen ersetzt. 100 Jahre Wasserwirtschaft, S. 117.
149 Interner Vermerk vom 22.8.1934, EGLV EG 1.123150 (unpaginiert).
150 Vgl. Vorstandssitzung EG vom 15.12.1931, S. 3.
151 Den Auszug aus Bachs Publikationsverzeichnis in Nachruf Hermann Bach, in: Vom Wasser 17 (1949), S. IX–XII, S. X–XII.
152 Vgl. Eintrag „Hermann Bach" in Gedenkbuch der Opfer der Verfolgung der Juden unter der nationalsozialistischen Gewaltherrschaft. Aufgerufen am 21.8.2018 unter https://www.bundesarchiv.de/gedenkbuch/de1047414.
153 Vgl. Vorstandssitzung EG vom 19.12.1935, S. 2.
154 Diese Entwicklungen beschreibt Bachs Tochter Anneliese 1946 rückblickend. Vgl. Lebenslauf Anneliese Bach, Anlageblatt zum Fragebogen für „Opfer des Faschismus" vom 2.8.1946, CJA, 4.1., Nr. 56, S. 3.
155 Vgl. Eintrag „Hermann Bach" in Gedenkbuch der Opfer der Verfolgung der Juden unter der nationalsozialistischen Gewaltherrschaft. Aufgerufen am 21.8.2018 unter https://www.bundesarchiv.de/gedenkbuch/de1047414. Der Eintrag zu Bachs Tod im Sterberegister des

Standesamtes Berlin Mitte vermerkt „Hermann Israel Bach". Eintragung „Hermann Israel Bach" in Namensverzeichnis zum Sterberegister des Standesamtes Mitte von Berlin 1944, LAB P Rep. 840, Nr. 7 (unpaginiert).

156 Vgl. Eintrag zu Hermann Bach in der Berliner Gedenkbuchdatenbank, abgerufen am 23.8.2018 durch Bianca Welzing-Bräutigam im Landesarchiv Berlin.

157 Vgl. zur Geschichte des „Sammellagers" kurz Akim Jah: Vom Altenheim zum Sammellager. Die Große Hamburger Straße 26, die Deportation der Berliner Juden und das Personal der Stapoleitstelle Berlin, in: Therezin Studies and Documents 14 (2007), S. 176–219 und ausführlich ders.: Die Deportation der Juden aus Berlin – die nationalsozialistische Vernichtungspolitik und das Sammellager Große Hamburger Straße, Berlin 2013.

158 Vgl. Lebenslauf Anneliese Bach, Anlageblatt zum Fragebogen für „Opfer des Faschismus" vom 2.8.1946, CJA, 4.1., Nr. 56, S. 4.

159 Vgl. Schreiben von Josef Eulgem an „Herrn Rahne", Kulturverband Essen vom 9.5.1935, BAB R 9361-I/30907, S. 36.

160 Diese Auskunft von Ramshorn sollte nach Kriegsende für seine eigene Stellung Bedeutung gewinnen. Vgl. Schreiben von unbekannt an Alexander Ramshorn vom 20.11.1948, RWWA 130-400101332/13 (unpaginiert).

161 Vgl. zu Ramshorn Karriere Eintrag „Ramshorn" in Willi Hager: Hydraulicians in Europe 1800–2000, Bd. 2, Boca Raton, FL 2009, S. 1161.

162 Vgl. Schreiben von Alexander Ramshorn an das Gaugericht Essen vom 7.11.1935, BAB R 9361-I/30907, S. 47–52.

163 Vgl. Rüdiger Hachtmann/Winfried Süß: Kommissare im NS-Herrschaftssystem. Probleme und Perspektiven der Forschung, in: dies (Hg.).: Hitlers Kommissare. Sondergewalten in der nationalsozialistischen Diktatur. Göttingen 2006, S. 9-27, S. 9.

164 Vgl. ebd., S. 13f. Zur Tradition der Kommissare in Preußen vgl. Horst Matzerath: Nationalsozialismus und kommunale Selbstverwaltung, Stuttgart 1970, S. 31.

165 Vgl. Karl-Heinz Nickel u. a.: Kurzbiographien, in: Georg Wannagat (Hg.): Kassel als Stadt der Juristen (Juristinnen) und der Gerichte in ihrer tausendjährigen Geschichte, Köln u. a. 1990, S. 526.

166 Vgl. Gerichtsurteil des Landgerichts Essen in der Strafsache Eulgem/Risse vom 7.9.1936 (8 KMs. 1/36), S. 3f. des Urteils, EGLV unsignierte Blattsammlung (unpaginiert).

167 Vgl. Jahresbericht EG 1935.

168 Vgl. Schreiben von Jacob Hasslacher an die Beteiligten der Emschergenossenschaft vom 9.9.1935, RWWA 130-400118/7 (unpaginiert).

169 In der Chronik heißt es: „Erst im Oktober 1935 war wieder eine normale Geschäftsführung möglich, da der Staatskommissar keine geeigneten, auch finanziell sinnvollen, Vorschläge zur Zusammenführung machen konnte." 100 Jahre Wasserwirtschaft, S. 118.

170 Vgl. Interner Vermerk des preußischen Staatsministeriums vom 19.8.1935, GStA I HA Rep. 90 A 2578, S. 53.

171 Vgl. ebd.

172 Vgl. 100 Jahre Wasserwirtschaft, S. 118.

173 Schreiben von Harry Vosberg an die Beteiligten der Emschergenossenschaft vom 30.10.1934, Anhang zu Antrag vom 27.8.1935 von Alexander Ramshorn an das Gaugericht Essen, BAB R 9361-I/30907, S. 7.

174 Entscheidung der Berufungskommission der Emschergenossenschaft vom 29.3.1935, Anhang zu Schreiben der Vereinigten Stahlwerke AG an die Gutehoffnungshütte vom 3.5.1935, RWWA 130-400118/7 (unpaginiert).

175 Zitat aus dem Brief von Harry Vosberg im Schreiben von Alexander Ramshorn an Hans-Joachim Tapolski, 9.7.1935, Anhang zu Antrag vom 27.8.1935 von A. R. an das Gaugericht Essen, BAB R 9361-I/30907, S. 12.

176 Schreiben von Alexander Ramshorn an Hans-Joachim Tapolski vom 9.7.1935, Anhang zu Antrag vom 27.8.1935 von Alexander Ramshorn an das Gaugericht Essen, BAB R 9361-I/30907, S. 11.

177 Vgl. Schreiben von Hans-Joachim Tapolski an den Reichslandwirtschaftsminister vom 10.7.1935, Anhang zu Antrag von Alexander Ramshorn vom 27.8.1935 am Gaugericht Essen, BAB R 9361-I/30907, S. 13.

178 Schreiben von Alexander Ramshorn an Harry Vosberg vom 16.7.1935, Anhang zu Antrag vom 27.8.1935 von Alexander Ramshorn an das Gaugericht Essen, BAB R 9361-I/30907, S. 14.

179 Schreiben von Harry Vosberg an Alexander Ramshorn vom 5.8.1935, Anhang zu Antrag vom 27.8.1935 von Alexander Ramshorn an das Gaugericht Essen, BAB R 9361-I/30907, S. 16.

180 Vgl. Antrag von Alexander Ramshorn vom 27.8.1935 am Gaugericht Essen, BAB R 9361-I/30907, S. 1.

181 Ebd., S. 6.

182 Beschluss des Gaugerichts Essen vom 18.11.1935, BAB R 9361-I/30907, S. 75.

183 Vgl. Jahresbericht LV 1940, Jahresbericht LV 1941 und Protokoll der Genossenschaftsversammlung LV 1942; vgl. auch: Laurenz Kaufhold: Meine Erlebnisse und Erfahrungen im Dienste der Emschergenossenschaft und des Lippeverbandes in der Zeit von September 1913 bis Oktober 1958, Essen 1967, S. 24, EGLV EG 1.1.23151.000 (unpaginiert). In Bezug zu Vierjahresplan und Reinigung der Abwässer vgl. ebenso: Schreiben vom Vorsitzenden des Lippeverband an den Oberpräsidenten der Provinz Westfalen vom 27.3.1940, S. 41, LAM K 001, Nr. 4786.

184 Zum zeitgenössischen Verrieselungsdiskurs vgl. BAB NS5 VI 20177, NS5 VI 20178.

185 So nahm der Verbrauch allein von Kunstdünger zwischen 1935 und 1939 um 30 Prozent zu. Vgl. Ludolf Herbst: Das nationalsozialistische Deutschland 1933-1945. Die Entfesselung der Gewalt. Rassismus und Krieg. Frankfurt/Main 1996, S. 171.

186 Vgl. Josef Cornelissen: Dorf-Chronik Unna-Mühlhausen/Uelzen. Von den ältesten Spuren bis heute, Unna 2011, S. 66 (online abrufbar unter http://www.chronik-muehlhausen-uelzen.de/chronik/frames/content/Chronik%20Muehlhausen-Uelzen.pdf); vgl. auch: Mitgliederversammlung Rieselfeldgenossenschaft Unna vom 12.8.1937, EGLV LV 1.065548.000 (unpaginiert).

187 Vgl. Erlass über Bewilligung weiterer Mittel vom Reichsminister für Ernährung und Landwirtschaft an Rieselfeldgenossenschaft Unna, 23.6.1938, EGLV LV 1.065550.000 (unpaginiert).

188 Vgl. z. B. Jahresbericht LV 1936, S. 8.

189 Vgl. Ausführungen von Baurat Dr. Prüß (anlässlich der Prüfung von Entwürfen der Emschergenossenschaft und des Lippeverbandes durch die Ministerialkommission in Essen am 13./14./15. November 1935) zur Frage der Abwasserreinigung für die Stadt Hamm, S. 161ff., LAM K 001, Nr. 7885.

190 Siehe hierfür beispielhaft die wirtschaftspolitische Maßnahme des Vierjahresplans, Herbst: Das nationalsozialistische Deutschland, S. 175ff. Generell zur Wirtschaftspolitik des „Dritten Reiches": Adam Tooze: The Wages of Destruction. The Making and Breaking of the Nazi Economy, New York 2006.

191 Vgl. Sven Reichardt/Wolfgang Seibel: Radikalität und Stabilität. Herrschen und Verwalten im Nationalsozialismus, in: dies. (Hg.): Der prekäre Staat. Herrschen und Verwalten im Nationalsozialismus, Frankfurt/Main 2011, S. 7–28, S. 10.

192 Vgl. Jahresbericht EG 1932, S. 6.

193 Vgl. Hans Seidel/Klaus Tenfelde (Hg.): Zwangsarbeit im Bergwerk. Der Arbeitseinsatz im Kohlenbergbau des Deutschen Reiches und der besetzten Gebiete im Ersten und Zweiten Weltkrieg, Essen 2005, S. 14.

194 Vgl. Jahresberichte EG 1936 und 1937.
195 Vgl. Ramshorn, 50 Jahre EG, S. 90.
196 Vgl. Statut für die Emscher-Genossenschaft. Gesetz vom 14. Juli 1904.
197 Vgl. Jahresberichte EG 1930 bis 1943.
198 Vgl. Jahresberichte LV 1930 bis 1943.
199 Vgl. Enteignungsbewilligung des Reichswirtschaftsministers an die Emschergenossenschaft für die Emscherverlegung, 9.9.1938, EGLV EG 1.048106.001 (unpaginiert).
200 Vgl. Vorstandssitzung EG vom 20. Dezember 1937 (unpaginiert).
201 Vermerk vom 13. Oktober 1939, EGLV EG 1.048106.001 (unpaginiert).
202 Vgl. Schreiben des Präsidenten des Landesarbeitsamtes Rheinland an die Emschergenossenschaft vom 16.7.1940, EGLV EG 1.048722.000 und Antwort vom 29.7.1940, ebd.
203 Bis Juni 1941 wurden bis zu 6,6 Millionen Beschäftigte eingezogen. Vgl. Seidel: Ruhrbergbau, S. 165. Für die Emschergenossenschaft vgl. EGLV EG 1.042868.000.
204 Vgl. Marc Buggeln/Michael Wildt: Arbeit im Nationalsozialismus, München 2014, S. XV–XVII.
205 Vgl. ebd., S. XVI.
206 Zur Frage der Terminologie der Zwangsarbeit siehe z. B. Buggeln: Unfreie Arbeit im Nationalsozialismus, in: ebd., S. 231–252.
207 Vgl. Andres Hyacinth: Niederschrift über meine Erlebnisse und Erfahrungen während meiner Tätigkeit bei der Emschergenossenschaft und dem Lippeverband vom 1. August 1913 bis zum 31. Juli 1953, S. 2, EGLV EG 1.123151.000 (unpaginiert).
208 Vgl. Schreiben von der Hoch- und Tiefbau Müller & Co an die Emschergenossenschaft, 1.9.1941, EGLV EG 1.041176.000 (unpaginiert).
209 Vgl. Schreiben von Heinrich Rennert G.m.b.H. an die Emschergenossenschaft, 8.9.1944, EGLV EG 042780.000 (unpaginiert), Vgl. auch: Schreiben von Geschäftsführer Alexander Ramshorn an die Gauwirtschaftskammer in Essen, 28.6.1943, EGLV EG 042669.000 (unpaginiert).
210 Vgl. Schreiben von Alexander Ramshorn an den Vorsitzenden, Betreff: Emscherverlegung von Sterkrade bis Stapp, 7.5.1942, EGLV EG 042654.000, (unpaginiert).
211 Schreiben von Alexander Ramshorn an den Vorgesetzten, 10.12.1942, EGLV EG 1.042659.000 (unpaginiert).
212 Schreiben von Alexander Ramshorn an den Gebietsbeauftragten des Generalbevollmächtigten für die Regelung der Bauwirtschaft im Wehrkreis VI a, Herrn Wasserbaudirektor Garbe, 1.11.1940, EGLV LV 064111.000.
213 Seidel: Ruhrbergbau, S. 168.
214 Vgl. Wolf Gruner: Der geschlossene Arbeitseinsatz deutscher Juden. Zur Zwangsarbeit als Element der Verfolgung 1938–1943, Berlin 1997, S. 336.
215 Vgl. Seidel: Ruhrbergbau. Zur Arbeit und dem Arbeitseinsatz im Nationalsozialismus siehe auch Marc Buggeln/Michael Wildt (Hg.): Arbeit im Nationalsozialismus, München 2014.
216 Vgl. Seidel: Ruhrbergbau, S. 170.
217 Vgl. ebd., S. 27.
218 Für diesen Hinweis danken wir Lutz Budraß.
219 Vgl. Internes Schreiben vom 16.1.1947, EGLV EG 1.043668.000 bzw. Seidel: Ruhrbergbau, S. 402.
220 Vgl. Jahresbericht LV 1935, S. 8.
221 Vgl. Vorstandssitzung vom 8. September 1933 (unpaginiert), Vorstandssitzung vom 20. Dezember 1933 (unpaginiert).
222 Vgl. bspw.: Schreiben der Emschergenossenschaft an den Regierungspräsidenten in Arnsberg, 29.8.1933, EGLV EG 1.163535.000 (unpaginiert). Für weitere Beispiele s.: ebd.
223 Protokoll der Genossenschaftsversammlung des Lippeverbandes, 5.4.1935.

224 Vgl. Vorstandssitzung EG vom 29.1.1936 (unpaginiert).
225 Vgl. Vorstandssitzung LV vom 21.7.1938 (unpaginiert). Vgl. auch: Vorstandssitzung EG vom 24.6.1938 (unpaginiert).
226 Vgl. Vorstandssitzung EG vom 24.6.1938 (unpaginiert).
227 Als Diskussionsbeitrag in Bezug auf die Neuregelung der Rechtsverhältnisse des LV und der EG vgl. bspw.: Schreiben des Oberpräsidenten der Provinz Westfalen an den Reichsminister für Ernährung und Landwirtschaft, 14.7.1939, LAM Oberpräsidium Nr. 4796, S. 79–84.
228 Vgl. Vorstandssitzung EG vom 19.1.1944.
229 Vgl. Vermerk vom 3.9.1940, EGLV EGLV 1.163545.000 (unpaginiert).
230 Vgl. Erlass GB-Bau 26/o – 112 – XVIII RM. vom 8.12.1941, Anordnung Nr. 22, Dr. Todt, EGLV EGLV 1.163545.000 (unpaginiert).
231 Vgl. Vermerk vom 10.4.1942, EGLV EGLV 1.163545.000.
232 Siehe hierzu allgemein: Christiane Botzet: Ministeramt, Sondergewalten und Privatwirtschaft. Der Generalbevollmächtigte für die Regelung der Bauwirtschaft, in: Rüdiger Hachtmann/Winfried Süß (Hg.): Hitlers Kommissare. Sondergewalten in der nationalsozialistischen Diktatur (Beiträge zur Geschichte des Nationalsozialismus 22), Göttingen 2006, S. 115–137.
233 Zur Rolle des Reichsarbeitsministeriums im NS siehe erste Ergebnisse der Unabhängigen Historikerkommission: Alexander Nützenadel (Hg.): Das Reichsarbeitsministerium im Nationalsozialismus. Verwaltung – Politik – Verbrechen, Göttingen 2017. Aus internationaler Perspektive und mit einem weiteren zeitlichen Fokus siehe auch David Meskill: Optimizing the German Workforce. Labor Administration from Bismarck to the Economic Miracle, New York/Oxford 2010.
234 Vgl. Bedingungen für Beschäftigung von Kriegsgefangenen für die Arbeiten der Emscherverlegung, Bauabschnitt 3, km 8,8 bis 13,9, d.i. von Oberhausen-Holten bis Oberhausen-Sterkrade, EGLV EG 1.042654.000.
235 Schreiben der Emschergenossenschaft an das Arbeitsamt Essen vom 6.11.1940, EGLV EG 1.003542.000 (unpaginiert).
236 Vgl. Vermerk, Betreff. Emscherverlegung, EGLV EG 1.042868.000.
237 Interne Verfügung vom 16.3.1942, EGLV EG 1.042654.000 (unpaginiert).
238 Inserat im Holz-Zentralblatt, 10.4.1942, EGLV EG 1.042654.000 (unpaginiert).
239 Verfügung 1.4.1942, EGLV EG 1.042654.000 (unpaginiert).
240 Vgl. Schreiben des Vorflutdezernats des Lippeverbandes an das Bauamt der Emschergenossenschaft, 5.6.1942, EGLV EG 1.042654.000.
241 Vgl. Schreiben der Gebr. Igel an die Emschergenossenschaft vom 21.4.1942, EGLV EG 1.042654.000 (unpaginiert).
242 Zygmunt Baumann: Wir Lebenskünstler, Berlin 2010, S. 196.
243 Matthias Junge/Thomas Kron: Zygmunt Bauman. Soziologie zwischen Postmoderne und Ethik, Wiesbaden 2014, S. 388.
244 Vgl. Vorstandssitzung EG vom 20.12.1940 (unpaginiert).
245 Vgl. Jahresberichte von EG und LV: So findet sich zum Beispiel im Jahresbericht 1943 der Hinweis auf nur noch einen publizierten Aufsatz, während sich Ende der 1930er Jahre weit über zehn veröffentlichte Aufsätze jährlich ausmachen lassen. Vgl. bspw. Jahresbericht EG 1938, S. 14 und Jahresbericht EG 1942, S. 3.
246 Vgl. Jahresbericht EG 1939, S.4, Jahresbericht LV 1939, S.4.
247 Vgl. Verzeichnisse des LV und der EG für „unabkömmlich gestellte Gefolgschaftsmitglieder" und die „Gefolgschaftsmitglieder, für die Uk-Anträge zur Zeit laufen", LAM Oberpräsidium Nr. 4800, S. 26ff.
248 Vgl. Photoarchiv EGLV.

249 Vorstandssitzung EG vom 22.12.1941 (unpaginiert).
250 Siehe hierzu Jürgen Reulecke: Die Fahne mit dem goldenen Zahnrad. Der „Leistungskampf der deutschen Betriebe" 1937-1939. in: Detlev Peukert/ders. (Hg.): Die Reihen fast geschlossen. Beiträge zur Geschichte des Alltags unterm Nationalsozialismus, Wuppertal 1981, S. 245–272, S. 250f.
251 Vgl. ebd., S. 253f.
252 Vgl. ebd., S. 254.
253 Vgl. Jahresbericht EG 1942, S.2.
254 Vgl. Emschergenossenschaft und Lippeverband, Enthüllung der Gedenktafel für die im Weltkrieg 1919–1945 Gefallenen und Vermissten, Essen 1954, S. 22.
255 Vgl. Jahresbericht EG 1942, S.2.
256 Vgl. Reichsgesetzblatt Teil I, Nr. 8 vom 30. Januar 1938, Stiftungsverordnung, S. 48.
257 Vgl. Jahresbericht EG 1941, S.2.
258 Vgl. Vorstandssitzung EG vom 19.1.1944 (unpaginiert).
259 Viele Arbeiten mussten Ende 1944 eingestellt werden, da in den Kriegswirren oftmals Arbeiter nicht mehr erschienen waren. Vgl. Schreiben an den Geschäftsführer, 31.10.1945, EGLV EG 1.000904.000. Zur Kontinuität der Beschäftigung von Kriegsgefangenen über das Kriegsende hinaus siehe bspw. EGLV EG 1.042780.000.
260 Eine Übersicht über die Gestaltung und die frühere und derzeitige Bebauung des Moltkeplatzes findet sich auf http://www.moltkeviertel.de/moltkeviertel/gruenflaechen/moltkeplatz (zuletzt aufgerufen am 27.2.2020).
261 Daran erinnert sich etwa Rolf Schoch, der Bruder des Angestellten der Emschergenossenschaft Walter Schoch, in seinen Memoiren: Rolf Schoch: Stationen und Episoden aus meinem Leben, Teil 1 (1924 bis zur Heirat 1951), Essen 1997, S. 5.
262 Vgl. Vorstandssitzung EG vom 18.12.1946 (unpaginiert).
263 Siehe auch hierzu http://www.moltkeviertel.de/moltkeviertel/gruenflaechen/moltkeplatz. Die Überreste des Bunkers wurden erst im Sommer 2016 entfernt.
264 Die Beschreibungen sprechen teilweise von einer, teils von zwei Baracken, möglicherweise ließ die Bauweise beide Interpretationen zu. Hier wird dem sehr ausführlichen Bericht von Laurenz Kaufhold, Mitarbeiter der maschinentechnischen Abteilung der Emschergenossenschaft, und einer Planzeichnung mit dem Titel „Bürobaracken auf dem Moltkeplatz" gefolgt: Erinnerungen Laurenz Kaufhold, S. 36, EGLV EG 1.123151.000 (unpaginiert) und Planzeichnung „Bürobaracken auf dem Moltkeplatz" ohne Datum, EGLV EG 1.022726.000 (unpaginiert).
265 Vgl. Erinnerungen Helmut Carp, S. 18, EGLV EG 1.123151.000 (unpaginiert).
266 Jahresbericht EG 1945, 1946, 1947, S. 8.
267 Vgl. Erinnerungen Helmut Carp, S. 18; sowie Erinnerungen Laurenz Kaufhold, S. 36, EGLV EG 1.123151.000 (unpaginiert).
268 Ihre Wiederherstellung wurde erst im April 1946 für das Rechnungsjahr 1946 in Auftrag gegeben. Siehe Vorstandssitzung EG vom 18.4.1946 (unpaginiert).
269 Es wird in einer Nachtragsvereinbarung ein Nutzungsvertrag vom „9. bzw. 12.2.1946" erwähnt. Vertrag zwischen der Stadtgemeinde Essen und der Emschergenossenschaft vom 26.10.1946, EGLV EG 1.022726.000 (unpaginiert).
270 Vgl. Vorstandssitzung EG vom 18.4.1946 (unpaginiert).
271 Erinnerungen Helmut Carp, S. 9, EGLV EG 1.123151.000 (unpaginiert).
272 Vgl. Jahresbericht EG 1945, 1946, 1947, S. 11; sowie Schreiben der Emschergenossenschaft an den Bevollmächtigten für die Regelung der Bauwirtschaft vom 5.1.1940, in: Inangriffnahme von Dringlichkeitsbauten, Ausschnitt aus Bauindustrie, H. 35 vom 31.8.1940, EGLV EG 1.163545.000 (unpaginiert).

273 Dieser Prozess folgte dem Erlass des Reichsmarschalls vom 11.10.1939. Siehe N. N., Zur Inangriffnahme von Dringlichkeitsbauten, Ausschnitt aus Bauindustrie, H. 35 vom 31.8.1940, EGLV EG 1.163545.000 (unpaginiert).
274 Vgl. Zusammenstellung über den Bedarf an Diesel- und Vergasertreibstoff für den Monat Mai 1940 ohne Datum, EGLV EG 1.163545.000 (unpaginiert).
275 Vgl. Schreiben der Emschergenossenschaft an Ed. Schniering vom 4.7.1940, EGLV EG 1.163545.000 (unpaginiert).
276 Vgl. Jahresbericht EG 1945, 1946, 1947, S. 11.
277 Erinnerungen Hyacinth Andres, S. 10, EGLV EG 1.123151.000.
278 Vgl. Jahresbericht EG 1945, 1946, 1947, S. 10.
279 Erinnerungen Hyacinth Andres, S. 11, EGLV EG 1.123151.000.
280 Vgl. dazu grundsätzlich Wolfgang Benz (Hg.): Deutschland unter alliierter Besatzung 1945–1949. Ein Handbuch, Berlin 1999.
281 Das Sitzungsprotokoll vom 26.4.1945 erwähnt, dass bereits früher Gespräche mit amerikanischen Offizieren stattgefunden haben. Siehe Abschrift Sitzungsprotokoll vom 26.4.1945, in: Erinnerungen Helmut Carp, S. 18–21, hier S. 19, EGLV EG 1.123151.000 (unpaginiert).
282 Ebd.
283 Vgl. Bescheinigung der Emschergenossenschaft an die Firma August Klein vom 28.5.1945, EGLV EG 1.041244.000 (unpaginiert).
284 Vgl. Erinnerungen Helmut Carp, S. 18–21, hier S. 21, EGLV EG 1.123151.000 (unpaginiert).
285 Zu den Aufgaben des Water Pollution Research Board vgl. http://discovery.nationalarchives.gov.uk/details/r/C6345 (zuletzt aufgerufen am 27.2.2020).
286 Memorandum by the Director of Water Pollution Research on a Visit to Stuttgart, Germany, in June 1939 to attend a Conference on Sewage Disposal, datiert „October 1939", TNA AY 2 332 (unpaginiert).
287 Vgl. Vermerk „Wasserbedarf und Wasserverteilung, Entwässerung – Sammlung des Abwassers und Behandlung in der Provinz Westfalen" vom 23.6.1945, EGLV EGLV 1.123152.000, Hervorhebung im Original (unpaginiert).
288 Vgl. Vermerk der Emschergenossenschaft vom 31.7.1945, EGLV EG 1.163545.000 (unpaginiert).
289 Sewage Disposal in the Ruhr/Rhein Area. Area File K 52, Nov 1952, TNA WO 252 1263 (unpaginiert).
290 Vgl. Confidential Part zu Sewage Disposal in the Ruhr/Rhein Area. Area File K 52, Nov 1952, TNA WO 252 1263 (unpaginiert).
291 Vermerk des Geschäftsführers Alexander Ramshorn vom 31.7.1945, EGLV EG 1.163545.000 (unpaginiert).
292 Ebd.
293 Jahresbericht EG 1945, 1946, 1947, S. 13.
294 Schreiben des Oberbürgermeisters von Gelsenkirchen an die Emschergenossenschaft vom 15.5.1946, EGLV EG 1.041509.000 (unpaginiert).
295 Schreiben des Oberregierungspräsidenten für die Nord-Rheinprovinz an die Regierungspräsidenten von Düsseldorf, Köln und Aachen vom 29.3.1946, EGLV EG 1.163545.000 (unpaginiert).
296 Sponsoring Certificate for Employment of Civil Labour vom 5.3.1946, EGLV EG 1.006919.000 (unpaginiert).
297 Vgl. Jahresbericht EG 1945, 1946, 1947, S. 12.
298 Ebd.
299 „Mr. Stevens [...] gefielen ausgerechnet unsere beiden Räume in der Baracke. Ich wurde veranlasst, kurzfristig, von Samstag bis Montag, die Räume freizumachen. Jetzt, wohin?" Erinnerungen Laurenz Kaufhold, S. 36, EGLV EG 1.123151.000. In seinen Erinnerungen äu-

ßert auch Helmut Carp, dass Stevens „keinen guten Eindruck [...] machte". Erinnerungen Helmut Carp, S. 18–21, hier S. 21, EGLV EG 1.123151.000 (unpaginiert).

300 Vgl. Jahresbericht EG 1945, 1946, 1947, S. 12.

301 Vgl. Report des Vorflutdezernats Dortmund „Conference at Arnsberg with Mr. Wilkinson on July 5th 1946 about current information on the state of re-building works", 6.7.1946, EGLV EG 1.163545.000 (unpaginiert).

302 Laut Alexander Ramshorn waren zu Beginn des Jahres 1946 etwa 700 Mann auf etwa 100 Baustellen beschäftigt. Zu Beginn des Jahres 1948 waren 1.550 Arbeiter auf 150 Baustellen tätig. Siehe Jahresbericht EG 1945, 1946, 1947, S. 13.

303 Ebd, S. 12.

304 Schreiben der Firma Gebrüder Igel an das Arbeitsamt Dinslaken vom 29.6.1946, EGLV EG 1.048722.000 (unpaginiert).

305 Vermerk der Emschergenossenschaft vom 15.8.1946, EGLV EG 1.048106.000 (unpaginiert).

306 Vgl. Schreiben des Oberregierungspräsidenten für die Nord-Rheinprovinz an die Regierungspräsidenten von Düsseldorf, Köln und Aachen vom 29.3.1946, EGLV EG 1.163545.000 (unpaginiert).

307 Schreiben der Emschergenossenschaft an das Landwirtschaftsamt Düsseldorf vom 27.6.1946, EGLV EG 1.163545.000 (unpaginiert).

308 Schreiben der Firma August Heine an die Emschergenossenschaft vom 9.10.1946, EGLV EG 1.163545.000 (unpaginiert).

309 Schreiben von Barttelot an Ramshorn vom 18.6.1946, EGLV EG 1.043643.000 (unpaginiert). Im Original: „In reply to your letter undated and without reference number [...] I require some further information" bzw. „that all letters addressed to me carry a reference number and date."

310 Erinnerungen Helmut Carp, S. 21, EGLV EG 1.123151 (unpaginiert).

311 Land North Rhine Westfalen. P. U. Civil Engineering – Situation Report May 1947, TNA FO 1013 971 (unpaginiert). Im Original: „This scheme absorbs considerable qualities of labour, materials, and plants, and will probably continue for two years." bzw. „coal minings and other industries of the Ruhr will suffer".

312 Memo des Public Health Department im Hauptquartier der Militärregierung vom 19.5.1947, TNA FO 1013 971 (unpaginiert). Im Original: „very high priority".

313 Vgl. Vorstandssitzung EG vom 24.10.1947 (unpaginiert).

314 Vgl. Vorstandssitzung EG vom 23.1.1948 (unpaginiert).

315 Vgl. Angelika Königseder: Das Ende der NSDAP. Die Entnazifizierung, in: Wolfgang Benz (Hg.): Wie wurde man Parteigenosse?, Frankfurt/Main 2009, S. 151–166, S. 153.

316 Vgl. Schreiben des Entnazifizierungsausschusses Berufungsausschuss Kohlenbergbau Essen vom 28.4.1949, LAD NW 1037 B I/ 12.040 (unpaginiert).

317 Vgl. Schreiben des Deutschen Entnazifizierungsausschusses – Hauptausschuss für den Stadtkreis Essen – an den Sonderbeauftragten für die Entnazifizierung im Lande Nordrhein-Westfalen vom 20.9.1949, LAD NW 1037-A/ REG Nr. 12116 (unpaginiert).

318 Vgl. Beschluss des Entnazifizierungs-Hauptausschusses Essen (Kammer II) vom 23.9.1948, LAD, W 1005-G24, Nr. 17 (unpaginiert).

319 Protokoll aus dem „Londoner Rundfunk" vom 2.12.1945 in der Pressesammlung der Gutehoffnungshütte, RWWA 130-400128/7 (unpaginiert).

320 Vgl. dazu Hartmut Berghoff: Moderne Unternehmensgeschichte. Eine themen- und theorieorientierte Einführung, Berlin 2016, S. 222f.

321 Abschrift aus dem Hannoverschen Kurier (ohne Datum) in der Pressesammlung der Gutehoffnungshütte, RWWA 130-400128/7 (unpaginiert).

322 Zum Fragebogen und seiner Entwicklung vgl. Hanne Leßau: Entnazifizierungsgeschichten. Die Auseinandersetzung mit der eigenen NS-Vergangenheit in der frühen Nachkriegszeit, Göttingen 2020.

323 Vgl. Entnazifizierungsfragebogen (undatiert), LAD NW 1005-G24, Nr. 10 (unpaginiert).
324 Vgl. etwa Ergebnisse der jüngeren Forschung: Janosch Steuwer/Hanne Leßau: „Wer ist ein Nazi? Wie erkennt man ihn?" Zur zeitgenössischen und zeitgeschichtlichen Differenzierung von Nationalsozialisten und Anderen, in: Mittelweg 36, 23.1 (2014), S. 30–51.
325 Stellungnahme des Betriebsrats vom 11.6.1946, LAD NW 1005-G24, Nr. 10 (unpaginiert).
326 Anmerkungen auf Fragebogen Work Sheet vom 15.6.1946, LAD NW 1005-G24, Nr. 10 (unpaginiert). Im Original: „C. is an extremely conservative man. [...] The board of confidants of the Emscher Genossenschaft regards him as an extreme right wing nationalist, who still supports nazis"/„in a position, where he can hardly be substituted"/„influence on staff"/ „may retain in present position".
327 Vgl. Erinnerungen Helmut Carp, S. 6, EGLV EG 1.123151 (unpaginiert).
328 Vgl. ebd., S. 22–23.
329 Ebd., S. 6.
330 Vgl. Fragebogen Work Sheet vom 19.6.1946, LAD NW 1005-G24, Nr. 6 (unpaginiert).
331 Leumundszeugnis von Otto Boden vom 27.5.1946, LAD NW 1005-G24, Nr. 6 (unpaginiert).
332 Leumundszeugnis Karl Imhoff (undatiert), LAD NW 1005-G24, Nr. 6 (unpaginiert).
333 Fragebogen Work Sheet vom 19.6.1946, LAD NW 1005-G24, Nr. 6 (unpaginiert). Im Original: „As an exponent representative of the Emscher Genossenschaft he was an ardent nazi. [...] After my opinion, he is a straight open-minded man, who was nazi with some activity."/ „As he is an old man, 58, it would be a hardship to him, if he would be dismissed"/ „There would be a certain embittering, if he would loose his position".
334 Vermerk vom 28.1.1947 auf Fragebogen Work Sheet, LAD NW 1005 G24, Nr. 6. Im Original: „may retain present position." „§ 5 directive 24 granted".
335 Vgl. Wolfgang Krüger: Entnazifiziert. Zur Praxis der politischen Säuberung in Nordrhein-Westfalen, Wuppertal 1982, S. 29.
336 Vgl. Marc von Miquel: Ahnden oder amnestieren? Westdeutsche Justiz und Vergangenheitspolitik in den sechziger Jahren, Göttingen 2004 und Hubert Rottleuthner: Karrieren und Kontinuitäten deutscher Justizjuristen vor und nach 1945, Berlin 2010.
337 Vermerk „Wasserbedarf und Wasserverteilung, Entwässerung-Sammlung des Abwassers und Behandlung in der Provinz Westfalen" vom 23.6.1945, EGLV EGLV 1.123152.000 (unpaginiert).
338 Emschergenossenschaft & Lippeverband, Bericht über den Fortschritt der Arbeiten im Monat Juni 1946, EGLV EGLV 1.123152.000 (unpaginiert).
339 Vorstandssitzung EG vom 18.12.1946 (unpaginiert).
340 Vgl. Bericht für Dezember 1946, S. 2, EGLV EG 1.123152.000 (unpaginiert).
341 Es handelte sich um Carp, Oberste-Brink, Ramshorn, Reckmann, Schreiber, Stöve und Wiegmann. Der Verwaltung gehörten Carp, Schreiber, Stöve und Wiegmann an. Siehe Vorstandssitzungen EG vom 15.2.1944 (unpaginiert) sowie vom 18.4.1946 (unpaginiert). Die Vorstandssitzung aus dem Februar 1944 ist die letzte Überlieferung vor Kriegsende.
342 Es handelt sich um das Mitglied Hueck, siehe Vorstandssitzung EG vom 18.12.1946 (unpaginiert).
343 Es handelt sich um Frorath, Imhoff, Kreuz, Ramshorn, Schmidt und Stöve. Siehe Vorstandssitzungen LV 1944 und 1946 (unpaginiert).
344 Dabei handelt es sich um Buskühl. Siehe Jahresbericht LV 1945, 1946, 1947, S. 5.
345 Ebd.
346 Es handelte sich um Breustedt, Carp, Frorath, Imhoff, Ramshorn, Schmidt, Schreiber, Stöve und Wiegmann. Auch hier gehörten Carp, Schreiber, Stöve und Wiegmann der Verwaltung an. Siehe Vorstandssitzung LV 1947 (unpaginiert).
347 Entscheidung und Begründung des Entnazifizierungsausschusses Kohlebergbau über Entnazifizierungssache Jacob Cloos vom 11.7.1949, LAD NW 1037 BI 15322 (unpaginiert).

348 Vgl. Vermerk auf Case Summary vom 25.5.1948, LAD NW 1004-G43.28, Nr. 58 (unpaginiert).
349 Vgl. Schreiben des Deutschen Entnazifizierungsausschusses – Hauptausschuss für den Stadtkreis Essen – an den Sonderbeauftragten für die Entnazifizierung im Lande Nordrhein-Westfalen vom 20.9.1949, NW 1037-A/ REG Nr. 12116 (unpaginiert).
350 Knepper war am 5.9.1945 verhaftet und am 9.8.1946 entlassen worden. Siehe Gesuch um Entnazifizierung und Aufhebung des Verbotes wirtschaftlicher und politischer Betätigung von Gustav Knepper vom 2.7.1947, NW 1036, Nr. 293 (unpaginiert).
351 Leumundszeugnis von Karl Imhoff vom 31.12.1947, NW 1036, Nr. 293 (unpaginiert).
352 Arbeitsbogen des Berufungsausschusses Kohlebergbau Essen vom 7.7.1948, LAD NW 1037-Bl, Nr. 5347 (unpaginiert).
353 Military Government of Germany Special Branch Investigation Report vom 14.2.1945; sowie Case Summary vom 4.2.1948, LAD NW 1036, Nr. 293 (unpaginiert). Im Original: „sharp enemy of Nazisocialism" bzw. „antifascistic activity".
354 Leumundszeugnis von Karl Oberste-Brink vom 15.12.1947, LAD NW 1036, Nr. 293 (unpaginiert).
355 Vgl. Inhaltsverzeichnis zum Berufungsantrag Gustav Knepper, ohne Datum, LAD NW 1037-Bl, Nr. 5347 (unpaginiert).
356 Arbeitsbogen des Berufungsausschusses Kohlebergbau Essen vom 7.7.1948, LAD NW 1037-Bl, Nr. 5347 (unpaginiert).
357 Vgl. Schreiben der Emschergenossenschaft an den Deutschen Entnazifizierungsausschuß für den Stadtkreis Essen vom 26.9.1946, LAD NW 1005 Gen, Nr. 344, S. 11.
358 Bestätigung über Zusammensetzung des Entnazifizierungsausschusses für die EG der Militärregierung vom 14.9.1946, LAD NW 1005 Gen, Nr. 344, S. 2.
359 Vgl. Schreiben der Emschergenossenschaft an den Deutschen Entnazifizierungsausschuß für den Stadtkreis Essen vom 26.9.1946, LAD NW 1005 Gen, Nr. 344, S. 11.
360 Vgl. Military Government of Germany Fragebogen Action Sheet vom 19.8.1946, NW 1005 Gen, Nr. 344, S. 9.
361 Siehe die entsprechenden Vordrucke, z. B. unterzeichnet von Albert Termath am 25.12.1946, NW 1005 Gen, Nr. 344, S. 13.
362 Siehe Schreiben des Entnazifizierungs-Unterausschusses der Emschergenossenschaft an den Deutschen Entnazifizierungsausschuss für den Stadtkreis Essen vom 28.1.1947, NW 1005 Gen, Nr. 344, S. 43.
363 Notizzettel ohne Datum, NW 1005 Gen, Nr. 344, S. 64.
364 Entwurf zu Anschreiben von Emschergenossenschaft und Lippeverband an die Pensionäre in internem Vermerk vom 6.11.1959, EGLV EG 1.123151.000 (unpaginiert).
365 Ebd.
366 Ebd.
367 Vgl. Hans-Liudger Dienel: Schreiben, Zeichnen, Erinnern: Persönliches Wissensmanagement im Ingenieurberuf seit 1850, in: Werner Rammet/Cornelius Schubert (Hg.): Technografie. Zur Mikrosoziologie der Technik, Frankfurt/Main 2006, S. 397–425.
368 Zu den vorherrschenden Opfernarrativen vgl. Aleida Assmann: Der lange Schatten der Vergangenheit. Erinnerungskultur und Geschichtspolitik, München 2006, S. 183–204, grundsätzlich zur Entwicklung von Geschichtsbildern in der Bundesrepublik vgl. Torben Fischer/Matthias N. Lorenz (Hg.): Lexikon der „Vergangenheitsbewältigung" in Deutschland. Debatten- und Diskursgeschichte des Nationalsozialismus nach 1945, Bielefeld 2015.
369 Vgl. z. B. Alfons Kenkmann: Erinnern an die eigene Verstrickung während des „Dritten Reiches" – Das Beispiel der Finanzverwaltung in Westfalen, in: Westfälische Forschungen 51 (2001), S. 395–406, S. 395.

370 Bescheinigung der Emschergenossenschaft für die Firma August Heine vom 18.4.1946, EGLV EG 1.042668.000 (unpaginiert).
371 Bescheinigung der Emschergenossenschaft für die Firma Harbott & Hoyer vom 24.8.1946, EGLV EG 1.042783.000 (unpaginiert).
372 Bescheinigung der Emschergenossenschaft an die Firma Heinrich Rennert vom 17.10.1947, EGLV EG 1.042780.000 (unpaginiert).
373 N. N.: Ein neues Bett für die untere Emscher. Schutz gegen Hochwasserschäden und Sicherung der Kohleförderung, in: Neue Ruhr Zeitung vom 28.1.1948.
374 Vgl. Jahresbericht EG 1949, S. 14.
375 Vgl. Jahresbericht LV 1950, S. 6.
376 Vgl. FN 11, Jahresbericht EG 1950, S. 7.
377 Vgl. Vgl. Jahresbericht LV 1950, S. 6 und Jahresbericht EG 1953, S. 4
378 Vgl. Jahresbericht LV 1945, 1946, 1947, S. 12.
379 Vgl. Jahresbericht LV 1949, S. 7.
380 Vgl. Jahresbericht LV 1950, S. 4.
381 Vgl. Jahresbericht LV 1949, S. 7.
382 Vgl. Jahresbericht LV 1945, 1946, 1947, S. 14.
383 Vgl. Jahresbericht LV 1949, S. 8.
384 Dirk van Laak weist darauf hin, dass funktionierende Infrastrukturelemente sich gerade dadurch auszeichnen, dass sie nicht bemerkt werden. Seiner Auffassung nach nimmt gegenwärtig die Selbstverständlichkeit, mit der Gesellschaften auf Infrastrukturen blicken, jedoch ab. Vgl. Dirk van Laak: Infra-Strukturgeschichte, in: Geschichte und Gesellschaft 27 (2001), S. 367–393, S. 367 und ders.: Alles im Fluss, S. 12.
385 Vgl. Jahresbericht EG 1950, S. 22.
386 Vgl. Jahresbericht EG 1951, S. 18.
387 Vgl. Jahresbericht EG 1953, S. 18.
388 Vgl. Jahresbericht EG 1955, S. 18.
389 Vgl. Jahresbericht LV 1945, 1946, 1947, S. 16f.
390 Vgl. Jahresbericht EG 1945, 1946, 1947, S. 33.
391 Vgl. Jahresbericht EG 1948, S. 20.
392 Vgl. Jahresbericht LV 1945, 1946, 1947, S. 22.
393 Vgl. Jahresbericht LV 1949, S. 16.
394 Vgl. Jahresbericht LV 1948, S. 16.
395 Vgl. Jahresbericht EG 1949, S. 21.
396 Vgl. ebd.
397 Vgl. Jahresbericht LV 1951, S. 16.
398 Vgl. Jahresbericht LV 1952, S. 16.
399 Vgl. Jahresbericht EG 1945, 1946, 1947, S. 33.
400 Vgl. Jahresbericht LV 1951, S. 16.
401 Vgl. Interner Vermerk vom 2.2.1941, EGLV EG 1.041174.000 (unpaginiert).
402 Vgl. Interner Vermerk an den Geschäftsführer Alexander Ramshorn der EG vom 28.9.1942, EGLV EG 1.041244.000 (unpaginiert).
403 Bescheinigung der EG für die Firma August Klein vom 28.5.1945, EGLV EG 1.041244.000 (unpaginiert).
404 Schreiben der Emschergenossenschaft an das Landwirtschaftsamt Düsseldorf vom 27.6.1946, EGLV EG 1.163545.000 (unpaginiert).
405 Vgl. Interner Vermerk vom 3.11.1942, EGLV EG 1.042868.000 (unpaginiert).
406 Vgl. Bericht für den Dezember 1946, S. 2, EGLV EG 1.123152.000 (unpaginiert).
407 Vgl. EGLV EG 1.001508 (unpaginiert).

408 Vgl. Ramshorn an den Vorsitzenden, Betreff: Emscherverlegung von Sterkrade bis Stapp, 7.5.1942, EGLV EG 042654.000, S. 4 und Schreiben der Firma August Heine an die Emschergenossenschaft vom 26.11.1946, EGLV EG 1.042668.000 (unpaginiert).
409 Ramshorn an den Vorgesetzten, 10.12.1942, EGLV EG 1.042659.000 (unpaginiert).
410 Schreiben der Firma Heinrich Rennert an die Emschergenossenschaft vom 21.7.1949, EGLV EG 1.010513.000 (unpaginiert).
411 Schreiben der Firma Th. Massenberg an die Emschergenossenschaft vom 1.7.1949, EGLV EG 1.010513.000 (unpaginiert).
412 Schreiben der Firma Otto Trebitz an die Emschergenossenschaft vom 1.7.1949, EGLV EG 1.010513.000 (unpaginiert).
413 Schreiben der Firma Carl Junk an die Emschergenossenschaft vom 1.7.1949, EGLV EG 1.010513.000 (unpaginiert).
414 Schreiben der Firma Josef Stewering an die Emschergenossenschaft vom 2.7.1949, EGLV EG 1.010513.000 (unpaginiert).
415 Schreiben der Firma August Heine an die Emschergenossenschaft vom 26.11.1946, EGLV EG 1.042668.000 (unpaginiert).
416 Vgl. Nachweise der Firma Harbott & Hoyer über Arbeitsausfallstunden der Strafgefangenen auf der Baustelle der Emscherverlegung in Sterkrade-Buschhausen für September u. Oktober, November und Dezember 1947, EGLV EG 1.042783.000 (unpaginiert).
417 Vgl. Vertrag zwischen der Emschergenossenschaft und dem Generalstaatsanwalt des Landes Nordrhein-Westfalen vom 29.12.1947, EGLV EGLV 1.163545 (unpaginiert).
418 Vgl. Vermerk des Regierungspräsidenten in Münster vom 6.5.1929, EGLV LV 1.164569.000 (unpaginiert).
419 Vgl. Vermerk des Landeshauptmannes Nordrhein-Westfalen vom 28.3.1929, EGLV LV 1.164569.000 (unpaginiert).
420 Vgl. Schreiben des Lippeverbandes an den Vorsitzenden des Bezirksausschusses vom 22.12.1930 und Schreiben des Lippeverbandes an den Regierungspräsidenten in Münster vom 25.5.1949, EGLV LV 1.164569.000 (unpaginiert).
421 Vgl. Vermerk der Emschergenossenschaft vom 9.10.1934, EGLV EG 1.023906.000 (unpaginiert).
422 Vgl. z.B. Vermerk der Emschergenossenschaft vom 23.10.1948 und Schreiben von Gerhard Christen an die Emschergenossenschaft vom 29.8.1948, EGLV EG 1.023906.000 (unpaginiert).
423 Vgl. verschiedene interne Vermerke der Emschergenossenschaft von Oktober 1912 und Schreiben von Theo Groß-Hartmann an die Emschergenossenschaft vom 16.6.1973, EGLV EG 1.186603.000 (unpaginiert)".
424 Vgl. Einladung zur Enthüllung der Gedenktafel am 21.11.1954, EGLV unsignierte Blattsammlung (unpaginiert).
425 Vgl. Redemanuskript von Alexander Ramshorn zur Enthüllung der Gedenktafel am 21.11.1954, S. 2f., EGLV unsignierte Blattsammlung (unpaginiert).
426 Vgl. diverse Antwortschreiben, EGLV unsignierte Blattsammlung (unpaginiert).
427 Vgl. Redemanuskript von Alexander Ramshorn zur Enthüllung der Gedenktafel am 21.11.1954, S. 1, EGLV unsignierte Blattsammlung (unpaginiert).
428 Vgl. ebd., S. 2, EGLV unsignierte Blattsammlung (unpaginiert).
429 Vgl. Achim Bourmer: Reiseführer Ruhrgebiet, Ostfildern 2009, S. 189.
430 Vgl. Klaus Türk: Arbeiterskulpturen, Bd. 2. Die Sammlung Wener Bibl, Essen 2011, S. 134.
431 Redemanuskript von Alexander Ramshorn zur Enthüllung der Gedenktafel am 21.11.1954, S. 4f., EGLV unsignierte Blattsammlung (unpaginiert).
432 Es handelt sich um Alexander Ramshorn: Die Emschergenossenschaft, Essen 1951, ders.: Der Lippeverband, Dortmund/Essen 1951 und ders. 50 Jahre Emschergenossenschaft 1906–1956, Essen 1957.

433 Alexander Ramshorn: 50 Jahre Emschergenossenschaft 1906–1956, Essen 1957, S. 175.
434 Ebd.
435 Ebd., S. 178.
436 Vgl. Pressemeldung des Informationsdienstes Ruhr „Deichhauptmann des Reviers" vom 25.4.1958, EGLV unsignierte Blattsammlung (unpaginiert).
437 Vgl. Feierstunde am 25. April 1958 im Ruhrkohlehaus und Tischordnung zur Feierstunde am 25. April 1958 im Essener Hof, EGLV unsignierte Blattsammlung (unpaginiert).
438 Ansprache von Wimmelmann anlässlich der Pensionierung Alexander Ramshorns, S. 6, EGLV unsignierte Blattsammlung (unpaginiert).
439 Vgl. ebd.
440 Pressemeldung des Informationsdienstes Ruhr „Deichhauptmann des Reviers" vom 25.4.1958, EGLV unsignierte Blattsammlung (unpaginiert).
441 Rede von Friedrich Wolff, EGLV unsignierte Blattsammlung (unpaginiert).
442 Vgl. Einladung zum 40-jährigen Dienstjubiläum von Alexander Ramshorn vom 5.3.1959, EGLV unsignierte Blattsammlung (unpaginiert).
443 Vgl. Erinnerungen August Staschen und Erinnerungen Wilhelm Rühl, EGLV EG 1.123151.000 (unpaginiert).
444 Z. B. Schreiben von Erich Knop an Hyacinth Andres vom 23.3.1960, EGLV EG 1.123151.000 (unpaginiert).
445 Schreiben von Erich Knop an Bernhard Schmalacker vom 18.3.1960, EGLV EG 1.123151.000 (unpaginiert).
446 Entwurf zu Anschreiben von Emschergenossenschaft und Lippeverband an die Pensionäre in internem Vermerk vom 6.11.1959, EGLV EG 1.123151.000 (unpaginiert).
447 Erinnerungen Laurenz Kaufhold, S. 1, EGLV EG 1.123151.000 (unpaginiert).
448 Ebd., S. 23.
449 Ebd., S. 27.
450 Erinnerungen Friedrich von Bülow, S. II, EGLV EG 1.123151.000 (unpaginiert).
451 Erinnerungen Hermann Wegmann, S. 13, EGLV EG 1.123151.000 (unpaginiert).
452 Erinnerungen Ernst Schaller (unpaginiert), EGLV EG 1.123151.000 (unpaginiert).
453 Vgl. Dirk van Laak: Alles im Fluss, S. 21.
454 Siehe etwa Frank Bajohr, Sebastian Brünger u. a.
455 Über Hermann Bach entsteht derzeit ein Aufsatz der Journalistin und Historikerin Martina Gorlas. Martina Gorlas: Hermann Bach, Oberchemiker der Emschergenossenschaft, in: Essener Beiträge Nr. 134 (2021) (Arbeitstitel).
456 Vgl. Eintrag zu Hermann Bach in Gedenkbuch Opfer der Verfolgung der Juden unter der nationalsozialistischen Gewaltherrschaft in Deutschland 1933–1945, https://www.bundesarchiv.de/gedenkbuch/de1047414 (zuletzt abgerufen am 1.3.2020).
457 Vgl. Nachruf Hermann Bach, vom Wasser 17 (1949), S. IX–XII, hier S. IX.
458 Vgl. ebd.
459 Vgl. ebd.
460 Vgl. ebd.
461 Vgl. ebd.
462 Vgl. ebd., den Auszug aus Bachs Publikationsverzeichnis in Nachruf Hermann Bach, hier S. X–XII.
463 Vgl. Eintrag zu Hermann Bach in der Berliner Gedenkbuchdatenbank durch Bianca Welzing-Bräutigam im Landesarchiv Berlin (zuletzt abgerufen am 23.8.2018).
464 Vgl. Eintrag „Hermann Bach" in Gedenkbuch der Opfer der Verfolgung der Juden unter der nationalsozialistischen Gewaltherrschaft, https://www.bundesarchiv.de/gedenkbuch/de1047414 (zuletzt abgerufen am 1.3.2020). Der Eintrag zu Bachs Tod im Sterberegister des Standesamtes Berlin Mitte vermerkt „Hermann Israel Bach". Eintragung „Hermann Israel

Bach“ in Namensverzeichnis zum Sterberegister des Standesamtes Mitte von Berlin 1944, LAB P Rep. 840, Nr. 7 (unpaginiert).

465 Erinnerungen Helmut Carp, EGLV EG 1.123151.000 (unpaginiert).

466 Auch noch nach dem Krieg veröffentlichte Carp einige Aufsätze, die zumeist in der Fachzeitschrift Der Bauingenieur publiziert wurden. 1952 schrieb er beispielsweise einen Aufsatz über „Die dritte Mündung der Emscher in den Rhein“, in dem er das Verfahren beschrieb, wie die Emscher in das damals neue, 14 Kilometer lange Bett in der Nähe von Dinslaken eingeleitet wurde (Carp, Helmut: Die dritte Mündung der Emscher in den Rhein, in: Der Bauingenieur, Jahrgang 27, Heft 5, Sonderabdruck (1952), S. 159–163.)

467 Vgl. Entnazifizierungsfragebogen, LAD NW 1005-G24, Nr. 10 (undatiert).

468 Stellungnahme des Betriebsrats vom 11.6.1946, LAD NW 1005-G24, Nr. 10 (unpaginiert). Im Original: „extremely conservative man“/ „who still supports Nazis“.

469 Vgl. Fragebogen Work Sheet, Eintrag vom 29.11.1947, LAD NW 1005-G24, Nr. 10 (unpaginiert).

470 Wilhelm Husmann: Eintrag zu „Imhoff, Karl“ in der Neuen Deutschen Biographie: Otto zu Stolberg-Wernigerode: Neue deutsche Biographie, Bd. 10, Berlin 1974, S. 153f.

471 Vgl. 25 Jahre EGLV, S. 11.

472 WDR: 7. April 1876 – Abwasserpionier Karl Imhoff wird geboren, https://www1.wdr.de/stichtag/stichtag-karl-imhoff-100.html (zuletzt abgerufen am 1.3.2020).

473 Erwin Dickhoff: „Karl Ludwig Imhoff“, in: Essener Köpfe. Wer war was?, Essen 1985, S. 108.

474 Vgl. Willi Hager: Hydraulicians, S. 1161.

475 Vgl. Fragebogen zur Entnazifizierung Work Sheet vom 19.6.1946, LAD NW 1005-G24, Nr. 6.

476 Vgl. ebd.

477 Vgl. die Protokolle der Vorstandssitzungen 1945-1958.

478 Vgl. Pressemeldung des Informationsdienstes Ruhr „Deichhauptmann des Reviers“ vom 25.4.1958, EGLV unsignierte Blattsammlung (unpaginiert).

479 Vgl. Ansprache von Wimmelmann anlässlich der Pensionierung Alexander Ramshorns, S. 6, in EGLV unsignierte Blattsammlung (unpaginiert).

480 Vgl. Willi Hager: Hydraulicians, S. 1161.

481 Gerichtsurteil des Landgerichts Essen vom 7.9.1936 in der Strafsache Eulgem und Risse, (8 KMs. I/36), S. 1–4, in EGLV unsignierte Blattsammlung (unpaginiert).

482 Interne Überlieferungen der Emschergenossenschaft, EGLV EG 1.123151.000.

483 Heinz Kley: Chronik der Stadt Mayen 1960 – 1964, 21.12.1959, Eifelarchiv: Abteilung Stadtarchiv Mayen, Best. 110 Nr. 948, S.12.

484 Vgl. Karl-Heinz Nickel, Harald Schmidt, Florian Tennstedt, Heide Wunder: Kurzbiographien, in: Georg Wannagat (Hg.): Kassel als Stadt der Juristen (Juristinnen) und der Gerichte in ihrer tausendjährigen Geschichte, Köln u. a. 1990, S. 526.

485 Vgl. Jahresbericht EG 1935.